全国教育科学 "十二五" 规划单位资助教育部规划课题

"大学生创业教育的理论与实践研究"（课题号 FIB110164）系列成果之一

U0730076

创 业 密 码

——中外创业人才案例精选

高 微 韩 雪
赵 璇 孙 烨 编著

中国金融出版社

责任编辑：张　铁
责任校对：张志文
责任印制：陈晓川

图书在版编目（CIP）数据

创业密码：中外创业人才案例精选 （Chuangye Mima：Zhongwai
Chuangye Rencai Anli Jingxuan）／高微等编著．—北京： 中国金融
出版社， 2013.11
　ISBN 978 - 7 - 5049 - 7182 - 1

　Ⅰ.①创…　　Ⅱ.①高…　　Ⅲ.①企业管理—案例—世界
Ⅳ.①F279.1

中国版本图书馆 CIP 数据核字（2013）第 249932 号

出版
发行　**中国金融出版社**

社址　北京市丰台区益泽路 2 号
市场开发部　（010）63266347， 63805472， 63439533（传真）
网上书店　http：//www.chinafph.com
　　　　　　（010）63286832， 63365686（传真）
读者服务部　（010）66070833， 62568380
邮编　100071
经销　新华书店
印刷　利兴印刷有限公司
尺寸　169 毫米 ×239 毫米
印张　17.5
字数　263 千
版次　2013 年 11 月第 1 版
印次　2013 年 11 月第 1 次印刷
定价　38.00 元
ISBN 978 - 7 - 5049 - 7182 - 1/F. 6742
　如出现印装错误本社负责调换　联系电话（010）63263947

序 PREFACE

　　非常欣喜地看到我院教师孙烨申请立项的全国教育科学 "十二五" 规划单位资助教育部规划课题 "大学生创业教育的理论与实践研究" （课题号 FIB110164） 的科研成果之一 《创业密码——中外创业人才案例精选》 的问世。 这本案例集的编著， 是我院多年从事教学、 科研和学生工作的一线教师联合校外心理教育专家辛勤工作的结晶。 这个科研团队在我院开展创业教育的同时， 还不忘为社会上立志创业的人士编写一本辅导自主创业的实用创业案例教程， 这使我深感欣慰。

　　自从 1989 年联合国教科文组织的 "面向 21 世纪教育国际研讨会" 在北京召开以来， 我国大学生的创业教育开始正式出现。 在 "创业教育" 这个概念来到中国的二十几年时间里， 涌现出一大批引导、 帮助青年学生创业的有社会责任感的高校教师， 他们在传播创业意识、 介绍创业知识的同时， 净化了心灵， 提高了境界， 更主要的是把那种乐于回报社会、 奉献社会的优秀品质也一起传递给了青年学生， 这应该说是另外一种收获。

　　创业教育是高等院校教育体系的重要组成部分， 把大学生创业教育纳入人才培养计划， 是高等教育的一项重要内容。 联合国教科文组织强调， 必须把培养学生的创业技能和创业精神作为高等教育的基本目标， 毕业生不仅仅是求职者， 也应该是工作岗位的创造者。 目前， 全国高等院校都十分重视创业教育，不仅把创业教育看成是创新教育与素质教育的重要体现，同时上升到转变教育观念、改革传统人才培养模式的高度，将培养大学生的创业技能、提倡和鼓励大学生自主创业视为缓解社会就业压力、解决社会矛盾和保障经济社会稳定发展的重大战略举措。创业教育也成为各高校转变学生就业观念，为毕业生创造新的就业机会和就业岗位，提高毕业生就业率和学校竞争力的重要手段之一。本书的写作和出版将为高校开展创业教育提供配套的案例教材或参考用书，也可以为大学生提供又一本有价值的创业辅导读物。

本书精选的创业案例不同于一般的创业案例。这个科研团队在借鉴了国内外创业案例研究新成果的基础上，试图在以下几个方面形成特色：一是在案例分类的基础上，选择的案例具有代表性、新颖性和学术性，突出主题，内容丰富。二是基于上述研究目的，确定案例模板，每一个案例，先用“案例摘要”概括内容，然后用“案例故事”列举事实和主张之间的关系，再概括出“创业智慧”，紧接着进行“案例研讨”，最后补充“背景资料”和“创业经”。形式新颖，方便读者阅读。三是以案例为载体，力图通过创业案例的鲜活素材，培养学生的创新思维、创业精神，提升创业能力，促成创业行动，把创业教育融入案例中，拓展大学生视野，使之获得更为系统的创业相关知识，使每一个案例都可以说明一个创业原理。由此看来，这是一本内容亲切、实用、可读的创业案例学习用书。

本书中的中外创业故事，虽然风格各异，但对培养青年学生的企业家精神，提高潜在创业者的创业积极性均有很大裨益。翻阅李嘉诚的创业故事，读他的经营理念，看他的经典语录，品味他的人生沉浮，深知那个时代的创业如今已无法再复制。同样，乔布斯的创业神话在中国也不能被克隆。今天我们一定会有属于我们自己的创业故事，自己的创业模式，自己的成功之道。时代赋予我们责任，中国人向来是不服输的，创业大潮中岂能少了我们？研究这些创业案例，绝不是简单的复制和模仿。从一个个成功的创业案例中，读者可以学习到：

经营——创业首先是经营自己；

无形资产——诚信、自律、风险意识、开拓精神、高瞻远瞩、宽容大度、人脉等都是创业必备的无形资产；

条件——以自己的优势创业，让自己的技术优势和市场结合，充分准备、时机成熟，才能创业；

兴趣——生意的最高境界——专业领域融入兴趣，跨界洗牌，未来的行业竞争，一场跨界的盛宴；

优势——突出自己的强项，选择好市场定位；

眼界——好项目来自创业者的目力、见识、思维；

敏感——创业者特有的潜质；

整合——研究资源和要素的相关性及优势条件，在它们的关联中，将综合资源利用最大化，优势创业，发现利润。

创业中国，赢在中国，这是前所未有的人生机会，有梦想的年轻人都应该去尝试。创业有道，但不是商机，不是融资，不是管理；创业是一种工作，一种技巧，一种方法，一个时间过程；创业还是一种神奇之为，三十年河东，"昔日龌龊不足夸"，三十年河西，"今朝旷荡恩无涯"；创业还是一个奇妙的旅程，在你事业刚起步时，"莫愁前路无知己"，在你成功发达的时候，"春风得意马蹄疾，一日看尽长安花"；创业是实干，是梦想燃烧奋进的激情，是智慧引领创造的理性，是通透和把握项目的素质，是整合资源驾驭要素的能力。其实，创业就是一件简单的事情，本书中一个个成功的创业案例告诉人们一条秘笈——要想创业成功就要赢得简单。简单的事重复做，直到有一天，在别人都坚持不下来败下阵去的时候，你就成功了。成功的路上并不拥挤，因为坚持的人不多。本书没有苍白的理论，这些来自于成功创业实践的生动案例，对于有创业梦想的有志青年来说，无疑是一本实用的创业案例教程。

希望阅读这本书的青年学生，能够勇敢地开创自己的人生，努力改变自己的命运和生活状况，相信你的坚持和努力，在取得创业成功的同时也会拥有一个精彩的人生经历。

是为序。

2013 年 6 月

前 言 FOREWORD

　　创业可以走捷径吗？对于创业这项活动来说，捷径就是学习其他成功者的经验。而每一个创业成功者都有一段属于自己的传奇，每一段传奇都有其发生的独特性，不可能被复制，只有创业成功者用数年，乃至数十年时间积累的经验才是最宝贵的东西。学好这些经验，用好这些经验，才能在自己的创业路上少走弯路。

　　为了使本书更具有借鉴意义，我们对创业成功者的精选颇费了一番脑筋。

　　相对于我们的创业来说，要创建一个国家，开创一个王朝，则不知要难上多少倍。我国历史上那些伟大的开国帝王们，他们以自身卓越的素质、杰出的能力和过人的智慧，战胜了各种艰难困苦，从而扫荡六和、一统宇内，建立了自己的王朝和帝国，成为天下的王者、诸侯的霸主。本书的第一部分：中国古代创业故事——开国皇帝教你创业，我们列举了明太祖朱元璋、清太祖皇太极等五位开国皇帝，在创业方面，他们都有什么样的素质和精神值得我们学习，有什么样的智慧和能力需要我们去掌握，他们的创业方法和途径又给我们什么样的启示呢？我们又如何把他们的创业经验应用到我们的创业过程之中呢？在这些故事中，他们建立的不世功业，都给我们留下了诸多可贵的创业经验。

本书的第二部分：中国式创业——最宝贵的国家财富，最精彩的人生历程，在这部分我们所选的创业者都很有典型性，有从推销员到"塑胶花大王"的华人首富李嘉诚，有开创电子商务新纪元的马云，有缔造半个世纪经营传奇的王永庆，更有跌倒后又站起来从零创业的史玉柱……这些不同领域、不同时代的创业者，他们的共性是什么？又有哪些不同的特性？对成功创业的结果而言，他们的所为、所思、所言，都是宝贵的精神财富。

再放眼全球，20世纪90年代以来的新经济创业革命风暴已席卷世界。在发达国家，商业和创业受到了高度重视，同时也涌现出了像乔布斯、巴菲特、山姆沃尔顿等一大批创业者、企业家、独立专业行业从事者，他们成了西方工业发达社会的一种中坚力量。这些人在对社会发展和进步作出贡献的同时，也实现了自己的人生价值，把自己的事业融入经济和商业活动的活力之中，融入企业和公司的生命之中，与之共同兴旺发达。所以，在第三部分：国外创业案例——他山之石，可以攻玉中，我们可以阅读到他们的创业故事。

本书是全国教育科学"十二五"规划单位资助教育部规划课题"大学生创业教育的理论与实践研究"（课题号 FIB110164）的一项研究成果。为了使本书更具新颖性和创新性，我们针对每一个案例故事，分别以下六个部分进行介绍：案例摘要、案例故事、创业智慧、案例研讨、背景资料和创业经，使每一个案例故事都可以说明成功创业者的几个创业原理，因此，本书更适合作为教学用的配套案例材料。

本书由孙烨负责策划并编写大纲，由高微、韩雪、赵璇、孙烨编著，参加编著的还有郝春东、姚旭、于瑶、曾天一等。案例分工如下：案例1、2、3由孙烨编著；案例6由曾天一编著；案例7、13、14、15、16、17、24、30由高微编著；案例4、8、9、10、12、19、20、32由韩雪编著；案例5、11、18、21、23、25、31由赵璇编著；案例26、27、28由郝春东编著；案例22由姚旭编著；案例29由于瑶编著。

在编写过程中，我们参阅了大量同类优秀案例集和文献，在此对所有参考书籍和文献的编著者、作者表示衷心的感谢。在编著本书的过程中，得到了中国金融出版社和哈尔滨金融学院领导的大力支持和关心，哈尔滨金融学院党委书记、院长、博士生导师邓福庆教授特为本书作序，在此一并表示衷心的感谢。

创业教育的理论和实践仍在不断发展和探索中，本书中的一些概念和实践做法也在延伸和变化之中，管窥之见，不足之处，尚望读者和同行斧正。

谨以此书献给那些有梦想的年轻人！

编　者
2013 年 6 月

目录
CONTENTS

第一篇

中国古代创业故事

—— 开国皇帝教你创业

案例1

大丈夫当如斯

——汉高祖刘邦的创业故事

▌案例摘要

历数历史上的帝王，他无疑是最特殊的一个，诸多的"第一"，使这个平民皇帝成功创业，造就了一个辉煌的西汉王朝，他就是刘邦。刘邦采取宽松无为的政策，不仅安抚了人民、凝聚了中华，也促成了汉代雍容大度的文化基础。可以说刘邦使四分五裂的中国真正统一起来，而且还逐渐把分崩离析的民心凝集起来。他对汉民族的形成、中国的统一强大，汉文化的保护发扬有决定性的贡献。到高祖刘邦末年时，经济已经明显好转，天下新定，人民小安，未可复兴兵。

刘邦是中国历史上少有的杰出政治家，他在汉初制定的英明国政，不仅使饱受战乱的中国得以休养生息，还开创了以后"文景之治"的富裕与奠定了汉武帝反击匈奴的坚实基础。刘邦高瞻远瞩、深谋远虑，他的政治制度和对后世的安排使大汉延续了长达四百余年，是中国历史上最长的统一王朝。他的一套政治体制和经济制度为后世统治者所沿用。刘邦开创的大汉帝国可以说是中国历史上最强盛的朝代，令后世国人景仰与怀念，他本身也另后世众多的人所怀念歌颂。本案例回溯历史，让大家看到了一个真正的帝王是如何创业成功，铸造了中国历史上那个最长的统一王朝。刘邦的创业思想至今仍为现代人沿用，对于我们现代创业的人来说也是一笔巨大的财富，现在我们就将走进刘邦的创业历程。

案例故事

早年生涯

刘邦本名刘季，出生于战国楚国沛县丰邑中阳里，今江苏省丰县的一个农户家里。刘邦父亲记载名为阿父，亦有称之刘太公，母刘媪。按刘邦后人记载，刘邦祖父名刘清，秦末避祸于沛县。年少时的刘邦性格豪爽，却不喜欢读书，为人豁达，不喜农事，其父太公训斥为"无赖"并说他不如哥哥，但刘邦还是我行我素。少时慕魏公子信陵君无忌，欲往大梁投效其门下，赶上信陵君死，就回去了。当时信陵君原来的门客张耳为外黄令，正招徕门客，刘邦听闻，就去投了张耳门下，两人渐渐成了知交好友。后张耳当了常山王，被陈馀打败，张耳为此又投奔刘邦，刘邦将女儿鲁元公主嫁与张耳之子张骜。

反秦战争

公元前209年，秦末农民起义爆发，陈胜、吴广率领起义军攻占了陈州（今河南淮阳）以后，陈胜建立了"张楚"政权，和秦朝公开对立。这时，沛县的县令也想响应以继续掌握沛郡政权，萧何和曹参当时都是县令手下的主要官吏，他们劝县令将本县流亡在外的人召集回来，一来可以增加力量，二来也可以杜绝后患。县令觉得有理，便让刘邦的挚友樊哙把刘邦找回来，刘邦便带人往回赶。这边的县令却又后悔了，害怕刘邦回来不好控制，弄不好还会被刘邦所杀，等于是引狼入室。所以，他命令将城门关闭，还准备捉拿萧何和曹参。萧何和曹参闻讯赶忙逃到了城外，刘邦将信射进城中，鼓动城中的百姓起来杀掉出尔反尔的县令，大家一起保卫家乡。百姓对平时就不太体恤他们的县令很不满，杀了县令后开城门迎进刘邦，又推举他为沛公，领导大家起事。刘邦便顺从民意，设祭坛，立赤旗，自称赤帝的儿子，领导民众举起了反秦大旗。这一年刘邦已经有48岁了。秦末农民战争中还有一支强大的力量，就是原来楚国贵族的后代项籍（项羽）和叔父项梁，在吴中（今江苏的苏州市）起兵，兵力很快达到了近万人。在项梁死后，项羽决定和刘邦一起西进关中。公元前207年12月，刘邦率大军到达了咸阳东边不远处的灞上（今陕西省西安市东），秦王子婴见大势已去，只得献城投降，将传国玉玺亲手交给了刘邦，秦国至此灭亡。

楚汉相争

公元前207年12月，刘邦灭秦后在关中称王。公元前206年1月，项羽挥军破函谷关，想消灭刘邦军。刘邦自知不敌，亲赴鸿门谢罪。不久，项羽入咸阳，烧阿房宫、杀秦王子婴。当年春天，项羽表面上尊楚怀王为义帝，实际却将其发配到了江南，自立为西楚霸王，定都彭城，同时分封18诸侯，封刘邦为汉王，领巴蜀及汉中地，并故意封秦降将章邯、司马欣、董翳为雍王、塞王、翟王，领关中地，以扼制刘邦。刘邦只好忍气吞声接受封号，于4月领兵入汉中、并烧毁栈道，表示再也无意出兵，以麻痹项羽。项羽亦率军东归。6月、7月，齐国贵族后裔田荣不满分封，赶走齐王，杀胶东王，自立为齐王。刘邦乘乱重返关中，击败章邯，迫降司马欣、董翳，并用计欺骗项羽，使其相信自己取得关中后已心满意足，再也不会东进了。项羽放心去攻打田荣，对西边没有加强防范。11月，刘邦挥军东出，拜韩信为大将，明修栈道，暗度陈仓，名为义帝发丧，派人联络诸侯，公开声讨项羽，拉开了4年楚汉战争的序幕。

经过楚汉之间长期的拉锯战，在萧何、张良、韩信等人的协助下，刘邦所率领的汉军逐渐坐大。楚汉两国协议以鸿沟为界，鸿沟以西为汉，以东为楚，互不侵犯。但是，当项羽遵守诺言退兵，并放回曾被扣为人质的刘邦的父母妻子之后，刘邦却背信偷袭。项羽退到垓下，刘邦用四面楚歌之计瓦解楚军军心，最后项羽走投无路，自觉无颜见江东父老，只好自刎于乌江边。这场历时近五年的楚汉战争，终以刘邦一统天下，项羽彻底败亡自杀而告结束。

建立汉朝

在公元前202年2月，刘邦兑现了先前的诺言，封韩信为楚王，彭越为越王。受封的韩信和彭越联合原来的燕王臧荼、赵王张敖以及长沙王吴芮共同上书刘邦，请他即位称帝。刘邦开始假意推辞，韩信他们说："大王虽然出身贫寒，但能率领众人扫灭暴秦，诛杀不义，安定天下，功劳超过诸王，您称帝是众望所归。"刘邦顺水推舟地说："既然你们大家都这样看，觉得有利于天下黎民，那就按你们说的办吧。"公元前202年2月28日，刘邦在山东定陶汜水之阳举行登基大典，定国号为汉。

统一中国建立汉朝之后，刘邦以文治理天下，征用儒生，诏令天下，广泛求贤。

在政治上，刘邦接承秦朝的中央集权制和郡县制，同时废除了秦朝的苛刻法律刑法。刘邦攻入咸阳之时，便立即废除秦朝的苛法。与民约法三章，封存府库，对百姓秋毫无犯，深得民心。在平定天下后，刘邦命萧何参照秦朝法律"取其宜于时者，作律九章"，即"汉律九章"。重用叔孙通整理朝纲，叔孙通制定了一套适合当时形势需要的政治礼仪制度，撰写了《汉仪十二篇》、《汉礼度》、《律令傍章十八篇》等仪法法令方面的专著，为汉朝的建立和巩固起了重要作用，也为后人留下了一笔宝贵的文化遗产；在法律思想上，以儒家思想为主，以法家思想为辅，取消秦朝"严刑峻法"的做法，提出了"德主刑辅"，达到宽柔相济，严松相当的统治效果；在经济上，刘邦废除秦朝苛法、豁免其徭役减轻人民的负担，让士兵复员归家，给予他们土地及住宅，使他们从事生产劳作，迅速恢复提高国民经济。同时鼓励生育，大力发展农业，抑制打击唯利是图的商人及残余的奴隶主阶级；在发展文化事业方面，刘邦建立规模宏大的"国家图书馆"天禄阁、石渠阁等。在位期间使百姓得以生息，民心得以凝聚，国家得以巩固。

▌创业智慧

1. 知人善任

公元前202年6月，刘邦在洛阳的南宫开庆功宴，宴席上，他总结了自己取胜的原因："论运筹帷幄之中，决胜千里之外，我不如张良；论抚慰百姓供应粮草，我又不如萧何；论领兵百万，决战沙场，百战百胜，我不如韩信。这三个人都是人中的俊杰，可是，我能做到知人善用，发挥他们的才干，这才是我们取胜的真正原因。至于项羽，他只有范增一个人可用，但又对他猜疑，这是他最后失败的原因。"刘邦的总结确实说对了，战争的胜败，人的因素总是最重要的。

2. 以身作则以巩固皇权

在经历了春秋和战国长期的混乱之后，又经历了短期的秦朝统治，再加上秦末战争，这使得人们心中没有忠君的观念，还保持着战国以来就形成的"士无常君，国无定臣"的思想，这不利于皇权的巩固。刘邦通过尊重父亲来教育大臣和百姓遵循礼法，尊重长辈。

刘邦和父亲刘太公在一起住，为了向大家表示他孝顺，每五天就去拜见一次。太公觉得没什么，也习惯了。但太公的属官却觉得不合适，就劝他说："俗话说，天无二日，地无二主，当今皇帝是您的儿子，但他也是人主。您虽是他的父亲，但也是他的大臣。让他这个主人拜见您这个大臣，不合礼仪。况且这样也显不出皇帝的威严。"等刘邦再拜见父亲时，太公就提前拿着扫帚出门相迎，然后倒退着进屋，不给刘邦行礼机会。刘邦很吃惊，跳下车去搀扶父亲，太公赶忙说："皇帝贵为人主，不能因为我一个人破坏了国家的礼法。"刘邦便下诏书，尊太公为太上皇，这样一举两得，不但明示了皇帝的尊严，他也可以顺理成章地拜见父亲了。太上皇在皇宫生活久了就终日闷闷不乐，刘邦忐忑不安，私下问太上皇侍从，侍从回答说："太上皇以前在家乡丰邑城生活时每天都和邻居亲朋在一起以踢球、斗鸡、喝酒为乐，现在没有人能陪太上皇，因此才闷闷不乐。"于是刘邦在皇宫附近为父亲盖起一座新丰城，又将丰县部分亲朋邻居迁来居住。新丰城街巷布局跟家乡丰邑城一模一样，连迁来的相邻老幼和鸡犬都能认得各自的居所。

3. 明确皇权和效忠君主的思想

在刘邦和项羽争天下时，季布和丁公是项羽手下的大将。季布领兵几次将刘邦打败，丁公也领兵追击过刘邦，但最后放过了他。刘邦做皇帝后，记恨季布打败过自己，就把他抓了起来。但想到自己也需要他这样的忠臣来辅佐，就不再记仇，不但放了他，还封为郎中。丁公是季布的舅舅，他听说了，就觉得连季布这样给过刘邦难堪的人都能释放做官，他这个曾对刘邦有恩的人就更不用说了。没想到，他却被刘邦抓起来。刘邦对众人说："丁公做项羽的将领时不忠，就是他这种人使项王丧失了天下。"刘邦下令处死了丁公，还在军中示众，警示大家要做忠臣，不要学丁公。通过对季布和丁公的不同处理，教育了大臣要效忠君主。

4. 善于听谏

在汉朝建立以后，面临着巩固皇权的问题。开始，刘邦先是分封了萧何等二十余人官职，但众将领因为互不服气，争功不止，刘邦就没有封官。一次，在洛阳南宫，刘邦看见众将坐在沙地上不知在说什么，问身边的张良怎么回事，张良说他们在谋反。刘邦问为什么，张良说怕他以后不会封他们高官。刘邦又问怎么办，张良就问他最恨的人是谁，刘邦说是雍齿，因为他虽然功劳多，但太张狂，自己曾经想将他杀掉。张良听了就让他封雍齿为侯，这样，大家就觉得被刘邦记恨的雍齿都能受封，他们就更不用着急了。于是，刘邦大摆庆功宴，封雍齿为什方侯，还当场命丞相和御史抓紧时间草拟论功行赏分封的名单。张良的计策果然奏效，众将的心都安定了。能够善于听取忠臣的合理建议，这也是刘邦成功的一个重要原因。

▋案例研讨

1. 角色扮演

（1）刘邦登基建立汉朝之后，面临着诸多的问题，并从政治、经济、文化等多方面进行整顿和完善，如果你是刘邦，你认为在建立一个新的朝代之后需要解决的首要问题是什么？

（2）一个王朝的建立和更替往往都是在战争的基础上，如果你是刘邦，在历经战争建立新的王朝之后，为了稳定国家和进行之后的建设，是会以文治为主还是以武治为主？还是会采取文武兼治的办法巩固政权？

2. 案例分析

（1）通过本案例的学习，你认为面对多年楚汉争霸的局面，刘邦采用了怎样的方法最终战胜了项羽，统一了国家，建立了西汉政权？

（2）刘邦以布衣之身提三尺剑而取得天下建立大汉基业，这是为何？这是因为百折不挠、越挫越勇的刘邦知道如何处理人际关系，其成功在于"能斗智时决不斗力"，且情商高的刘邦知人善任，具有高超的用人、驭人的领导能力即帝王权术。汉皇千古一英雄，休笑当年马上功。试问后来为帝者，谁人曾出范围中。楚强汉弱，可是战争的结局是楚败汉胜。究其原因，历代的学者各有评述，意见不尽一致。学者普遍认为主要原因有：对待生命认识不同；政治天分与政治主张不同；战略、策略不同；用人态度不同。在你看来，一个成功的帝王应该具备哪些因素？对我们现代人的创业有哪些借鉴之处？

3. 选择思考

（1）刘邦的创业经历给你哪些启示？

（2）刘邦在中国历史上是一位拥有着诸多 "第一" 的皇帝， 刘邦是中国历史上第一位由平民登上帝位的皇帝； 是中国历史上第一位御驾亲征而统一天下的皇帝； 是中国历史上第一位发明 "招降纳叛" 和 "统一战线" 军事战略战术的皇帝； 是中国历史上第一位以 "休养生息" 为国策从而在全国大力发展经济的皇帝； 是中国历史上第一位 "释放奴婢" 从而一定程度上打击奴隶制度、 解放生产力的皇帝； 是中国历史上第一位在全国范围内实行 "轻徭薄赋" 政策、 实行 "十五税一" 低税率的皇帝； 是中国历史上第一位推行 "量吏禄， 度官用， 以赋于民" 的财政支出紧缩政策而提倡节俭的皇帝； 是中国历史上第一位制定礼仪从而巩固皇权的皇帝； 是中国历史上第一位下 "求贤诏" 在全天下广招贤士人才的皇帝； 是中国历史上第一位写诗的皇帝， 其诗作 《大风歌》 被誉为 "千古人主第一词"； 是中国历史上第一位祭祀孔子并重用儒士的皇帝， 从而为汉朝及后世以儒家文化为主体思想治国奠定了基础； 是中国历史上第一位以孝治理天下的皇帝； 是中国历史上第一位刘姓皇帝； 是中国历史上第一位用布衣将相统一天下的皇帝； 是中国历史上第一位使用分封制和郡县制并存的皇帝。 面对诸多的第一， 你对刘邦作何评价？

▌背景资料

汉高祖刘邦 （公元前 256 年 12 月 28 日至公元前 195 年 6 月 1 日）， 西汉王朝的开国皇帝， 中国历史上第一位平民出身的皇帝， 秦朝泗水郡沛县 （今江苏丰县） 人。 字季， 庙号为太祖， 谥号为高皇帝， 史称汉太祖高皇帝、 汉太祖、 汉高祖或汉高帝。 是汉民族和汉文化伟大的开拓者。 中国历史上杰出的政治家、 战略家、 指挥家。 参与秦末的推翻暴秦行动。 公元前 206 年刘邦首先进入关中要地， 秦朝灭亡。 楚汉之争后， 统一中国， 建立汉朝。 公元前 202 年 2 月 28 日登皇帝位， 建都长安。 登基后， 一面平定诸侯王的叛乱， 一面建章立制并采用休养生息之宽松政策治理天下， 迅速恢复生产发展经济， 不仅安抚了人民， 也促成了汉代雍容大度的文化基础。 他对汉民族的发展， 中国的统一强大， 以及汉文化的保护发扬有突出的贡献。 高祖十二年 （公元前 195 年）， 刘邦因讨伐英布叛乱， 被流矢射中， 其后病重不起而逝世。

刘邦的创业经

1. 吾宁斗智，不能斗力。

2. 壮士行，何畏！

3. 夫运筹策帷帐之中，决胜于千里之外，吾不如子房；镇国家，抚百姓，给馈饷，不绝粮道，吾不如萧何；连百万之军，战必胜，攻必取，吾不如韩信。此三者，皆人杰也，吾能用之，此吾所以取天下也。

4. 仓粟多，非乏，不欲费人。

5. 公等皆去，吾亦从此逝矣！

6. 天下方扰，诸侯并起，今置将不善，一败涂地。吾非敢自爱，恐能薄，不能完父兄子弟。此大事，愿更相推择可者。

7. 吾闻帝贤者有也，空言虚语，非所守也，吾不敢当帝位。诸君必以为便，便国家。

8. 与父老约，法三章耳；杀人者死，伤人及盗抵罪。馀悉除去秦法。诸吏人皆案堵如故。

案例 2

乱世枭雄

——曹操的创业之路

▍案例摘要

　　自古时势造英雄，他生逢乱世，却给他一个开创事业的机会。曹操，字孟德，小字阿瞒，汉族，沛国谯（今安徽亳州）人。中国东汉末年著名的军事家、政治家和诗人，三国时代魏国的奠基人和主要缔造者，后为魏王。其子曹丕称帝后，追尊他为魏武帝。曹操一生征战，为全国尽快统一，在北方广泛屯田，兴修水利，对当时的农业生产恢复有一定作用；他用人唯才，打破世族门第观念，抑制豪强，所统治的地区社会经济得到恢复和发展。此外，他还精于兵法，著《孙子略解》、《兵书接要》、《孟德新书》等书。作为一代英雄，他精通音律，善作诗歌，抒发政治抱负，并反映了汉末人民苦难生活，慷慨悲凉。

　　本案例通过对曹操创业历程的回顾，学习曹操卓越的智慧和素质，看其如何成就为一名卓有成就的军事家、政治家、文学家。这不仅仅是一部奋斗史，对年轻的创业人来说，更是一笔巨大的财富。

▍案例故事

崭露头角

　　年轻时期的曹操机智警敏，有随机权衡应变的能力，而任性好侠、放荡不羁，不修品行，不研究学业，所以社会上没有人认为他有什么特别的才能，只有梁国的桥玄等人认为他不平凡，桥玄对曹操说："天下将乱，非命世之才不能济也，能安之者，其在君乎？"许劭，字子将，以知人著称，他也曾对曹操说过："君清平之奸贼，乱世之英雄。"

熹平三年（公元174年），二十岁的曹操被举为孝廉，入京都洛阳为郎。不久，被任命为洛阳北部尉。洛阳为东汉都城，是皇亲贵戚聚居之地，很难治理。曹操一到职，就申明禁令、严肃法纪，造五色大棒十余根，悬于衙门左右，"有犯禁者，皆棒杀之"。中平元年（公元184年），黄巾起义爆发，曹操被拜为骑都尉，受命与卢植等人合军进攻颍川的黄巾军，结果大破黄巾军，随之迁为济南相，济南国（今山东济南一带）有县十余个，各县长吏多依附贵势，贪赃枉法，无所顾忌。曹操之前历任国相皆置之不问。曹操到职，大力整饬，一下奏免十分之八的长吏，济南震动，贪官污吏纷纷逃窜。"政教大行，一郡清平"。

逐鹿中原

192年，青州的百万黄巾大军入侵兖州。兖州刺史刘岱不听济北相鲍信的劝阻，与黄巾军接战，结果被杀死。鲍信等便暗中使人到东郡迎接曹操，推举他担任兖州牧一职。后来与黄巾军战于寿张以东，历经苦战，鲍信战死，终于大破敌军。曹操一路追击至济北，最后逼降黄巾军，收编降卒三十余万并男女百余万口，又从中选出精锐，号称"青州兵"。到了这时，曹操作为一个地方势力才渐成气候。

奉戴天子

195年，汉献帝迁出长安，进驻安邑。次年，曹操听从谋士荀彧的建议，打算迎接皇帝，派曹洪率兵西进。不过此时皇帝（或其掌权之臣）对曹操仍有疑虑。但曹操势力强盛，数月之间又击破了汝南、颍川的黄巾军，朝廷乃封曹操为建德将军。稍后不久，升任镇东将军，且晋封为费亭侯。费亭侯曾是曹操祖父曹腾的爵号，可见朝廷已对曹操寄予厚望。同年秋，汉献帝入驻洛阳。随后曹操也进军洛阳保卫京城，皇帝赐曹操节钺，标志着曹操对中央朝政的实际控制，"奉天子以令不臣"的局面形成。洛阳经董卓破坏，已残破不堪，董昭等劝曹操定都许。

两个月后，东汉迁都许。皇帝任命曹操为大将军、封武平侯。又封袁绍为太尉，袁绍耻居曹操之下，不肯接受。此时袁绍势力比曹操强大，因此曹操坚持把大将军一职让给袁绍，自己只任司空，行使车骑将军之职。

连年征战使得民生凋敝，曹操在《蒿里行》中描述："白骨露于野，千里无鸡鸣"。还发生过由于粮食极度缺乏，人吃人的情形。为发展经济恢复民生，定都许昌之后，曹操采纳枣祗、韩浩的建议，实行屯田制。曹操因为奉戴天子，某种程度上促使汉朝"宗庙社稷制度"得以重建，这也吸引了许多拥护东汉朝廷的人才来归附，加之曹操用人有术，不停地举着天子旗号东征西讨，实力越来越强。

197年征讨张绣，张绣举众投降，之后因曹操纳张济之妻，张绣对这件事感到十分痛恨，于是袭击曹操，曹操在长子曹昂与校尉典韦殿后下逃亡，但曹昂与典韦也阵亡。此后，曹操又两次攻击张绣，都没有彻底击破。后来张绣接受谋士贾诩的建议，向曹操投降，曹操才取得对荆州北部的控制，并消除了许都南面的威胁。198年曹操用荀攸、郭嘉的计策，开决泗、沂二河之水灌入下邳，最后生擒吕布、陈宫，把徐州纳入势力范围。199年，曹操派史涣、曹仁击破张杨旧部眭固，取得河内郡，把势力范围扩张到黄河以北。

到这时，曹操已经实际控制了黄河以南的兖州、豫州和徐州，并向南延伸到荆州北部，向北则进入河内。这时，袁绍也已兼并公孙瓒的势力，占据黄河以北的青州、冀州、幽州和并州，军队十多万人，正试图发兵攻打许都。当时，很多曹军将领都认为无法抵挡袁绍的进攻，曹操却自信地说："我了解袁绍的为人，志向远大而智谋短浅，表面严厉而胆量微小，畏惧胜利而缺少威信，将领傲慢而政令不一，土地虽然广大，粮草虽然丰足，正好作为送给我的礼物。"

官渡之战

建安五年（200年）二月，袁绍命大将颜良等人进兵白马（今河南滑县北），自率大军进屯黎阳（今河南浚县东），向曹操发动进攻。曹操的实力比袁绍弱得多（《三国志》中说不足一万），曹操所占的大河以南地区，地盘既小，又是四战之地，残破不堪，还没有完全恢复，物资比不上袁绍那样丰富。曹操的兵力也远不及袁绍，其总兵力大概不过几万人，投入前线的兵力据《武帝纪》说"兵不满万，伤者十二三"。裴松之认为此数不准确，曹操的兵力不会如此之少，但曹操兵力远逊于袁绍却是毫无疑问的。

袁绍大军来攻，许都震动。曹操安慰众将说："吾知绍之为人，志大而智小，色厉而胆薄，忌克而少威，兵多而分画不明，将骄而众令不一，土地虽广，粮食虽丰，适足以为我奉也。"建安五年（200年）二月，袁绍大将颜良等人围攻白马，拉开了大战的序幕。四月，曹操亲自率兵北上解白马之围，十月，袁绍从河北运来粮草万余车，派大将淳于琼等带万余人看守，屯于离袁绍大营四十里的乌巢。这时袁绍谋士许攸因向袁绍献偷袭许都之计不成，且在河北的家眷犯法被抓，心生悔恨，而来投曹操，献计让曹操偷袭乌巢。曹操大喜，跣足出迎，之后亲率精锐步骑五千人，军队人衔枚，马勒口，换袁军军装乘夜从小路偷袭乌巢。曹操军至乌巢，命四面放火，袁军大乱，淳于琼拒营死守。袁绍闻知，急忙派兵救援，曹操左右见"贼骑稍近，请分兵拒之。"操怒曰："贼在背后，乃白！"士卒皆殊死战，遂大破之，斩琼等，尽燔其粮草。而当袁绍听说曹操袭击乌巢时，认为这正是攻破曹操大营的好机会，因此派去的援兵很少，而以重兵围攻曹操大营。由于曹操预留兵力精且多，曹营未破，乌巢败讯已经传来，大将张郃、高览等人率部投降曹操，袁军溃散。袁绍弃军逃回黄河以北。曹军大获全胜，斩首七万余级，尽获袁军辎重图书珍宝。曹操清点袁绍书信，得到自己部下勾结袁绍的信，尽烧之，说："当绍之强，孤犹不能自保，而况众人乎！"

从客观条件上说，曹操本处于劣势，但由于他能正确分析客观条件，善于听取别人的正确意见，所以能扬长避短，采用正确的战略战术，使战争向有利于自己的方面转化，经过自己主观上的努力，终于赢得了胜利。官渡之战，曹操击溃了最大的敌人袁绍，由他统一北方已是大势所趋。官渡之战也创造了世界战争史上以少胜多、以弱胜强的著名战例。

▎创业智慧

1. "任人唯贤"的选官标准

汉时期选拔官吏，被选用人既要有仁义孝悌等方面封建道德品质，也要有高贵的家世出身。曹操为维护和发展势力，让更多的人为自己的事业服务，不受上述标准限制，强调"唯才是举"。只要有才能，即使缺少封建道德品质、出身下层的人，他也注意提拔。从210年到217

年，他先后下了三次"求贤令"，选拔和任用一些有才能的人。

2. 善于创造机遇

一个人要想事业成功，机遇非常重要。但是，如果机遇迟迟不来怎么办？那只有靠自己去创造。在这方面，曹操表现得很主动很出色。在他的积极努力下，一个又一个机遇出现了，曹操竟然被他人推荐进入了东汉政府权力中心，这简直是天大的幸运之事。因为和强大的各方诸侯相比，缺人少地的曹操实在是让人瞧不上眼，但是他不等不靠不放弃，开动脑筋主动出击，创造出了一个又一个机遇，最终走进权力中心，挟天子以令诸侯。

3. 做事思虑全面

曹操率领主力部队去攻打汉中的张鲁，但在东边，张辽据守的地方遭到了江东孙权的猛攻，曹操给留守的张辽等人留下了锦囊妙计，他的计策体现出了弹性管理中留有余地的特点。做好防守的同时，在进攻的时候，曹操打张鲁也体现出了留有余地的特点，没有在胜利的基础上一味高歌猛进。在我们的生活中，很多时候，我们只有留有余地，才能为事业发展获得一个较为圆满的结局。

4. 灵活创新的思维模式

曹操虽然小有家资和政治优势，但是陈留起兵的时候，兵马不过三千，将帅不过曹仁夏侯兄弟。盟军攻打董卓的时候，初战告捷，但随后各路人马都开始观望不前，唯独曹操表示"我独西进"。虽然在荥被徐荣击败，但是这是有一定的客观因素的，曹操当时的兵马不如对手，而且是有记载的曹操第一次作战。这次失败对于曹操总结经验很有意义。他固然失败了，但是他的思维和军事思想明显高于其他人，如果当时诸军都奋力西进结果肯定是董卓授首。

曹操迎汉献帝归许是他政治生涯的转折点。从长安逃出的汉献帝无家可归，生活潦倒，这个时候的曹操毅然决定把汉献帝接过来。虽然他面对多个势力的阻挠，但最终凭借自己的勇敢和机智达到了目的，从而可以借皇帝的身份号令天下。

▌案例研讨

1. 角色扮演

（1）只要有才能，即使缺少封建道德品质、出身下层的人，曹操也注意提拔。 如果你是曹操， 你能否做到这一点?

（2） 197 年， 东汉迁都许。 皇帝任命曹操为大将军、 封武平侯。 又封袁绍为太尉， 袁绍耻居曹操之下， 不肯接受。 此时袁绍势力比曹操强大， 因此曹操坚持把大将军一职让给袁绍， 自己只任司空， 行使车骑将军之职。 如果你是曹操， 你会怎样做?

2. 案例分析

（1） 建安十三年 （208 年） 七月， 曹操亲统大军 10 余万南征荆州， 企图先灭刘表， 再顺长江东进， 击败孙权， 以统一天下。 八月， 荆州牧刘表病亡， 次子刘琮请降。 九月， 刘备在长坂坡被曹军重创， 不得不与孙权联合。 十二月， 曹操于赤壁之战中败于刘备和孙权联军 （赤壁战后， 曹操逃亡北方。 曾感叹： "若郭奉孝在， 我不会败得这么惨！ "）。 曹操损失惨重， 失去一举统一天下的机会。 你怎样看待曹操的惨败?

（2） 在官渡之战中， 曹操本来处于劣势， 他是如何扭转形势的?

3. 选择思考

（1） 通过本案例的学习， 你怎样评价这位乱世中的枭雄?

（2） 如果你要打天下， 你会选择以下哪些策略? 为什么?

①要有开拓的精神和创新精神；

②在用人方面采取用人不疑， 疑人不用的理念；

③想要守住天下， 就要用人唯亲；

④打天下就要任人唯贤；

⑤遇事谨慎， 思考周全；

⑥善于给自己创造机遇。

▌背景资料

曹操 （155—220 年正月庚子）， 字孟德， 一名吉利， 小字阿瞒， 沛国谯人， 汉族。 东汉末年著名政治家、 军事家、 文学家、 书法家。 三国中曹魏政权的缔造者， 先为东汉大将军、 丞相， 后为魏王。 其子曹丕称帝后， 追尊其为魏武帝。 一生以汉朝大将军、 丞相的名义征讨四方割据政权， 为统一中国北方作出重大贡献， 同时在北方屯田， 对农业生产恢复有很大作用。 曹操的诗作具有创新精神， 开启并繁荣了建安文学，给后人留下了宝贵的精神财富，史称"建安风骨"。鲁迅评价其为"改造文章的祖师"。

曹操的创业经

1. 兵不在多，在精；将不在勇，在谋。

2. 疑人不用，用人不疑，既然用了，岂能后悔。

3. 兵法之道，变幻无常，既要熟读兵书，又不能被兵法所缚。

4. 将者，如果不经历几次败仗，如何能够知道怎么去打胜仗？

5. 不要愤怒，愤怒会降低你的智慧，也不要恨敌人，因为仇恨会使你丧失判断力，与其恨敌人，不如拿它来为我所用。

6. 损失固然不小，但从长远来看，我们得到的更多！

7. 欲取胜他人，自己先要立于不败之地。

案例 3

天下英雄唯使君与操

——刘备的创业学问

▌案例摘要

　　有这样一个人，能大能小、能屈能伸、能卖草鞋、能当皇帝、能忠能义、能生能死。有这样一个人，出身低微，家庭贫穷，在所有强大的诸侯都蔑视、利用，甚至放弃汉室的时候，他却举起旗帜试图成为挽救这个曾经无比辉煌的帝国最后的一丝希望。有这样一个人，在一无所有的情况下，屡败屡战，坚韧不屈，决不放弃，依然能聚集一群超一流的人才，为他效命，忠心不二。有这样一个人，在年近五十的时候，头发花白，还寄人篱下，将不足十，兵不过万，面对实力强劲的对手也毫不动摇自己的理想。这就是三国时期蜀国的开国皇帝刘备。

　　在创业方面，他有什么样的素质和精神值得我们学习？他的创业方法和途径又给我们哪些启示呢？本案例通过对开国君王刘备的创业历程的回顾，来学习他的创业素质与创业智慧，学习他如何有勇有谋、心怀全局，终得天下。学习他如何知人善用、亲贤爱士，聚集一流人才效忠于他。学习他如何屡战屡败、不离不弃，追逐自己的梦想。因此，学习本案例会对每个人和组织的发展，特别是对指导企业发展和年轻人创业，具有良好的参考、启迪和借鉴作用。

▎案例故事

乘乱起兵，崭露头角

汉灵帝中平元年（公元184年），爆发黄巾起义，刘备因镇压起义军有功被封为安喜县县尉，后来，朝廷有令：如因军功而成为官吏的人，都要被选精汰秽，该郡督邮到安喜要遣散刘备，刘备知道消息后，到督邮入住的驿站求见，督邮称疾不肯见刘备，刘备衔恨在心，捆绑督邮鞭打两百。刘备与关羽、张飞弃官逃亡。后来，大将军何进派毌丘毅到丹杨募兵，刘备也在途中加入，到下邳时与盗贼力战立功，任为下密县丞，不久又辞官。后来又任高唐尉、高唐令等职。不久高唐县被盗贼攻破，刘备于是往奔公孙瓒，被表为别部司马。汉献帝初平二年（公元191年），刘备与青州刺史田楷一起对抗冀州牧袁绍，因为累次建立功勋而让他代理平原县县令，后领平原国相。

激昂大义，舍身相救

当时黄巾余党管亥率众军攻打北海，北海相孔融被大军所围，情势危急，便派太史慈突围向刘备求救。刘备惊讶地答道："北海相孔融居然知道世上有刘备！"便立即派三千精兵随太史慈去北海救援。黄巾军闻知援军至，四散而逃，孔融遂得以解围。后袁绍攻公孙瓒，刘备与田楷东屯齐。兴平元年（公元194年），曹操借口为父报仇而再度攻打徐州，徐州牧陶谦不能抵挡，向青州刺史田楷求救。刘备以本部千余人从田楷往救之，虽然没能击退曹操，但是恰好此时张邈、陈宫叛迎吕布，曹操根据地失陷，于是回兵兖州。陶谦表刘备为豫州刺史，使屯于小沛。

两据徐州，两失徐州

建安元年（公元196年），曹操表刘备为镇东将军，封宜城亭侯。袁术率大军进攻徐州，刘备迎击，两军在盱眙、淮阴相持。这时，吕布偷袭了下邳。刘备回军，中途军队溃散，乃收余军东取广陵，为袁术所败，转军海西，困顿至极，得从事东海麋竺以家财助军。于是向吕布求和，吕布让刘备驻军小沛。其后袁术派纪灵领步骑三万攻小沛，吕布也知道唇亡齿寒的道理，用"辕门射戟"使两家罢兵。不久，刘备再度招募了万余人的军队，吕布恶之，于是率军进攻小沛。刘备战败，前往许都投奔曹操。曹操表奏刘备为豫州牧，又益其兵，并给予粮草，让刘备屯沛地。建安三年（公元198年），吕布派高顺和张辽进攻刘备，曹操虽派夏侯惇援救，但被击败。沛城最终被攻破，刘备妻子被掳，单身逃走。刘备在梁国国界中与曹操相遇，于是与曹操联合进攻吕布，吕布投降后，刘备力劝曹操杀死吕布。其后刘备与曹操回到许都，被表为左将军。建安四年（公元199年），车骑将军董承受汉献帝衣带诏，刘备起初未敢加入。后曹操与刘备"煮酒论英雄"，曹操对刘备说："今天下英雄，唯使君与操耳。本初之徒，不足数也。"刘备心惊，筷子掉落。此事后刘备知道曹操难容自己，遂与董承等人同谋。恰逢当时曹操派刘备与朱灵一起攻击袁术，其后刘备进军下邳，杀徐州刺史车胄，留关羽守下邳，行太守事，自己还小沛。东海昌豨以及诸郡县多从刘备，刘备遂有兵数万，于是北连袁绍抗击曹操。曹操派司空长史沛国刘岱、中郎将扶风王忠往攻，被刘备击退。建安五年（公元200年）春，衣带诏事发。曹操决定亲自东征刘备，虽然曹军中将领多认为袁绍才是大敌，但曹操却觉得刘备是英杰，必要先行讨伐，郭嘉亦赞同曹操。刘备战败，北投袁绍。

颠沛流离，依附刘表

建安六年（公元201年），曹操亲自讨伐刘备，刘备往投刘表。刘表亲自到郊外迎接刘备，待以上宾之礼，遂屯于新野。建安七年（公元202年），刘表命刘备带军北上，到叶县，夏侯惇、于禁、李典率军抵挡。刘备伪退，设下伏兵，李典觉得有诈乃劝之，夏侯惇不听，被刘备打败，幸好李典及时赶来，刘备军力过少，知道相持下去占不到便宜，于是退军。刘备在荆州数年，自觉老之将至而功业未建，遂有"髀肉之叹"。刘备向刘表提出趁曹操进攻乌桓时偷袭许都的建议，刘表没有采纳。建安十二年（207年），刘备前往隆中拜访诸葛亮，三顾茅庐之后，诸葛亮向刘备献上了隆中对。建安十三年（208年），刘表病死，曹操此时亲率大军南下。刘表次子刘琮投降曹操，长子刘琦联合刘备。刘备从新野撤往江夏，路经襄阳时，很多荆州士人投靠刘备，有人劝说刘备抛弃他们，轻骑前进，但刘备说："夫济大事必以人为本，今人归吾，吾何忍弃去！"到当阳时，竟有十余万众，辎重数千辆，日行十余里，被曹军追击，败于长坂。

横跨荆益，大业初成

建安十七年（212 年），张松事情败露被杀，刘备于是与刘璋反目。刘备依庞统提出的计谋，召白水军的杨怀到来并将其斩杀，吞并其部队。派黄忠、卓膺率军南下进攻刘璋，占领涪城。建安十八年（213 年），刘璋派遣刘璝、冷苞、张任、邓贤、吴懿等在涪阻击刘备，都被刘备打败，吴懿投降。刘璋又派李严、费观统帅绵竹诸军阻击刘备，李严率众投降。刘备军力益强，分军平定各县。同时调诸葛亮、张飞、赵云等率军入蜀。张任、刘循退守雒城，刘备率军进攻，张任出击，被刘备军斩杀，刘循遂坚守不出，庞统率军攻打雒城时为流矢所中战死城下。建安十九年（214 年），雒城被围近一年才被攻克，刘备乃与诸葛亮、张飞、赵云等共围成都。时刘备派建宁督邮李恢说降马超。马超来到成都，刘备命他率军屯城北，一时城中震怖。刘备于是派简雍劝降了刘璋，遂领益州牧，启用蜀中诸多人才。建安二十四年（公元 219 年）北攻汉中，在汉中之战斩杀曹操名将夏侯渊，又迫使曹操退军，完全占据了曹操的汉中，同年进位汉中王，使蜀汉政权达到了最为鼎盛时期。

丢失荆州，惨败夷陵

然而，汉中占领不久，关羽孤军北伐，虽然水淹七军、擒于禁、斩庞德、威震华夏、围曹仁于襄阳，达到军事上的最高峰，但是荆州后方空虚，东吴吕蒙以白衣计乘机夺取荆州（主要是江陵和公安），最后关羽被吴军擒获，遭到杀害，"失荆州"使得刘备元气大伤，蜀汉政权也开始走下坡路。魏黄初二年（公元 221 年），刘备在曹丕篡汉建魏后，于成都称帝，国号"汉"，以汉室宗亲的身份重新建立汉朝，继续东汉大统，年号"章武"。同年，刘备以为关羽报仇的名义，发兵讨伐东吴，意图夺回荆州，但于公元 222 年夏被吴将陆逊在夷陵之战中打败，最终撤退到白帝城。刘备虽然大败，但是余威仍在，孙权听说刘备驻扎在白帝城，非常害怕，慌忙遣使请和，刘备出于对全局的考虑，同意孙刘再次联盟。刘备于 223 年四月逝世，谥号为昭烈帝。

▌创业智慧

1. 目标管理

刘备创业历程坎坷，成败起伏，但他始终牢记自己的最高目标——恢复汉室，造福百姓。不论多么艰难，这个目标始终没有改变。目标管理最为广泛的是应用在企业管理领域。对于创业者来说，有效的目标管理可以说明整个组织的宗旨、方向和意义，使员工更加清楚组织的目标。目标有助于公司把握命运，而不是只对错误作出反应。目标为各个管理层评估各自的绩效提供了参考。对一个有事业心的人来说，目标是首先点燃你事业成功的火花，并促使你在成功之路上拼搏进取，走向成功之巅。因此，无论你打算成就什么样的事业，确立目标是首要任务。

2. 团队建设

在历代帝王中，刘备具有显著特色。他之所以为后人所熟知并有较佳印象，并非偶然。他的军事才略虽不突出，但他在团队建设方面，在历代帝王中是罕见的，对后世亦具有广泛而有益的影响。纵观刘备手下人才，个个忠心耿耿，死保刘备，无论是卧龙、凤雏两位军师，还是五虎大将关、张、赵、马、黄，乃至国内所属百姓，都是如此。可以肯定，刘备团队是最为和谐、最为牢固的拳头团队。21世纪的今天，个人英雄主义的日子一去不复返，凝聚力开始被越来越多的矢志成功的人士所关注。拳头攥紧的力量永远比巴掌的力量大。一支优秀的团队同样如此，强大的凝聚力成为团队提高工作效率的制胜法宝。

3. 创业的 "品牌效应"

刘备在政治上、军事上和外交上，诚然不具备第一流的韬略，他之所以能有三分基业和长期受到人们的喜爱，部分原因是他自身有着良好的品牌效应。刘备是 "中山靖王刘胜之后，汉景帝阁下玄孙"。刘备家境贫寒，但这张名片使得王公贵族对刘备恭敬有加。更为重要的是，这张名片为刘备聚集英雄豪杰、形成战略团队打下了基础，使得诸葛亮、关羽、张飞等人追随一生。品牌不是一门精确的科学，而是一门艺术。我国目前的很多小企业对于自己的品牌打造就常感困惑。它们大致也处于和刘备的出身同样的处境，如果想要摆脱这样的命运，也同样需要一张刘备的 "名片"。当然如何打造一张适合自身的名片值得每一个企业思考。

4. 矢志不移的坚持

刘备的成功创业，贵在能坚持到底，他不放弃自己的志向。在依附刘表后，虽在荆州过了几年安逸生活，但他仍不忘自己的目标，听说诸葛亮大名后，他三次亲自登门造访，终请其出山相助，从而真正开始了三分天下的历程。在创业过程中，困难和挫折是难免要遇到的，但最终的胜利完全取决于你如何看待这些困难和挫折。倘若在遭受打击时，仍能着眼于成功的美好，细细品味挫折的痛苦滋味，吸取失败的教训而重来，那么成功就在你自己的手中。因为你才是事业成功的主宰者。

5. 以德服人最有效

有一句至理名言："德为事业之基。"一个想成就事业的人，若心中不存仁德则无法发展事业。换言之，一位领导者、经营者，必须以德为事业发展的基础，才能获得成功。为什么"仁德"对领导者、经营者如此重要呢？因为"仁德"表现着一个人的品性。有仁德的领导者具有一种"无言的说服力"，他不需要以严令申诫，便可收到莫大的功效，他会深受部下的信赖和爱慕，常常能事半功倍。刘备为人，喜怒不形于色，不甚爱读书，喜好交朋友，且懂得善待下人、百姓，又说曾因其仁德而感动了一位刺客，使之放弃刺杀自己。一位贤明的领导者，如果具备仁德，即可深得民心，得民心者就能成就大业。这个道理也适用于现代的创业者，如果你有仁德之心，并在行动上表现出来，那么你就能很好地获得别人的爱戴、支持和帮助，这样在创业路上就会减少很多阻力，成功率无形中就大了很多。

▎案例研讨

1. 角色扮演

（1）刘备虽然打了不少胜仗，最后也只得了个县令，还要受贪官污吏的窝囊气，只好辞官另寻出路。但刘备以后的创业道路仍然不顺，实力不济或不得已的情况下，他给公孙瓒打工，给曹操打工，给吕布打工，给袁绍打工，给刘表打工，一直都没有自己的地盘。如果你是刘备，在经历千辛万苦之后，还会坚持最初的伟大梦想吗？

（2）刘备在白帝城向诸葛亮托孤之时，刘备嘱咐诸葛亮说：若自己儿子没有治国之才，你就取而代之。这是一种不争，正是这种不争，使得诸葛亮为扶持刘禅鞠躬尽瘁、死而后已。而如果刘备临死前嘱咐诸葛亮死保刘禅，或嘱咐刘禅和其他大臣严防诸葛亮，没准儿诸葛亮一气之下还真会废掉无能的刘禅。如果你是刘备，在白帝城向诸葛亮托孤时你会作何安排？

2. 案例分析

（1）很多人都觉得刘备是个"窝囊"人，论武功不如关张，论计谋不如诸葛。可他为什么就能得到天下，并把一大群文臣武将团结在自己的周围？有人说，他的成功，就在于"三低"。一是"低身交朋友"，二是"低头拜贤才"，三是"低眉待来宾"。请你分析，"刘备是个窝囊人"这样的观点你赞同吗？为什么？

（2）刘备很有自知之明，他深知曹操虽然善待他，但对他并不信任。有一天，曹操请刘备喝酒，两人相谈甚欢。曹操问刘备谁是天下英雄人物，刘备佯装不知，试举了几个人，曹操说都不是英雄，而说天下英雄只有他们两个。刘备一听，以为曹操已经知道自己心中所想，惊得连手里拿的筷子都掉到了地上。正好此时天正下雨，天空中传来一声震耳欲聋的雷鸣，刘备即刻掩饰说：雷声好大，筷子都吓掉了。这就是著名的"煮酒论英雄"的故事，请分析，这个故事充分显示了刘备哪方面的创业素质？

（3）刘备为人，喜怒不形于色，不甚爱读书，喜与豪杰交朋友，且懂得善待下人、百姓。有说曾因其仁德感动了一位刺客，使之放弃刺杀自己。在临终之际，刘备还对儿子说："勿以恶小而为之，勿以善小而不为。"刘备一生，正因能以德服人，才于乱世之中成就了自己的一番事业。请分析为什么"仁德"对于领导者、经营者如此重要呢？

3. 选择思考

（1）刘备伐吴是战略上的失策，而伐吴的失败，则是战术上的不懂装懂。作为一个领导者，他军事才能一般，并不擅长指挥大军作战。但他在关羽死后，内心已乱，完全不顾及别人的劝阻，自领大军前去攻打东吴，在取得了一些小胜之后，自以为也是军事天才，还想出了连营七百里这一"创举"，结果被东吴陆逊放火烧了个干干净净，西蜀七十万大军兵败如山倒，刘备仓皇而逃，直至白帝城才停下来。现代创业者也容易犯这样的错误，经营企业不考虑自己的资源配置和创业能力，而是一味地追求企业的"大"，乐此不疲地搞多元化经营，结果战死沙场。请结合刘备的创业史谈谈企业应该如何看待多元化经营。

（2）有关刘备军事能力的评价。《三国志·先主传》注引《傅子》中丞相掾赵戬说刘备"拙于用兵，每战则败，奔亡不暇"；在

《三国志·陆逊传》中，陆逊对刘备的评价则为"寻备前后行军，多败少成，推此论之，不足为戚"。种种所述，再加上刘备前半生亲自与曹操等对手战场交锋时的多次败绩，都表明刘备不是领兵打仗的材料。而他亲自领七十万大军而出西川，实在是极大的冒险。倘若他能遣诸葛亮替他一行，当不至于有此大败。现代很多创业者，在很多决策上都不信任属下，即使是自己不擅长的事情，也要亲历亲为。请结合刘备的案例论述企业领导分权和授权的重要意义。

▌背景资料

刘备（公元161—223年）即蜀汉昭烈帝，字玄德，汉族，涿郡涿县（今河北涿州）人，汉中山靖王刘胜的后代，三国时期蜀汉开国皇帝。他为人谦和、礼贤下士，宽以待人，志向远大，知人善用，素以仁德为世人称赞，是三国时期著名的政治家，公元221年在成都称帝，国号汉，年号章武，史称蜀或蜀汉，占有今四川、云南大部、贵州全部，陕西汉中和甘肃白龙江一部分。公元223年病逝于白帝城。谥号昭烈帝，庙号烈祖，史家又称他为先主。后世有众多文艺作品以其为主角，在成都武侯祠有昭烈庙为纪念。

▌刘备的创业经

1. 救国兴亡，忠义为先，岂在人多。
2. 欲安天下，先取人心，而人心之本在于循天道、行仁义、持忠孝。
3. 天下大乱之根源在于人心的丧乱。
4. 得人心者方能得天下。
5. 正道不灭，大义永存。
6. 宁可天下人负我，我不负天下人。
7. 江山已倾覆，谁家不遭殃。
8. 风从虎，云从龙，龙虎英雄傲苍穹。

案例 4

布衣皇帝
——朱元璋的创业故事

▎案例摘要

创业，是一个充满诱惑、充满刺激的字眼。很多人都向往着尝试一下，并以此实现自己的理想和人生价值。但是创业过程中充满了艰辛和磨难，没有过人的勇气、高超的智慧、优良的个人素质、广泛的人脉关系，就看不到事业之花的成功盛开。相对于我们的创业来说，要创建一个国家，开创一个王朝，则不知要难上多少倍。我国历史上的那些伟大的开国帝王，他们以自身卓越的素质、杰出的能力和聪明的智慧，克服了各种艰难险阻，从而扫荡六合，一统宇内，建立了自己的伟大帝国，成为统一天下的霸主。

他们是如何做到的呢？在创业方面，他们都有什么样的素质和精神值得我们学习？他们的创业方法和途径又给我们哪些启示呢？本案例通过对明太祖朱元璋创业历程的回顾，来学习他的创业素质与创业智慧，学习他如何将苦难的经历转化为宝贵的财富，学习他如何做到"狮子吃大象"以弱胜强，学习他如何借势开创自己的事业。

▎案例故事

出身布衣

朱元璋出生于赤贫的农家。他的幼年非常困苦。他的父亲和祖父以及曾祖父等数辈人都是拖欠税款者，在淮河流域到处躲债，想方设法找一个地方做佃户，以便在这块干旱和时疫肆虐的土地上过仅能糊口的生活。1344年朱元璋16岁的时候，在5月份和6月份的三个星期内，时疫并伴随着夏季的蝗虫和旱灾夺去了他家大部分成员——他的父亲、母亲和还生活在家里的已婚的长兄的生命。苟活下来的人因太穷而不能很好地埋葬已逝的亲人，更不用说去抚养朱元璋了。10月末，他因此被送入附近一个佛教寺院做小行童，当杂差，以实践他在幼儿生病时他父亲许下的愿。与此同时他已长大成人，变成了一个高大强壮的小伙子，其显著特点是脸面有皱纹而痘点斑斑，腭部突出，这副奇异的样子使人望而生畏，而且看起来预示将来有不凡的品质。

加入义军

1352年，郭子兴和孙德崖在濠州起义，25岁的朱元璋闻听起义的消息，便想参加。正在此时，他收到儿时伙伴汤和的来信，邀请朱元璋参加郭子兴的义军，他便放下钵盂投奔了郭子兴的起义军。朱元璋入伍后，因为骁勇善战，又粗通文墨，很快得到郭子兴的赏识，被调到帅府当差，任命为亲兵九夫长。朱元璋又表现得精明能干，处事得当，不久他的好名声就传播开来。

成长之路

在濠州城中，红巾军有五个元帅。郭子兴一派，孙德崖与其他三个元帅一派，两派之间矛盾重重。朱元璋见濠州城诸将争权夺利，矛盾重重，决心依靠自己的力量，开创新局面。至正十三年（公元1353年）六月中旬，朱元璋回乡募兵，少年时的伙伴徐达、周德兴、郭英等和同村邻乡的熟人听说朱元璋做了红巾军的头目，纷纷前来投效。于是朱元璋很快就募兵七百多人，回到濠州，郭子兴十分高兴，就提升朱元璋做了镇抚。统率着这支队伍，朱元璋向东进发，乘夜攻破定远横涧山的元军营地，从降军中挑选了精壮汉人两万人编入了自己的队伍，并向南攻下滁州。

明教总舵

郭子兴病逝，朱元璋事实上成了这支队伍的主帅。在朱元璋称帝之前，在浙西驻扎6年，借助覆船山为中心的秘密明教总舵，奉行徽州谋士朱升提出的"高筑墙、广积粮、缓称王"的策略，迅速秘密扩张自己的实力，以这里原有的《九宫八卦阵》训练明教圣战士，韬光养晦，以图大业。高筑墙是指加强军事防备，巩固后方；广积粮是指发展经济生产，储备粮食，增强经济实力；缓称王则是指不要过早称帝，以免树敌过多。这三条建议极具战略眼光，是朱元璋发展初期的指导思想。

消灭割据势力

此时朱元璋的处境并不好，在长江上游有陈友谅，长江下游有张士诚，东南邻方国珍，南邻陈友定，都对其虎视眈眈。陈友谅还约张士诚东西夹击朱元璋，欲平分他的领地。朱元璋认为目前最危险的敌人莫过于陈友谅，必须集中力量消灭他。于是他设计诱敌深入，制造战机，派伏兵奋起攻击，陈友谅大败。消灭陈友谅父子后，朱元璋又开始进攻张士诚，最后在平江将其包围，活捉后将其处死。与此同时，朱元璋派人去滁州接小明王韩林儿到应天来，但在瓜州渡江时悄悄将船底凿漏，小明王沉于江底。接着朱元璋称1367年为吴元年，开始正式称帝。

北伐残元

消灭东吴张士诚后，朱元璋基本上占据了全国最富庶、人口最稠密的地区。因此，进行大规模南征北伐的时机成熟了。北伐军节节胜利，迅速攻下山东诸郡。在南征北伐不断取得胜利的情况下，1368年正月，40岁的朱元璋告祀天地，于应天南郊登基，建国号大明，改元洪武，以应天为南京。经过16年的征战讨伐，朱元璋终于实现了自己的梦想，从一个横笛牛背的牧童、小和尚，成为明朝的开国皇帝。

创业智慧

1. 苦难的经历是立业的宝贵财富

朱元璋生于农民家庭，家中一贫如洗。又赶上连年旱灾和瘟疫。不到半个月时间，昔日和睦温暖的家就不复存在了，父母的疼爱也一去不复返了。家破人亡的惨痛，使他仿佛进了无底深渊。但是朱元璋并没有被苦难的经历打倒。而是走南闯北，开阔了眼界，积累了丰富的社会生活经验。艰苦的流浪生活铸就了朱元璋坚毅果敢的性格。正是他经历的这番苦难和成就事业的一番决心，才造就了他成功的人生。人生的经历不仅是不可再生的资源，而且是十分宝贵的财富。波折和坎坷对于丰富创业经验非常重要。当你有一天克服了千难万险，找到了解决问题的途径，看到了柳暗花明的希望之时，你的内心才变得足够强大，而这也正是创业者所需要具备的优秀品质。

2. 忍是智者的远略

朱元璋的成功，很大程度上是由于他很能忍。从沦落为乞丐四处乞讨看人脸色，刚到军营受人凌辱，他都忍了过来。在成为郭子兴手下爱将时，他更是"忍"字当先。很多的不公让朱元璋憋了一肚子气，但他抓住郭子兴当时还不会杀他的心理，还是一步一步地忍了过来，他知道，大丈夫能屈能伸，争一世，不争一时。如果他当年逞一时之快，就不会有他的大明江山了。许多成功的企业家、金融巨头亦将"忍"字奉为修身立本的真经，很多人在办公室内悬挂着巨大的"忍"字条幅，特别是很多日本企业家喜欢这样。其实，忍学是世界上成功创业者的必修课。因为忍才能成大器，做大事。忍，是智者的远略；忍，是仁者的赞歌。兵家有云："小不忍，则乱大谋。"忍受暂时的失败，蓄积更大的力量，总结经验，再奋起拼搏，才能得到最终的成功。

3. 事业唯勤方有成

朱元璋是个非常勤奋的人，无论是在打天下时，还是在得了天下后，他都没有安于享乐，而是非常勤于政事。史书曾经记载过：有一次朱元璋在十天之内一共批阅各种奏折一千多件，处理国事达到三千多件，这样的勤奋程度和工作效率令人称叹，他可以称得上是历史上最勤于政事的皇帝之一了。成功就像一朵鲜花，真正爱花的人是不会伸手去摘的，那么，真正想成功的人，也绝不会将成功挂在嘴边，而是勤奋地为成功去奋斗。每一个创业者都应该知道：勤奋是通向成功的必经路径。

4. "九字方针" 战略

在朱元璋称帝之前，所奉行的发展战略是"高筑墙、广积粮、缓称王"九字方针。"高筑墙"是指加强军事防备，巩固后方；"广积粮"是指发展经济生产，储备粮食，增强经济实力；"缓称王"则是指不要过早称帝，以免树敌过多。这三条建议极具战略眼光，是朱元璋创业时的指导思想。建立自己的王朝和帝国，需要雄才伟略，创办企业也同样需要制定战略。企业战略是对企业发展的谋略，是对企业发展中整体性、长期性、基本性问题的计谋。包括竞争战略，也包括营销战略、发展战略、品牌战略、融资战略、技术开发战略、人才开发战略、资源开发战略等。因此，战略对于企业的可持续发展意义重大。

5. 狮子吃大象

1360 年陈友谅率精兵三十万、战舰五千只，攻下太平，进驻采石矶，直逼金陵，气焰嚣张。当时朱元璋驻金陵守兵仅十万余。由于双方力量悬殊，朱元璋军中文武大臣乱成一团。这时的陈友谅就像是大象，而朱元璋则是狮子。经过三个月的苦战，他最终大败陈军。朱元璋以少胜多、以弱胜强、以小胜大。面对这支庞大、装备精良的陈军，朱元璋冷静、敏锐地捕捉敌方的弱点，化不利为有利。在现代的竞争机制中，一听到吞并、并购之类的消息，相信映入脑海里的都是大吃小、强并弱。但你是否知道，以小吃大、以少胜多的案例也不计其数，就像狮子能吃大象一样，只要你能做好充分的准备，看准时机，找准对方的弱点及时发起进攻，你也能在激烈的竞争中上演一幕这样的好戏！

6. 借势而为

朱元璋一介草民，他靠什么去提升自我，扩大势力？除了自身的努力外，他还非常懂得借势，刚投靠郭子兴的军队时，他是借郭子兴之势，而在争夺地盘的征战过程中，他还借小明王韩林儿之势。其实不管是打陈友谅，还是攻打张士诚，还是对元军的回扑，朱元璋都因时因地借助了不同的主客观的力量来夺取胜利。良好的人脉能给自己增加机会，他们可能有助于你业务的发展，也可能对你的个人事业起指导作用，或者能与你进行专业方面的交流和沟通。在你的创业之路上，试着去找一只潜力股或实力派来做你的靠山，并利用人脉关系多方整合资源，也许你会更快地达到你的目标。

7. 留住你的核心人才

对于朱元璋来说，刘基、徐达、汤和等人，就是他的核心人才。特别是刘基，他很有才学。在朱元璋稳定帝业之后，刘基有告老还乡之意，几次请求辞去官职，回家种田。朱元璋几次拒绝了他的请求。朱元璋知道像刘基这样的人才，天下难觅，无人替代。在一个企业之中，真正的价值正是核心人才。一个优秀的企业家必须拥有一些核心的技术人员、营销人员和管理人员，企业不论大小，不管是哪种治理结构，都必须拥有一批核心员工。在市场经济环境下，企业之间的竞争无非是核心人才的竞争，核心人才决定着企业的生死存亡。

案例研讨

1. 角色扮演

（1）朱元璋的成功很大程度上是由于他能忍。在成为郭子兴手下爱将时，他更是忍字当先。开始的一段时间内，郭子兴还是非常器重朱元璋的，因为朱元璋两次舍命相救，是他的恩人。但是好景不长，郭子兴觉得朱元璋太有能耐了，这让郭子兴的两个儿子感到很不高兴，每天在父亲面前说朱元璋的坏话。说一次不在意，但是次数多了，郭子兴就信以为真了，他认为朱元璋对自己的地位构成了威胁，就把朱元璋关了起来。如果你是朱元璋，面对这样的危机你会如何处理？

（2）朱元璋称帝后，每晚都担心得睡不好觉，因为朝廷刚建立，满朝文武官员全是清一色的奉承之语，根本就谈不上广开言路，更说不上该怎样去关心人民疾苦了。如果你是朱元璋，面对这样的困境，你如何建立好的育人机制，使朝纲有所整顿，重新散发活力。

2. 案例分析

（1）朱元璋有着雄才伟略和过人的胆识，但是，凭他一个人的力量是无法将天下握于手掌之中的。可以说，朱元璋文不如刘伯温，武不如常遇春，在综合能力的体现上，也不一定就比他人强，但是为什么是朱元璋在各路英雄并起时先声夺人赢得大明江山呢，关键是他的用人之道，请你分析朱元璋是如何最大限度地引进人才、开发人才和管理好人才的。

（2）郭子兴病逝后，朱元璋成了队伍的主帅。但是，此时的朱元璋处境并不好，在长江上游有陈友谅，长江下游有张士诚，东南邻方国珍，南邻陈友定，都对其虎视眈眈。陈友谅还约张士诚东西夹击朱元璋，欲平分他的领地。请问朱元璋是如何一统宇内，创建自己的大明王朝的。

3. 选择思考

（1）朱元璋立足于自己的南方地盘长达数十年，他之所以没有指挥大军北上是因为他认为时机未到。在长期准备之下，他大败张士诚，消灭陈友谅，这时的朱元璋冷静地分析了当时全国的情势，看到了元朝气数已尽，最终才抓住机会，下定决心挥师北上。而后来的结果也证明了朱元璋十几年的蛰伏绝对值得，他适时实现了攻占中原、一统江山的大跨越。 在现代社会, 企业只有通过跨越式发展才能实现自己的远大目标, 请分析企业如何实现跨越式发展。

（2） 朱元璋的成功很大一部分原因是因为他建立了广泛的人脉关系。 首先他投靠了郭子兴, 而且凭借个人能力得到了郭子兴的重用, 也因此聚集了一大批忠心耿耿的有用之才, 而且在郭子兴死后, 朱元璋很顺利地接过了指挥权, 后来他又借韩林儿之势拉起一面大旗, 扩充势力。 同样, 人脉关系对于企业的经营也至关重要, 请讨论企业应该如何构建自己的人脉关系网。

（3） 朱元璋称帝以后, 非常注重办事的效率。 在创业中推行高效率的工作方式无疑会提高创业成功率。 那么作为现代的创业者, 我们如何让下属们成为高效率的工作者呢?

▌背景资料

明太祖朱元璋 （1328 年 10 月 21 日至 1398 年 6 月 24 日）, 字国瑞, 汉族, 明朝开国皇帝, 濠州钟离 （今安徽凤阳） 人。 原名朱重八, 后取名兴宗。 25 岁时参加郭子兴领导的红巾军反抗元朝暴政, 龙凤七年 （1361 年） 受封吴国公, 十年自称吴王。 元至正二十八年 （1368 年）, 击破各路农民起义军后, 于南京称帝, 国号明, 年号洪武, 后结束了蒙元在中国的统治, 恢复了汉族国家, 建立了全国统一的封建政权。 在位期间努力恢复生产、 整治贪官。 统治时期被称为 "洪武之治", 庙号太祖, 谥号开天行道肇纪立极大圣至神仁文义武俊德成功高皇帝。 葬于南京明孝陵。

▌朱元璋的创业经

1. 对孔孟王道的尊崇、 对百姓苍生的仁爱以及领导中国复国的信念和决心。

2. 顺应天道、 民心。

3. 网罗天下名士。

4. 重视农业, 兴修水利。

5. 金玉非宝, 节俭乃宝。 贤才不备, 不足以为治。

案例 5

睿智绝伦， 文武双全
——皇太极的创业之路

▌案例摘要

皇太极 1636 年即帝位， 改国号为清。 先后统一东北诸部族， 吞并漠南、 蒙古， 并不断扩展疆土， 是大清朝的实际建立者， 史称清太宗， 杰出的政治家、 军事家、 战略家、 后金统帅。 谥号： 应天兴国弘德彰武宽温仁圣睿孝敬敏昭定隆道显功文皇帝。

▌案例故事

皇太极登基之路

天命元年 （公元 1616 年）， 努尔哈赤建立 “大金” 国 （后金）， 称可汗， 任命次子代善为大贝勒、 侄子阿敏为二贝勒、 五子莽古尔泰为三贝勒、 四贝勒皇太极为四大贝勒。

皇太极在天命十年 （1625 年） 农历二月， 娶年仅 13 岁的布木布泰为妃， 大宴成礼。 庄妃布木布泰是科尔沁贝勒寨桑的女儿， 即后来的孝庄文皇后。

天命十一年 （公元 1626 年） 农历八月十一日， 努尔哈赤因病去世。 大妃乌拉那拉氏和两个庶妃殉葬。 代善与其子岳托及萨哈廉， 拥皇太极嗣汗位。 代善的长子贝勒岳托和三子贝勒萨哈廉对诸贝勒大臣说出了拥戴皇太极的原因： “才德冠世， 当速继大位。” 由于身为长兄的代善的鼎力支持， 所以众贝勒乃合词请上嗣位， 皇太极 “辞再三， 久之乃许”，

第一篇 中国古代创业故事 ——开国皇帝教你创业

33

被拥举为后金汗。

天命十一年（公元 1626 年）农历九月一日，皇太极在大政殿即汗位，焚香告天，宣布次年为天聪元年。

重汉臣巩固政权

皇太极非常重视吸收汉族的先进文化。至天聪六年七月达海逝世时，经他手已经翻译的汉籍有《刑部会典》、《素书》、《三略》、《万宝全书》，及正在翻译中的《资治通鉴》、《六韬》、《孟子》、《三国志》等。后来又命达海之子继续学习汉书。天聪九年后金的文馆诸臣翻译了辽金宋元四代史书。

东征西伐

清朝代替明朝把朝鲜变成了藩属。朝鲜对清朝由以前的兄弟之称，更执藩臣之礼。不久阿济格领兵攻克皮岛，彻底解除了清朝攻向关内的后顾之忧。

皇太极决定向蒙古进军，一方面征服尚未统一的蒙古余部，另一方面也是寻找从蒙古向明朝进攻的道路。皇太极对明朝是有所了解的，当时他已参加过与科尔沁、喀尔喀等部的结盟，也曾领兵驰援过科尔沁。

创业智慧

1. 重视民生

皇太极继位后提出："治国之要，莫先安民。"他知道汉官汉民备受虐待是祸乱之源，因此规定，凡国内汉官汉民即使从前想逃跑的及令"奸细"往来的，事属已往，不再追究，结果"逃者皆止，奸细绝迹"。皇太极非常强调满洲、汉人"均属一体"，审罪、服役，不要有差别。他了解到从前按满官品级分配被掠的汉人为奴，编庄服役，汉人常受欺凌，就改革为每个备御止给壮丁八人，牛二头，其余汉人，分屯别居，编为民户。他还禁止诸贝勒大臣属下私至汉官家勒索财物及进行骚扰。这使汉人得到安定，感到后金统治下的地方是一块"乐土"。

2. 重视教育

皇太极本人有很好的文化素养，这时他推行了振兴文教的措施。天聪三年首先提出"以武功戡乱，以文教佐太平"，一改其父努尔哈赤屠杀文人的政策，并于当年进行考试，选取了满、汉、蒙古生员二百人。

他已认识到发展文教对治理国家的重要性，说不能认为不读书不会误事。规定从天聪六年起，凡贝勒大臣子弟年十五以下，八岁以上，俱令读书。

3. 思想开明，气度宽宏

他使自己的政权开一代新风，在他与诸王贝勒、大臣之间建立起互相信赖的关系，就要在思想作风上破除类似明朝的那种上下互相欺蒙、互相戒备的颓废之风，提倡开诚布公，以诚相见。太宗率先示范，他对群臣都讲实际话，做实事，凡好人好事、坏人坏事、功劳、过错、说理、评论，都摆到群臣面前，赏仇罚亲，秉公而断。

4. 以身作则

公元1641年，明朝清朝进行了一场大战，就是松锦大战。皇太极因为有病坐镇沈阳，当松锦前线的军报到达沈阳的时候，他带病上马，要赶赴前线，这时他鼻子流血不止，他在马上一只手托着碗，接着流的血，另一只手挥鞭策马南进。从沈阳到松山大约有五百里，皇太极一边接着血一边赶路，昼夜兼程赶到松山，到了松山马不停蹄勘察地形，了解敌情，进行部署，运筹帷幄，最后取得了胜利。皇太极的文治、武功和谋略是我们中华民族思想宝库里一份很珍贵的财产。

5. 重视人才

皇太极开始笼络和重用汉官，主要表现在：将汉官从满官之家拨出；使汉官仍任旧职，重用厚养；重礼相待，耐心求贤。随着后金社会封建化的深入演变，以皇太极为首的后金统治阶级从奴隶主逐渐转变到封建主的地位，与明朝的降官败将相互依存，构成利益一致的统治集团。

▍案例研讨

1. 角色扮演

（1）皇太极要求群臣向他"面诤"，鼓励他们"犯颜直谏"，给他提意见，批评他的过失。群臣要注意发现他在处理政事上的大的问题即带有原则性的错误，并且要马上给他提出来。作为创业者，你能做到吗？

（2）"治国之要，莫先安民"，这对治理国家有何重要意义？

2. 案例分析

（1）在帝王专制的时代，向来是为亲者讳、为尊者讳，对亲属、对长辈、 对君主都忌讳说缺点、 错误, 岂止不能说, 还要替他们掩饰。 皇太极似乎不完全是这样。 他要求群臣向他 "面诤", 鼓励他们 "犯颜直谏", 给他提意见, 批评他的过失。 皇太极强调, 群臣要注意发现他在处理政事上的大的问题即带有原则性的错误, 并且要马上给他提出来。 这对皇太极的成功有何影响?

（2） 皇太极能够笼络和重用汉官, 主要表现在: 将汉官从满官之家拨出; 使汉官仍任旧职, 重用厚养; 重礼相待, 耐心求贤。 这对创业者有何借鉴意义?

3. 选择思考

（1） 通过本案例的学习, 你认为皇太极的成功取决于哪些因素?

（2） 皇太极即位后, 首先巩固政权, 东征西伐解后忧, 然后施行改革, 采取了一系列的措施, 取得了明显的成果。 如果你要创业, 你会怎么做呢?

▎背景资料

天聪汗爱新觉罗·皇太极 （1592—1643 年）, 努尔哈赤第八子, 满族。 天命十一年 （1626 年） 九月, 继后金汗位, 以次年为天聪元年。 天聪十年 （1636 年） 四月, 皇太极在沈阳称帝, 建国号大清, 改年号为崇德, 并以是年为崇德元年。 前后在位 17 年。 在位期间, 注意发展生产, 增强兵力, 不断对明作战, 确定满族族名, 建立清国, 为清王朝的确立和后来统一中国打下了坚实基础。

▎皇太极的创业经

1. 以武功戡乱, 以文教佐太平。

2. 治国之要, 莫先安民。

3. 忠告之言虽逆耳, 然于治道有裨。

4. 慑之以兵, 怀之以德。

5. 盖治国之道, 如筑室然。 基址坚固, 庀材精良者, 必不致速毁, 世世子孙可以久居。 其或苟且成工者, 则不久圮坏, 梓材作诰。

第二篇
中国式创业
——最宝贵的国家财富，最精彩的人生历程

案例 6

诚信铸就辉煌

——李嘉诚的创业故事

▍案例摘要

这个世界上的大多数财富都属于那些发奋努力的创业者，而那些妄想着不通过努力就能轻而易举地获得大量财富的创业者往往都是失败的代名词。走近那些成功的创业者，我们不由得为他们的不懈努力而动容，而且我们还发现成功的创业者拥有巨额财富的背后，需要付出与财富相同数量的努力和汗水。其实，创业就是一场无法预知结果却要求创业者必须不懈努力的长途跋涉。通常，只有坚持不懈，创业者才会离胜利的终点越来越近。无数的创业者用铁一般的事实证明了这样一个创业规律——只要创业者真正努力了，无论成败他们都不会后悔。

李嘉诚作为华人世界的财富象征，大多数人只看到了他作为华人首富的风光一面，却很少能看到他在创业过程中所付出的常人无法想象的努力。本案中李嘉诚从推销员到"塑胶花大王"，在他的塑胶行业如日中天时，毅然出售塑胶业务，投资地产业，奠定了他成为巨富的基础。之后，李嘉诚投资电信、发展能源，致力于业务多元化及国际化，迄今，李嘉诚的家族企业已发展成为一个包括港口、电信、地产、零售及制造能源五大核心业务在内的综合型跨国大企业集团。本案中，李嘉诚自身的努力拼搏、敢为人先、先敬业后乐业、不靠学历靠毅力、不靠决心靠恒心的这些创业智慧，还有他独到的眼界都是创业者需要好好学习和研究的。

▌案例故事

从推销员到 "塑胶花大王"

华人首富李嘉诚， 1928 年 7 月 19 日出生于广东潮州的一个书香之家。 因为父亲去世早， 14 岁的李嘉诚被迫辍学， 担负起家庭的重任。他最初是在舅父的钟表公司里当学徒， 后来又做推销员， 在生活的磨砺下成熟起来。

经过一段时间的磨炼， 李嘉诚发现自己不仅推销有术， 而且大有潜力。 他那与生俱来的观察力和分析能力十分适合做推销员。 他总是能凭着直觉看出客户是什么类型的人物， 并且能马上了解客户的心理和性格，从而定好相应的推销策略。 李嘉诚认为， 在从事推销工作时， 必须充满自信， 而且要熟悉所推销的产品， 尽最大努力， 设法让客户感到你的产品是廉价而且优秀的。 很快， 李嘉诚成了全公司的佼佼者。 但李嘉诚从不喜欢高谈阔论， 他认为从事推销工作， 重要的有两点： 一是勤劳， 二是创新。 由于出色的推销工作， 李嘉诚 18 岁就做了部门经理， 两年后又被提升为这家塑胶带制造公司的总经理。

走南闯北的推销生涯， 不仅初步形成了李嘉诚的商业头脑， 丰富了他的商业知识， 而且也使李嘉诚结识了很多好朋友， 教会了他各种各样的社会知识。 同时， 在推销过程中， 也使他学会了宽厚待人、 诚实处世的做人哲学， 为他日后事业的发展打下了良好的基础。

李嘉诚经过几年的生活的磨砺之后， 逐渐成熟起来。 干推销工作的这段时间虽取得了一定的成功， 但毕竟只是一名高级 "打工仔"， 而他所管理的塑胶企业、 塑胶公司的财产毕竟是董事长的， 失败的最终承担者也只有董事长本人。 企业的成败都与李嘉诚关系不大， 这时十分渴望向社会证明自身价值的李嘉诚下定决心要自立门户。 因此无论老板怎样赏识， 再三挽留， 他都决意要离开， 他要用自己平日点滴的积蓄从零开始， 亲自创业。

1950 年夏天， 说干就干的李嘉诚以自己多年的积蓄和向亲友筹借的 5万港元租了一间厂房， 创办了 "长江塑胶厂"， 专门生产塑胶玩具和简单的日用品， 由此起步， 开始了他叱咤风云的创业之路。

在创业最初的一段时期， 李嘉诚凭着自己的商业头脑， 以 "待人以诚，执事以信"的商业准则发了几笔小财。但不久以后，一段惨淡经营期来临了。几次小小的成功，使年轻且经验不足的李嘉诚忽略了商战中变幻莫测的特点，他开始过于自信了。几次成功以后，他就急切地去扩大他那资金不足、设备简陋的塑胶企业，于是资金开始周转不灵，工厂亏损越来越严重。过快的扩张，承接订单过多，加之简陋的设备和人手不足，极大影响了塑胶产品的质量，迫在眉睫的交货期使重视质量的李嘉诚也无暇顾及越来越严重的次品现象。于是，仓库开始堆满了因质量问题和交货的延误而退回来的产品，塑胶原料商开始上门催款，客户也纷纷上门寻找借口要求索赔。

李嘉诚做梦也没有想到，在他独自创业的最初几年里初尝成功的喜悦后，随之而来的却是灭顶之灾。1950年到1955年的这段沉浮岁月，直到今日，李嘉诚回忆起来都心有余悸。这是李嘉诚创业史上最为悲壮的一页，它沉痛地记录了李嘉诚摸爬滚打于暴雨泥泞之中的艰难历程，它用惨痛的失败反映李嘉诚成功之路的坎坷和最为心痛的一段际遇。

失败其实并不是重要的，最重要的是失败之后是否仍有信心，能否继续保持或拥有清醒的头脑。像任何身处逆境的人一样，李嘉诚经过一连串痛定思痛的磨难后，开始冷静分析国际经济形势变化，分析市场走向。

一个偶然的机会，李嘉诚阅读最新英文版《塑胶》杂志时，发现了一家意大利公司用塑胶原料设计制造的塑胶花即将倾销欧美市场的消息。这时，李嘉诚敏锐的头脑马上兴奋地预测到：一个塑胶花的黄金时代即将来临。

1957年，李嘉诚带着企业复活的希望踏上了学习塑胶花制造技术的征途。咬紧牙关欲走出绝境的李嘉诚在这期间吃了不少苦，甚至不惜打短工，千方百计地搜集点滴有关塑胶花制作的技术资料，他也开始了一列别具新意的"转轨"行动，经过李嘉诚的努力，塑胶花开始引人注目，为中国香港市民普遍接受。"长江塑胶厂"的名字也开始为人们所熟悉。

在接下来的日子，李嘉诚领导的长江工业公司迎来了中国香港塑胶花制造业最为辉煌的时期。庞大的塑胶花市场，为李嘉诚带来了数以千万计的利润，长江工业公司的塑胶花和李嘉诚本人也越来也受到塑胶界的注目。"长江"因此而成为世界上最大的塑胶花制造基地，而李嘉诚则被誉为"塑胶花大王"。

成功融入中国香港地产界

李嘉诚在 20 世纪 60 年代靠经营塑胶起家，很短的时间就发展成为中国香港的"塑胶花大王"，长江实业也成为中国香港的上市公司，然而就在此行业仍如日中天时，李嘉诚看到地产业方兴未艾，具有极大的潜力，因此毅然出售塑胶业务，改为投资地产业，奠定了他成为巨富的基础。

通过收购和黄集团，李嘉诚成功融入中国香港地产界的主流，并且获得了丰富的土地资源。收购和黄集团以后，李嘉诚在房地产业的发展明显加快，很快就成为中国香港的房地产巨头，并且将开拓的目光放到了海外，1988 年 4 月，李嘉诚联合新世界发展主席郑裕彤、恒基兆业主席李兆基及李嘉诚持有股份 10% 的加拿大国际商业银行，在加拿大成立协和太平洋公司，以 32 亿港元巨资获得加拿大温哥华世界博览会旧址的发展权。

在美洲扩张的同时，李嘉诚也在亚洲寻找机会。1988 年 6 月，李嘉诚联合中国香港商界巨亨李兆基、邵逸夫、周文轩、曹文锦等人，投标获得政局稳定、深具潜质的亚洲四小龙之———新加坡的展览中心发展权。1992 年 3 月，李嘉诚、郭鹤年两位中国香港商界巨头，通过中国香港八佰伴超市集团主席和田一夫的牵线搭桥，携 60 亿港元巨资，赴日本札幌发展地产，此举震惊了日本商界。

投资电信项目

20 世纪 90 年代中期，李嘉诚认识到地产业暴利已经过去，因此他在不停地出售手上即将落成的住宅物业的同时，积极向海外电信业发展。他旗下的和黄集团作为发展电信业的旗舰，投资了一系列电信项目，获得了丰厚的收益。

Orange 公司是和黄集团最为成功的投资典范之一。10 年前，和黄集团注资 5 亿美元收购 Orange 发展电信事业，眼下 Orange 公司已位居英国第三大电信公司，同时为以色列、中国香港及澳大利亚提供电信服务。而和黄集团在出售了 Orange 公司以后，和黄集团持有德国电信公司 Mannesmann10.2% 的股权，是目前欧洲最大的移动电话商。业界评论，此笔交易中李嘉诚根本没有任何成本，但却收获巨大，这笔轰动全球的交易

改变了李嘉诚 "地产大王" 的形象。

发展能源业务

李嘉诚旗下还有一个很重要的业务, 就是能源业务。 1986 年, 李嘉诚财团趁石油价格低潮, 收购赫斯基石油公司 52% 的控股权, 其中李嘉诚家族占 9%, 和记黄埔和嘉宏国际各占互成权益的 43%, 共耗资 32 亿港元。

和黄原本是一家老牌英资企业, 在被李嘉诚的长江实业收购后, 组成了 "长黄系", 在李嘉诚的领导下, 致力于业务多元化及国际化, 迄今已发展成为一个包括港口、 电信、 地产、 零售及制造能源五大核心业务在内的综合型跨国大企业集团。

创业智慧

1. 做人的精神

有这样一个故事: 李嘉诚口袋里的一枚硬币滚落到一个角落里, 他弯腰去拾, 却没有拾到。 一旁的门童为他拾起, 恭敬地放到他手里。 李嘉诚给了 100 港元的小费作为酬谢。 旁人问起, 李嘉诚说: "硬币若不拾起, 便没有用处; 拾起, 我还有用。 100 元钱对他来说也是有用的。 钱的作用不在于聚敛, 而在于使用。"

这还可以反映到李嘉诚的管理之道。 "管理一家大公司, 你不可以样样事情亲力亲为, 首先要让员工有归属感, 对他们好, 让他们喜欢你。" 时至今日, 社会环境已与多年前李嘉诚创业时有很多不同, 有人认为为了成功可以不择手段。 李嘉诚却说, "绝不同意为了成功而不择手段, 即使侥幸略有所得, 也必不能长久。"

2. 富与贵的哲学

李嘉诚有两个事业, 一个是拼命赚钱的事业; 另一个是不断花钱的事业, 他的投入足以让他成为亚洲有史以来最伟大的公益慈善家。 "一个人有了衣食住行这个条件之后, 应该对社会多一点关怀。" 李嘉诚一直在追求内心的富贵。 贵为天子, 未必是贵; 贱如匹夫, 不为贱也! 在中国古代哲学家早就悟透的道理之下, 李嘉诚又自创内心的财富, 这就是真正的财富。

3. 天下事成败都在自身

作为华人首富的李嘉诚曾说: "天下事的成败都取决于自己, 自身能力较高的人有较大的成功把握，自身能力较低的人必然会面临种种失败。"

李嘉诚这句话成为一个成功创业者对创业成败的经典总结。

4. 创业精神：勤奋拼搏，敢为人先

1981 年，李嘉诚被香港电视台评为当年的 "风云人物"，在领奖台上，李嘉诚骄傲地说："我创业成功的根本原因就是运气好，因为时势造英雄。"然而，时隔 17 年后，李嘉诚又一次被香港电视台评为 "风云人物"，在接受电视台采访时，李嘉诚谦虚地说："在创业者刚刚走上创业这条路的时候，不要指望运气能创造捷径，创业的成功靠的是勤奋进取，靠的是坚持不懈的努力，忘我地工作对创业者来说非常重要。吃不了苦，害怕流汗的创业者是不会取得创业成功的，他的人生不会精彩。"

从李嘉诚前后两次接受采访的谈话可以看出，李嘉诚的态度转变得非常大，对创业的认识也不大相同。是什么原因让李嘉诚的创业态度和创业认识转变得如此之大呢？

其实，李嘉诚面对一次次的困境，在没有气馁的同时也开始反思，最终找出了自己失利的原因——创业成功靠的是勤奋进取，靠的是不懈的努力，而运气只是一个偶然的不确定因素，把运气当作创业成功最重要的因素，无疑是愚蠢的。勤奋、努力这些创业成功的关键因素又一次被李嘉诚重视起来，并再也没有被丢弃过。最终，李嘉诚在创业这条辛苦的道路上，靠着自己的勤奋与努力终于成为华人首富，成为当代的传奇财富人物。

5. 创业就是在抚养自己的孩子

李嘉诚说过："创业就像是在抚养自己的孩子，你必须用十足的精力全身心地投入其中，但是你不能指望你的努力会使孩子在一夜之间就长大，所以在创业时你同样也必须遵循这个过程。"

1950 年，当时只有 22 岁的李嘉诚毅然辞去了总经理的职位，开始了自己的创业历程。在他创办的长江公司的客户中，有个叫马素的美国人曾订购了一批塑胶产品，但是最后不知什么原因临时取消了合同。对于这个变故，李嘉诚没有要求对方赔偿，他还对马素说："以后有其他生意，我们还可以再合作。"马素被这个年轻人的宽大胸襟所折服，他认

为李嘉诚是个可以成大事的人，于是不断替他向美国的行家推销"长江"的产品。自此，美洲订单如雪片般飞来，李嘉诚也进一步感悟到"吃亏是福"的道理。

创业五年后，"长江"逐渐成为全球首屈一指的大型塑胶厂。李嘉诚也被业内人士称为"塑胶花大王"。

李嘉诚的创业故事在今天的创业中仍有很高的参考价值。尤其是他脚踏实地，一步步将公司由小做大、由弱做强的经历，给创业者们很大的启发。创业者必须抛弃一夜暴富的美梦，一步步地成长才能取得最终的成功。创业者应该把自己的事业当成自己的孩子一样去对待，需要付出辛劳之后，才能见证他的成长。

6. 眼光不同，境界不同，结果也不同

"创业大师"李嘉诚曾说："我之所以取得如此大的成功，一个很大的因素是我具有别人所没有的独特眼光。"其实，李嘉诚的创业过程就是一个靠独特的眼光去寻找财富并且发现财富的过程，他在创业中所表现出来的创业境界，值得每一个创业者去深思。如果一个创业者拥有与李嘉诚一样的独特眼光和创业精神，就一定能取得一个令人羡慕的创业结果。

▌案例研讨

1. 角色扮演

（1）如果你是一个刚刚创业的企业家，对这样一句话："如果得到10%的利润是合理的，11%的利润是可以的"，你怎样看待，你拿多少利润?

（2）1950年，当时只有22岁的李嘉诚毅然辞去了总经理的职位出去创业。如果你是李嘉诚，会在职业生涯顺风顺水的时候去创业吗?

（3）李嘉诚投资实业、地产、电信、能源等多种行业，他多元发展、规避风险的经验策略取得了罕见的成功，如果你是李嘉诚，有这样的胆识和眼光吗? 你怎样看待企业多元化发展的战略目标?

2. 案例分析

（1）在李嘉诚创办长江公司初期，有个叫马素的美国客户曾订购了一批塑胶产品，但是最后不知什么原因临时取消了合同。对于这个变

故，李嘉诚没有要求对方赔偿，他还对马素说："以后有其他生意，我们还可以再合作。"如果你遇到这样的事，你会怎么处理？

（2）李嘉诚在创业初期面临失败时，是如何让自己走出困境的，采取了哪些策略？

3. 选择思考

（1）通过本案例的学习，你认为李嘉诚的成功取决于哪些因素？

（2）如果选择重整公司，你会选择以下哪些策略？为什么？

①拓展公司业务范围，增加收入渠道；

②强化内部建设，规范公司规章制度；

③吸引更多资金，建设有规模的业务平台；

④低成本整合业务，加强营销合作；

⑤多听听成功人士的建议，从自己最薄弱的环节开始；

⑥招聘更优秀的总经理及员工，一起带领公司走出困境。

（3）芝加哥大学中小企业创业课程客座教授阿玛尔·毕海德根据其8年来对几百家新生企业的观察，提出了成功创业的"三步连续提问法"：

①我的目标明确吗？

②我有合适的战略吗？

③我能实施该战略吗？

请对照你的企业回答这三个问题。

▌背景资料

李嘉诚，1928年7月29日出生于广东省潮安县书香世家。1950年，白手起家创办长江塑胶厂。1957年，创立长江工业有限公司。1958年，李嘉诚在北角购入一块地皮，兴建了一幢12层的厂厦，正式介入地产市场。他独到的眼光和精明的开发策略使"长江"很快成为中国香港的一大地产发展和投资实业公司。1972年，长江实业在中国香港成功上市。1979年，长江实业收购老牌英资商行和记黄埔。李嘉诚成为首位收购英资商行的华人。1980年，成立李嘉诚基金会，从此积极投身公益事业。1981年，创办汕头大学。1985年，出任汇丰银行董事局非执行副董事长。2011年，在"福布斯全球富豪排行榜"中他以260亿美元名列第11位，成为世界华人首富。

李嘉诚的创业经

1. 不为五斗米折腰的人，在哪里都有。你千万不要伤害别人的尊严，尊严是非常脆弱的，经不起任何伤害。

2. 如果你认为毅力是每分每秒的"艰苦忍耐"式的奋斗，这是很不成熟的心理状态，毅力是一种心态，不是一种生活。

3. 思索是上天恩赐人类捍卫命运的盾牌，很多人总是把不当的自我管理与交厄运混为一谈，这是很消极的，在某一种程度上是不负责任的人生态度。

4. 当我们梦想更大成功的时候，我们有没有做更刻苦的准备？当我们梦想成为领袖的时候，我们有没有服务于人的谦恭？我们常常只希望改变别人，我们知道什么时候改变自己吗？当我们每天都在批评别人的时候，我们知道该怎样进行自我反省吗？

5. 我绝不同意为了成功而不择手段，如果这样，即使侥幸略有所得，也必不能长久。

6. 以外国人的管理方式，加上中国人的管理哲学，以及保存员工的干劲及热忱，无往不胜。

7. 如果得到 10% 的利润是合理的，11% 的利润是可以的，那我就只拿 9%。

8. 人要去求生意就比较难，生意跑来找你，你就很容易做成功，那如何才能让生意来找你呢？那就要靠朋友。如何结交朋友？那就要善待他人，充分考虑对方的利益。

9. 眼睛仅盯在自己小口袋的是小商人，眼光放在世界大市场的是大商人。同样是商人，眼光不同、境界不同，结果也不同。

10. 我每天晚上睡得很好，因为在名方面，我行事谨慎，别人不容易破坏我的名誉，我的名利方面，全部是从正道而来的。

案例 7

用实力创造神话

——马云的创业故事

▍案例摘要

很多人都会认为，凡是成就大业的人在学生时代也必定是一名资优生。然而有这样一个人，小学考重点中学，考了三次没有考上，大学也是考了三次最终如愿——这基本上算是一个习惯意义上的 "差生" 了，然而就是这样的一位 "差生"，成就了互联网的一番神话。

有人认为他激情四溢，有人却指责他惯于忽悠；可是不管怎么说，他都是个英雄，一个让人琢磨不透的英雄，因为他不断地做到其他人做不到的事，成就着我们这个时代关于创业的梦想，关于财富的梦想，关于奋斗的梦想——他就是马云。

本案例中我们带领大家走进马云的创业之路，看看这位在习惯上我们认为算不上好学生的马云，如何凭借自己的努力一步一步走向今日的成功。从 "差生" 到英语教师，从害怕电脑到互联网老板，他创造了一个又一个奇迹，他创建阿里巴巴、创办淘宝网和支付宝，而后又收购雅虎中国，他造就了一个又一个事业的巅峰。马云创造着一部部神话，然而他的创业历程并非一部神话，这部创业史关乎年轻人的伟大理想，关乎一代人的创业梦想，对于现今想创业的人有着极大的借鉴价值。

马云给我们的意义更在于他自己说过 "如果马云能够成功，我相信中国 80% 的人都能成功"，如果你能像马云一样敢思、敢想、敢说、敢做、敢为天下先，那你也可能实现自己的阿里巴巴帝国。

案例故事

从 "差生" 到英语教师

1964 年 9 月 10 日，马云出生在杭州一户普通人家。在求学时代，马云可谓是个顽童。连马云也曾笑言自己小学考重点中学，考了三次没有考上，大学也是考了三次最终如愿——这基本上算是一个习惯意义上的"差生"了。

算不上好学生的马云唯一值得骄傲的就是他的英语。刚改革开放之际，到杭州旅游的外国人多起来，马云一有机会就在西湖边逮着人家练习英语，尽管开始的时候他的英语还不熟练，可是时间长了，他竟然说的一口流利的英语，并且一直用到今天。

考上杭州师范学院后，马云当选为学生会主席，后来又成为杭州市学联主席。这个时候的他已经洗脱了"差生"的印记，开始崭露头角。

1988 年，大学毕业后的马云去杭州电子工业学院担任英语老师。他的课到课率最高，他并不强制点名，但是学生们都喜欢听他讲课，他经常给大家讲做人的道理。尽管深受学生们的欢迎，但是当时马云的工资每月仅仅 110 元左右。不甘寂寞的他找了不少兼职，并利用课余时间为到杭州观光的外国游客担任导游，不过这样的零工对收入并没有显著的帮助。

1992 年，马云和朋友一起成立了杭州最早的专业翻译社——海博翻译社，课余四处活动接翻译业务。当时经营特别艰难，经常入不敷出。马云一看这样不行，就背着口袋到义乌、广州去进货，卖礼品、包鲜花，用这些钱养了翻译社 3 年，开始收支平衡。

从害怕电脑到互联网老板

翻译社没给马云带来什么钱，倒是让他有了一次出国的机会。在美国，马云第一次在朋友那里接触了互联网。不过那个时候的马云对电脑甚至有一种恐惧："我甚至害怕触摸电脑的按键。我当时想：谁知道这玩意儿多少钱呢？我要是把它弄坏了就赔不起了。"

对马云有触动的是，他好奇地对朋友说在搜索引擎上输入单词"啤酒"，结果只找到了美国和德国的品牌。当时他就想应该利用互联网帮助中国的公司为世界所熟悉。

事实上，尽管今天已经可以号称互联网大亨的马云对技术依旧不太懂，但是他对互联网的理解却比谁都深刻。很多人刚刚接触互联网思考的是背后的技术问题，而马云却想的是商业模式问题。

有了想法就做，回国后的马云迅速辞了职，借了 2000 美元，1995 年 4 月开办了"中国黄页"，这是中国第一批网络公司之一。1997 年底，马云和他的团队在北京开发了外经贸部官方站点、网上中国商品交易市场等一系列国家级站点。

但是因为种种原因，马云发现在体制内的职业生涯明显不太适合他。1999 年初，他放弃了在北京的一切，决定回到杭州创办一家能为全世界中小企业服务的电子商务站点。回到杭州后，马云和最初的创业团队开始谋划一次轰轰烈烈的创业。大家决定不向亲戚朋友借钱，集资了 50 万元，据点就在马云位于杭州湖畔花园的 100 多平方米的家里，阿里巴巴就在这里诞生了。

这个创业团队里除了马云之外，还有他的妻子、他当老师时的同事、学生，以及被他吸引来的精英，比如阿里巴巴首席财务官蔡崇信，当初抛下一家投资公司的中国区副总裁的头衔和 75 万美元的年薪，来领马云几百元的薪水。

他们都记得，马云当时对他们所有人说："我们要办的是一家电子商务公司，我们的目标有三个：第一，我们要建立一家生存 102 年的公司；第二，我们要建立一家为中国中小企业服务的电子商务公司；第三，我们要建成世界上最大的电子商务公司，要进入全球网站排名前十位。"

阿里巴巴成立初期，公司是小到不能再小，18 个创业者往往是身兼数职。有了一定名气之后也面临资金的瓶颈。正在这个时候阿里巴巴 CFO 蔡崇信的一个在投行高盛的旧关系为阿里巴巴解了燃眉之急，以高盛为主的一批投资银行向阿里巴巴投资了 500 万美元。而后日本软银的总裁孙正义约见了马云，投资了 2000 万美元。

从 2000 年 4 月起，纳斯达克指数开始暴跌并持续了长达两年的低迷不振状态，这让很多互联网公司陷入了困境，甚至关门倒闭。但是阿里巴巴却安然无恙。很重要的一个原因是，阿里巴巴获得了 2500 万美元的融资，而这个网站从来没有乱花钱的习惯，更重要的是马云那坚持不懈的信念，马云终于攀上了他自己设定的高峰。

创办淘宝网

阿里巴巴宣布注资 1 亿元创办淘宝网的时候，互联网冬天的阴影还很沉重，淘宝网的投资实际上是整个冬天之后互联网业界的第一次大规模投资。与此同时，易趣已经占领了中国 80% 以上的市场份额，而 eBay 已在 2002 年以 3000 万美元的代价，收购了易趣三分之一的股份，并在 2003 年以 1.5 亿美元的价格收购了易趣余下的股份，并允诺继续增加对中国市场的投入，以增强其在中国市场的绝对领先地位。马云在这样的时刻选择进入这一领域被当时的一些媒体形容为 "非理智"、"疯狂" 和 "豪赌"。

投资淘宝的想法诞生在 2003 年年初，是时马云认为个人电子商务市场开始逐渐成熟，而且阿里巴巴的业务已经相对稳固，需要做更长远的打算。孙彤宇当时正是淘宝网项目的负责人，他说："eBay 当时在中国的确做得很大，但我们发现它有很多弱点。客户对它的抱怨很多，这就是我们的机会。" 他所说的弱点，其中重要一点是 eBay 坚持的收费原则。"在那个时候就采取收费模式，我们觉得在时间上并不适合。所以我们在去年一直呼吁大家以培育市场为目的，不要急着去收钱。" 孙彤宇说。

在瞄准对手弱点之后，短短的 120 天之后，孙彤宇就完成了从详细的市场调研到组建 10 人团队的 "创业" 过程。在前期没有进行任何市场推广的情况下，2003 年 5 月 10 日，淘宝网正式上线。20 天后，淘宝网迎来第 1 万名注册用户。2003 年 7 月 7 日，阿里巴巴正式宣布投资 1 亿元开办淘宝网。

马云创办淘宝网做的第一件事就是，将阿里巴巴 "客户第一" 的价值观移植到淘宝。他频繁地与自己的会员进行沟通，广泛搜集客户的需求，为了一个问题，可以在论坛里跟淘宝的会员泡到深夜。淘宝的员工都熟悉一个词："练内功"，就是研究如何让这个网站更贴近会员的感受，让会员怎么能够一目了然，并在最短的时间内在 800 多万件海量商品里找到自己需要的东西。

对于客户服务，马云对他们的要求是用心去服务，对于技术平台，马云对他们的要求则是做出不需要服务的产品。

淘宝网有很多阿里巴巴公司移植过来的经验，阿里巴巴在电子商务领域做了5年多时间，他们最熟悉客户，最知道他们需要什么。但是同时淘宝网也一直在进行不断的研究和学习，曾多次邀请亚马逊网站原首席科学家来淘宝网进行讲学和调研，具体到一件产品如何分类才算科学，一个页面中产品摆放的细微位置变换所产生的影响，也都是他们研究的范围。

推出支付宝业务

通过广泛的调查，淘宝发现很多用户知道网上购物的优点，但让其不能完全认可的最主要因素就是担心网络支付的安全性。马云在瑞士达沃斯参加2005年世界经济论坛的会议上表示，2005年将是中国电子商务的安全支付年。不解决安全支付的问题，就不会有真正的电子商务可言。而安全支付的问题一旦解决，电子商务将让淘宝网商踏踏实实地赚到钱。

为保障交易安全，淘宝设立了多重安全防线：全国首推卖家开店要先通过公安部门验证身份证信息。现在又有了手机和信用卡认证；每个卖家有信用评价体系，记录了交易价格等信息，如果卖家有欺诈行为，信用就会很低；为了最大程度地避免欺诈的行为发生，淘宝在中国第一个推出了确保网络交易安全的产品——支付宝，通过跟国内主要银行以及相关部门的合作，让网络交易真正变得"天下无贼"。如果用户使用支付宝遭遇欺诈，可以全额赔付。

收购雅虎中国

2005年8月，雅虎用10亿美元外加雅虎中国换了阿里集团39%的股权。阿里巴巴当时羽翼未丰且处境艰难，雅虎注资解了马云燃眉之急。2010年10月，阿里和雅虎双方签订的五年条约到期。根据条约，雅虎将从2010年10月起在阿里集团董事会中增加一席，虽然雅虎一直未指派具体董事进入，但条约规定雅虎和阿里管理层同占两个席位，这成为马云的心病。除此之外，雅虎的投票权还将从35%增加到39%。这意味着如果阿里不采取行动，马云将失去对集团的控制权。聪明如马云，怎会让控制权旁落。除了回购股权，马云别无选择。从谁手里回购？选项只有两个：第一雅虎，第二软银。

2010年底，马云将原来属于阿里巴巴集团旗下的支付宝公司转出，新的拥有者是国内马云控股的另一家公司。2011年5月，雅虎将支付宝已被转让事件披露，并给予马云谴责。但是马云找到了理由，支付宝称，转为内资公司是为了在国内拿到支付牌照。雅虎和软银都在支付宝转让事件上大为光火。时任雅虎CEO的巴茨最先表达不满，雅虎创始人杨致远也出面和马云交涉。孙正义通过媒体传达了对马云非常生气。支付宝转移事件后，雅虎和软银不得不坐下来和阿里谈判。三方在2011年7月底达成了关于支付宝股权的框架协议，雅虎和软银获得了怎样的赔偿似乎并不重要，重要的是马云向雅虎展示了威胁性和威慑力：对阿里旗下各公司的控制。

支付宝事件过后，马云对回购雅虎股票的想法越来越浓。2011年10月，没给马云好脸色看的巴茨被解聘过后，马云在美国频繁高调表达，对收购雅虎非常感兴趣。最有意思的是，马云说早就为收购雅虎的200多亿美元做好了准备。雅虎目前资产主要来自四部分：阿里集团股份、雅虎日本股份、目前持有的现金和核心业务价值。雅虎目前核心业务面临谷歌、Facebook等广告业务冲击，搜索服务被谷歌打到井底，财务营收显示，雅虎发展处于停滞状态，市值始终在150亿—200亿美元之间徘徊。除此之外，雅虎的管理层是出了名的混乱。高层离职一拨接一拨，首席执行官从巴茨换到汤普森再到最新的梅耶尔，似乎谁都无法在这个职位上真正地挽救雅虎。当寻求收购成为雅虎的关键词时，对马云来说则是机遇。雅虎最终选择了卖掉一半股份给阿里巴巴集团。交易完成后的阿里巴巴集团董事会，软银和雅虎的投票权之和将降至50%以下。同时，雅虎将放弃委任第二名董事会成员，也放弃了一系列对阿里巴巴集团战略和经营决策相关的否决权。

▌创业智慧

1. 不甘落后、永不放弃

马云的学生时代可谓一段传奇，三次高考，两次失败，但他只是更加激励自己。在担任英语教师期间，马云坚持不懈，身兼多职，不甘落后，抱着必定成功的信念。在成为互联网老板的时候，无论遇到什么样的困难他都能努力克服，正是这种永不放弃的精神使得马云创造一个又一个神话。

2. 反应敏锐、思路清晰

从中国黄页到阿里巴巴，再到淘宝到支付宝，马云总是善于发现和把握网络发展规律，在分析当时国内外市场变幻的同时，抓住机遇。

3. 胆大心细、一往无前

马云先是作为杭州十佳教师而后辞职下海，然后离开和杭州电信合作的中国黄页、离开和外经贸部合作的中国国际电子商务中心（EDI），一是大胆，一往无前、不留退路，二是心细，虽然离开其实心中已经酝酿了一盘更大的棋局。

4. 激情四射、魅力服人

马云先后离开与杭州电信和外经贸部合作的公司，手下员工都愿意放弃更好条件甘愿吃苦受累追随马云重新创业，当年创业的18个人至今仍然追随马云发展。更能通过个人魅力和激情吸引某国际风险投资公司的亚洲代表蔡崇信放弃工作追随，六分钟搞定软银孙正义投入2000万美元的风投。

5. 相信自己，理智分析

马云对自己有超级的自信，在阿里巴巴创业的第一次会议上马云就预告了未来，要求全程摄影，以此作为历史见证。很多人说马云狂妄，但马云说过自己创立海博网络的时候靠的是勇气和眼光。阿里巴巴创业初期马云要求合作伙伴"用闲钱投资，不允许借钱，因为失败的可能性极大"。马云很狂很自信，但相信这是他基于理智分析的结果。一个人成功一次是偶然，但马云1999年自阿里巴巴创业成功至今的不断发展，我们不能说马云只有大胆和自信，这里面肯定还包含了智慧和理智。

案例研讨

1. 角色扮演

（1）如果你是一个英语教师，你会不会"不安分"地去创办翻译社，你怎样看待这样的兼职？

（2）对马云有触动的是，他好奇地对朋友说在搜索引擎上输入单词"啤酒"，结果只找到了美国和德国的品牌。当时他就想应该利用互联网帮助中国的公司为世界所熟悉。如果你是马云，你是否有这样的气魄，你又是怎样看待这一番话的？

2. 案例分析

（1）马云为了收购雅虎中国，先斩后奏地转让支付宝。如果你是马云，会在这样关键的时刻作出这样的决定吗？

（2）在互联网行业比较低迷的时候，马云是靠着什么样的决策走出困境的，你怎样看待这些决策？

3. 选择思考

（1）有人说，马云的成功是因为他比我们早创业 10 年，你认为马云的成功取决于哪些因素？

（2）假如你现在要创办一家互联网公司，你应该具备哪些能力与素质？

①扎实的专业素质；

②对互联网的发展规律的把握；

③对网络公司和顾客需求的理解和把握；

④具有融资能力和投资眼光；

⑤具有强烈的自信心和永不放弃的精神。

▌背景资料

马云 1988 年毕业于杭州师范学院英语专业，之后任教于杭州电子工业学院。1995 年，在出访美国时首次接触到因特网，回国后创办网站"中国黄页"。1997 年，加入外经贸部，负责开发其官方站点及中国产品网上交易市场。1999 年，正式辞去公职，创办阿里巴巴网站，开拓电子商务应用，尤其是 B2B 业务。阿里巴巴是全球最大的 B2B 网站之一，阿里巴巴网站的成功，使马云多次获邀到全球著名高等学府讲学，当中包括宾夕法尼亚大学的沃顿商学院、麻省理工学院、哈佛大学等。2003 年，投资 1 亿元创办淘宝网，而后推出支付宝业务，成为互联网行业的一个神话。

▌马云的创业经

1. 商业合作必须有三大前提：一是双方必须有可以合作的利益，二是必须有可以合作的意愿，三是双方必须有共享共荣的打算。此三者缺一不可。

2. 那些私下忠告我们，指出我们错误的人，才是真正的朋友。

3. 注重自己的名声，努力工作、与人为善、遵守诺言，这样对你们的事业非常有帮助。

4. 我们花了两年的时间打地基， 我们要盖什么样的楼， 图纸没有公布过， 但有些人已经在评论我们的房子怎么不好。 有些公司的房子很好看， 但地基不稳， 一有大风就倒了。

5. 互联网是影响人类未来生活 30 年的 3000 米长跑， 你必须跑得像兔子一样快， 又要像乌龟一样耐跑。

6. 如果早起的那只鸟没有吃到虫子， 那就会被别的鸟吃掉。

7. 在我看来有三种人： 生意人， 创造钱；商人， 有所为， 有所不为； 企业家， 为社会承担责任。 企业家应该为社会创造环境。 企业家必须要有创新的精神。

8. 创业要找最合适的人， 不一定要找最成功的人。

9. 要有个性， 个性不是喊口号， 不是成功学， 而是别人失败的经验！

10. 诚信不是一种销售， 不是一种高深空洞的理念， 是实实在在的言出必行， 点点滴滴的细节， 诚信不能拿来销售， 不能拿来做概念！

案例 8

创业就是颠覆旧事物的过程

——俞敏洪的创业故事

▎案例摘要

　　他是一个草根英雄和创业偶像。 从提着糨糊瓶满世界贴招生广告的穷教师， 到美国纽约证交所上市的亿万富豪， 他的转变只用了十三年。 他是中国的 "留学教父"。 当他走在哈佛、 耶鲁等大学的校园时， 每三个中国留学生中至少会有两个人对他说： "老师好。" 以至于有这样一个评价： 他在哈佛和耶鲁的号召力超过了中国任何一位大学校长。 他是 "赢在中国" 第三季的评委。 他在节目现场的每一次点评， 都会引爆雷鸣般的掌声， 征服了无数观众。 他就是俞敏洪， 北京新东方学校的创始人， 新东方教育科技集团董事长。 美国 《时代》 周刊对他的描述是： 这个一手打造了新东方品牌的中国人是 "偶像级的， 像米奇或者小熊维尼之于迪士尼"。

　　本案例介绍了俞敏洪从新东方校长一直到上市公司总裁的全过程。 十几年来， 新东方成功地帮助数以万计的年轻人实现了出国梦， 莘莘学子借此改变了命运。 有人评价说， "在中国， 任何一个企业都不可能像新东方这样， 站在几十万青年命运的转折点上， 站在东西方交流的转折点上， 对中国社会进步发挥如此直接而重大的作用。" 在某种意义上， 俞敏洪对于希望创业和正在创业的年轻人而言， 并不在于他身价多少， 而在于贯穿了他整个新东方创业过程的难能可贵的精神。

案例故事

个体户的奋斗

1991 年， 俞敏洪从北大辞职。 解决生活的唯一办法就是到社会上的培训学校授课， 随后发现观念相差颇大， 于是萌发了自立门户的念头。1993 年， 在北京中关村一间简陋的小屋里， 俞敏洪创办了新东方学校。当时的学校， 只有一个托福考试培训班。 为了招生， 俞敏洪只有自己骑着自行车， 拎着糨糊桶在零下十几度的冬夜里去刷小广告。 这就是新东方发展的第一阶段——个体户阶段， 首先是俞敏洪自己干， 后来用俞敏洪的话来说就是 "后来我老婆加盟我了"。 当时俞敏洪夫人是北大的英语老师， 新东方需要人手， 于是夫人就辞去了工作， 加盟了俞敏洪。 俞敏洪称新东方的这个阶段为个体户奋斗阶段， 一直奋斗到 1995 年年底。

新东方的急速扩张期

1995 年， 新东方开始进入急速扩张期， 新东方学员超过 1 万人的规模。 那时， 俞敏洪陷入了一个困境， 总觉得自己一个人干事情没劲， 想要有一帮人一起干。 俞敏洪说： "看看那些在巨大压力下生活的老朋友，如果他们生活得很好就去取经， 如果他们生活状况一般就忽悠他们回来一起干事业。" 于是在 1995 年之后， 徐小平、 王强等人相继回国， 加入新东方。 俞敏洪、 徐小平、 王强给新东方注入了新鲜血液。 几个人一人分管一块领地， 共同创造新东方品牌。 新东方就像一个磁场， 汇集起一个年轻人的梦想， 这群在不同的土地上刷广告、 洗盘子、 做推销、 当保姆奋斗而终于出人头地的年轻人积蓄了一种要爆发的能量。

股份制改造阶段

任何事物总是变化的， 1999 年底， 随着英语培训市场的变化与新领域的迅速发展， 新东方各路诸侯的胃口和攀比心态随之扩大， 利益边界严重混淆、 重叠， 矛盾、 冲突日渐加剧， 曾经非常有效的 "分封制度" 开始出现隐患。 所以股份制改造成为新东方继续发展的必然， 也成了新东方矛盾的开端。 2000 年 5 月新东方开始股份制改造。 五个月后，俞敏洪与徐小平等人共同注册了 "东方人教育科技发展有限公司"， 重新整合新东方产业资源。 在新组建的董事会， 俞敏洪身兼董事长和总裁职务。 股份制完成后， 新东方原来的利益平衡完全被打破， 此时的新东方完全乱了头绪，下一步该往前怎么走，谁也看不清前进的方向。即使找了多家咨询公司，新东方依然徘徊在旋涡中，无法自拔。

高层"暗战"，新东方遭遇寒冬

新东方公司化改造2000年5月开始正式启动，历时一年半，高层思想不统一，冲突不断。小股东既得利益没有了，人、财、物的支配权取消了，公司没有利润，自然陷入恐慌，陷入对俞敏洪改革动机的怀疑。同时，出于学校发展的考虑，对现金的使用不够透明化，使得小股东们担心在新东方有着绝对控股地位的俞敏洪不尊重股权，不相信俞敏洪在公司停滞不前的情况下能拿出钱来分红，所以想到了以"逼宫"的方式促使俞敏洪下课，以保证自己的利益。之后新东方又陷入了剧烈的人事震荡中。事实上，新东方进入鼎盛时期之后，进入了"过三关—排座次—分金银—论荣辱"的怪圈。

资本的"救赎"

2003年新东方股份制改造基本完成。新东方开始推进第四个阶段，即获取国际资本，进入海外上市的通道。2004年底，老虎基金等多家公司向新东方注资。引进私募基金成就了新东方上市的第一步。老虎基金的加入从某种意义上说，也重组了新东方内部的股权结构。重组股份为新东方上市做好了前期准备。复杂的股权结构并不利于公司在美国上市，同时也很难让俞敏洪解决内部管理的控制权问题。在引入老虎基金后，俞敏洪对于新东方的发展有了更为清晰的掌控。上市以来，新东方有了全新的蜕变。新东方严格按照美国上市公司的要求进行内部管理，制度更加健全。俞敏洪希望用严厉的美国上市公司管理规则来规范内部，以制度说话，避免前面出现的人情和利益纠葛，从而实现自身的"救赎"，让企业顺利发展。

扩张与稳定的权衡

在任何一个企业中，同时存在着扩张与稳定这两种力量，创业者的责任就是要巧妙地把握这两种力量之间的动态平衡，促进企业在扩张的进程中保持稳定，并在稳定的基础上实现新一轮的扩张。新东方于2006年9月在纽约上市，上市就意味着资本市场及投资者对这家教育培训机构永不停歇的增长需求。不过在很多人预期的快速扩张上，新东方却一直显得非常谨慎甚至保守，俞敏洪说他的做事风格是，在没有完全准备好的情况下不会冒进。 这种风格与面临的来自资金市场的增长压力之间产生了一定的矛盾。 新东方自始至终都在强调自主经营， 而不是采用扩张更为快速的加盟形式。

▌创业智慧

1. 梦想有多大， 事业就有多大

作为一个创业者， 需要有一种渴望， 有一种梦想。 没有渴望和梦想的日子使创业者的生命失去活力和勇气。 梦想被俞敏洪定义为一种不可阻挡的向往。 创业者的梦想是不安分的， 是高于现实的需要， 踮起脚才能够得着， 有的时候需要跳起来才能够得着。 一个人的梦想有多大， 他的事业就有多大。 当初俞敏洪出去创业为的就是养家糊口。 然而， 当新东方做到一定程度的时候， 俞敏洪那时的梦想就不仅是赚钱了， 他说道： "把眼光放到你这个可以看到的圈子外面去看， 也就是你的目光必须超出你现在所看到的所有的东西、 你看到的所有的人， 这样的话你才能保证自己的成长和进步， 这是一种志向。" 马云也曾说过： "作为一个创业者， 首先要给自己一个梦想。"

2. 信念与激情

俞敏洪认为， 每个人做事情， 都在寻找内心的支撑， 寻找一种内心的信念。 创业， 就必须要有吃苦的精神， 执著的信念。 俞敏洪认为信念和激情这两个词是连在一起的， "激情是信念的一种外在表现， 如果内心没有信念的话， 外在的言行不可能产生激情"。 虽然新东方在成立之初只有一间小屋， 但是创业的激情却在俞敏洪的体内燃烧， 看着简陋的招生办公室， 他想的却是新东方的美好未来。 在 1993—1998 年的五年间， 俞敏洪平均每天上课 10 小时， 足迹几乎踏遍全国各地。 俞敏洪用他慷慨激昂的言语激励无数 "屡败屡战" 的学子们从绝望中寻找希望， 借生动的寓言故事启发学员， 让他们找到前进的方向。

3. 分享理论： 财散人聚

作为创业者， 一定要懂得与他人分享。 一个不懂得与他人分享的创业者， 不可能将事业做大。 新东方于 1993 年创办， 俞敏洪是唯一一个在新东方做教师的员工， 俞敏洪最亲近的员工就是他妻子。 新东方越办越大， 俞敏洪想把远在国外的朋友都拉回来， 继续把培训教育做大。 同为

北大教师的徐小平和北大同学王强回国加盟新东方，俞敏洪让每个人都有一块自留地，结果每个人都在自己的所属领域做得非常大。俞敏洪的这种"分享理论"的激励效果十分明显，新东方进入了它的第二个发展阶段，实现了快速扩张。新东方还建立了相对完备的出国考试培训、基础外语培训、出国留学服务教学体系，并迅速扩张到全国多座大城市，真正称霸于国内英语培训市场。

4. 耐心地等待机会

我们经常听到有人抱怨没有机会。其实不是没有机会，而是我们有没有能力抓住机会。机会属于那些有准备的人。世界上每天都充满了各种各样的机会，但最后机会只会落到有能力的人身上。创业是能力和机遇碰撞的结果，机会总是会青睐有准备的人。俞敏洪说，自己当初选择创办"新东方"时，正是看中了当时国内学生开始热衷出国的潮流，同时社会上掀起学习英语热潮这样的机遇。俞敏洪认为机遇其实就在自己不断仔细观察所属的社会环境，认真思考、归纳总结的过程。这个过程中面临着得与失、取与舍、成与败，是一次次顺流逆流中痛并快乐的自我更生。创业机会的得来绝不是靠守株待兔，每个创业者都应该主动地去寻找机会。往往机会的来源便可极大促成创业的成功。要创业，就要会解析这个时代的趋势。

5. 用精神力量去领导

2001 年，新东方的上层矛盾激化，几乎到了分崩离析的程度，俞敏洪再一次面临难关。几经努力，俞敏洪终于力挽狂澜，使新东方迈上了良性循环的轨道，成为一个具有现代化企业结构的新东方。在这次动荡中，俞敏洪是付出了代价，但是他获得了更多的回报，不仅树立了绝对的领导权，还赢得了一个安定团结的局面。俞敏洪认为，不应该靠股权等外在强制性的东西去领导下属，真正成功的领导者应该用精神去领导。至于如何才能拥有这种精神力量，使下属愿意追随你，俞敏洪说：首先你要相信这种精神力量，其次你做过的事情证明了你这样做是对的，这就加固了你的精神力量，最后你要把这种精神力量通过言行传递给别人。我让我所有的管理者都看到，我比他们更加勤奋，更加努力，更加把新东方当成家。同时，要想拥有这种领导者的魅力、领导者的精神力量，最重要的是让身边的人跟自己一样坚持一个信念，而这个信念最核心的要素，俞敏洪认为就是企业的愿景。

6. 把大目标分解成小目标

在现实中，人们做事之所以会半途而废，这其中的原因，往往不是因为难度较大，而是觉得成功离得太远。很多企业之所以会倒闭，不是因为他们的目标太大不可能完成，而是因为他们没有给自己定下阶段性目标。将长远目标分解为多个易于达到的阶段性目标，每达到一个阶段性目标，都会体验到"成功的感觉"，这种"感觉"会强化创业者的自信心，并推动创业者稳步挖掘潜能去达到下一个目标。俞敏洪在做事的时候，一般都会问自己两个问题：一是做这件事情的目标是什么，因为盲目做事情就像捡了一堆砖头而不知道干什么一样，会浪费自己的生命。第二个问题是需要多少努力才能够把这件事情做成，也就是需要捡多少块砖头才能把房子造好。之后就要有足够的耐心，因为砖头不是一天就能捡够的。

7. 集体英雄主义

在中国最近十几年的英语培训市场上，还有一个英语培训品牌堪称奇迹，那就是"疯狂英语"。疯狂英语的创始人李阳凭借着自己的独创的喊话式英语学习法，也曾经在大学校园里流行过几年时间。但是李阳的疯狂英语品牌却并没有带来同新东方一样的财富。曾有人问俞敏洪，你和李阳有什么不同？俞敏洪说道：他是个人英雄主义，我是集体英雄主义。俞敏洪表示，过去他一个人演独角戏时各种成功与荣耀都集中在自己身上，自己也可以一言九鼎。但是当组织结构不断扩大，仅凭一个人的力量无法完成整个机构的运转时，吸取他人意见和建议成为管理成功的关键。俞敏洪意识到，培训行业这个门槛要求相当低，任何一个懂点英语的人在家里开一个培训班就可以拿到一个注册学校的资格执照。所以，新东方的成功是一个团队的成功，因而也就具备了很强的竞争力。

▌案例研讨

1. 角色扮演

（1）俞敏洪在将朋友们请回国之前，那些朋友在国外已经事业有成。徐小平游学美国、加拿大，再次见面时，已经事业有成，在温哥华拥有优雅的办公室和舒适的住房；王强两度飞越重洋并定居美国，通过超常的努力，成为贝尔实验室的高级电脑工程师；被朋友们怀疑不食人间烟火的哲学家包凡一，在北美的现实压迫下，读完传播学硕士之后，再熬出一个 MBA，居然成了美国通用汽车公司的会计师。他们个个才华能力都不逊于俞敏洪，大才子们免不了任性，彼此之间的摩擦和较量是家常便饭，内部与分裂也周期性爆发。如果你是俞敏洪，如何领导和管理这群有才华的知识分子？

（2）俞敏洪从创业开始秉持的就是"学生是上帝"的理念，而如果为了上升公司业绩牺牲学生的教学品质的话，俞敏洪无法承受这个风险，在精神上也很难接受。如果你是俞敏洪，你如何找到教育品质和利润诉求之间的平衡点？

（3）新东方除了利益纠纷与人事震荡外，在发展中还面临着另外的一个挑战就是家族问题。像很多民营企业一样，新东方是俞敏洪和妻子共同创办的。后来，母亲、妻子的姐姐、妻子的姐夫都在新东方工作。其他的管理者也跟着效仿，将自己亲戚安排进新东方。慢慢地，这种状况明显影响了新东方的发展。俞敏洪渐渐意识到，进入现代化企业模式的运作，推行现代企业制度，必须请直系亲属退出企业，其中难度可想而知。如果你是俞敏洪，你打算如何请走直系亲属，让新东方从一个家族企业摇身转变为现代企业？

2. 案例分析

（1）到 2003 年的时候，新东方基本结构改造完毕。在这样的情况下，新东方在 2004 年 1 月做了一个决定，把新东方推进第四个阶段。这就是新东方在保留自己所有核心项目的同时，争取拿到国际资本，从而进入海外上市的通道。2006 年 9 月，新东方在纽交所上市。新东方不缺钱，也无需圈钱。请分析，为什么新东方还要费劲千辛万苦到美国去上市？

（2）新东方公司化改造 2000 年 5 月 1 日正式启动，历时一年半，高层思想不统一，冲突不断。小股东地盘没有了，人、财、物的支配权取消了，公司没有利润，自然陷入恐慌，陷入对俞敏洪改革动机的怀疑。请分析，为什么新东方在这一时期会出现这样的人事动荡，造成发展瓶颈的主要影响因素是什么？

（3）万通董事局主席冯仑的著作《野蛮成长》中对于中国民营企业

的成长状态描述是："其实我更喜欢用疯长的野草来形容，我喜欢那种状态，如野草般坚韧，疯狂地成长，恣意地蔓延，霸气地扩张，好不快慰！"冯仑是俞敏洪的好朋友，他评价新东方时说道，新东方的成长秘诀是三流文人加上痞子精神。请分析冯仑这句话的深刻含义。

3. 选择思考

（1）俞敏洪认为，做事情就是一种心态。他刚开始做新东方的时候，碰到任何难以对付的人、难以对付的事情，都会转身逃跑，因为他觉得这个事情实在太难做了，超出他的能力范围。后来他发现这样不行，只有死路一条，后来他就开始调整自己的心态。请你思考，作为创业者应该具备怎样的创业心态？

（2）俞敏洪曾经说过，小事情可以做成大事业，大事业往往也要从小事情一步步做起来。没有做小事打下牢固的基础，大事业是难以一步登天的。创大业者往往都是从小事做起的。这个观念说起来容易，做起来难。请你结合创业实例分析，小事情如何才能做成大事业呢？

▎背景资料

俞敏洪毕业于北京大学英语专业，1993年创立新东方学校，新东方学校创始人，俞敏洪现任新东方教育科技集团董事长兼总裁，全国青联常委，第十一届、十二届全国政协委员。被媒体评为最具升值潜力的十大企业新星之一，20世纪影响中国的25位企业家之一。其他社会兼职有民盟中央常委、北京大学企业家俱乐部理事长、艺术品中国资深商业顾问等。近年来，俞敏洪及其领衔的新东方创业团队已在全国多所高校举行上百场免费励志演讲，被誉为当下中国青年大学生和创业者的"心灵导师"、"精神领袖"。

▎俞敏洪的创业经

1. 只有知道如何停止的人，才知道如何加速。

2. 绝望是大山，希望是石头，但是只要你能砍下一块希望的石头，你就有了希望。

3. 忍受孤独是成功者的必经之路，忍受失败是重新振作的力量源泉，忍受屈辱是成就大业的必然前提。忍受能力，在某种意义上构成了你背后的巨大动力， 也是你成功的必然要素。

4. 会做事的人， 必须具备以下三个做事特点： 一是愿意从小事做起， 知道做小事是成大事的必经之路； 二是胸中要有目标， 知道把所做的小事积累起来最终的结果是什么； 三是要有一种精神， 能够为了将来的目标自始至终把小事做好。

5. 绝对不做自己能力控制不了的事情。 自己一定要能当大厨， 这样当你的大厨撂勺子时， 你还可以救场。

6. 金字塔如果拆开了， 只不过是一堆散乱的石头， 日子如果过得没有目标， 就只是几段散乱的岁月。 但如果把一种努力凝聚到每一日， 去实现一个梦想， 散乱的日子就集成了生命的永恒。

7. 世界上成功的人， 没有一个不是全身心热爱自己做的事情的， 否则他一定半途而废。 对于我个人来说， 我一定全身心投入新东方， 就像沃尔玛的总裁一辈子都开着自己的小飞机在全世界每个店飞来飞去， 看到商品都恨不得去亲吻一下， 他对每个商品都充满感情， 你说他能不把每个商品卖得像艺术品一样吗？

8. 开始的时候， 团队就像面粉， 一拍就会散。 但是随着时间的延长， 往里面加水， 揉啊揉啊， 慢慢地就会成为面团， 就很难散了， 甚至越揉越黏。 到最后这个团队就分不开了。

9. 如果一个人的能力是能够坐一间 24 平方米的充满绿色、 洒满阳光的办公室， 你只给他 8 平方米的办公室他迟早有一天是要离开的。

10. 全世界最难做的一件事情就是自我提升， 你有多大的气概， 你就能做多大的事情， 但没有人生下来就有宏大的气概， 这里面有一个不断学习的过程。 对于我来说， 实际上是一个非常痛苦的过程。

11. 做人最大的乐趣在于通过奋斗去获得我们想要的东西， 所以有缺点意味着我们可以进一步去完善， 有缺陷之处意味着我们可以进一步去努力。

12. 人生之中， 最重要的就是要明白我们的生命和我们的事业到底是怎么回事， 有一句话说得好： "生命是一个过程， 事业是一种结果。"

13. 所有获得大成就的人， 都经过了一条必经之路， 那就是从自愿自觉走向坚忍不拔、 艰苦卓绝地努力， 最后才能够达到一个极高的境界……

案例 9

最大的挑战就是抵制诱惑

——史玉柱的创业故事

▎案例摘要

　　从巨人汉卡到巨人大厦，从脑白金到黄金搭档，从网游 "征途" 到投资公司，史玉柱跌宕起伏的创业故事激励着一大批创业者。1989 年，他从亲戚朋友那里借来 4000 元开始创业，短短六年时间便登上 "福布斯中国富豪排行榜" 第八位，成为当时的年轻人崇拜的 "中国的比尔·盖茨"。然而，在珠海巨人集团倒下后，他成了中国最穷的人，负债达到 2.5 亿元。从 "著名的成功者" 到 "最著名的失败者"，史玉柱只用了三年时间，一度成为失败者的典范被很多人评说。很多人都在问，史玉柱为什么能够东山再起？史玉柱凭什么东山再起？史玉柱传奇的创业史吸引了太多人的眼光。

　　经历了大起大落、大落大起之后，"史大胆" 变成了 "史小胆"，他每做一件事都如履薄冰，小心翼翼。我们学习史玉柱并不是要探究他如何衰落又如何崛起，而是要学习他不屈不挠的精神，特别是史玉柱在失败中重新站起来的勇气。史玉柱的传奇经历告诉我们不要畏惧失败，我们要在失利中挣扎，在弱势中奋进。史玉柱用他的实际行动和辉煌成绩，成为当代中国 "凤凰涅槃" 式的标榜。

案例故事

人生的第一桶金

1989 年 7 月，史玉柱怀揣独立开发的汉卡软件和 "M – 6401 桌面排版印刷系统" 软盘，南下深圳。当时，除了一张营业执照和 4000 元钱，史玉柱一无所有。4 个月的时间，仅靠卖 M – 6401 产品就回款 100 万元，半年之后回款 400 万元。1991 年 4 月，史玉柱带着汉卡软件和 100 多名员工来到珠海，注册成立珠海巨人新技术公司（巨人集团的前身）。但是刚刚把企业做大的史玉柱感受到了市场的压力，其 M – 6402 系列产品受到了来自香港金山电脑的强烈冲击。为了迅速打开市场，建立起庞大的营销网络，吸引全国 200 多家大大小小的软件经销商。1991 年，巨人汉卡的销量一跃成为全国同类产品之首，公司获纯利 1000 多万元。1992 年，巨人集团的资本超过 1 亿元，史玉柱本人也被罩上各种各样的光环，迎来第一个事业高峰。

巨人大厦坍塌

20 世纪 90 年代中期，当年 "十大改革风云人物" 之一的史玉柱决意在美丽的珠海盖一栋自己的大厦，可在他一次又一次和总理握手之后，这栋原本 18 层的房子嗖然间被拔高到 70 层，史玉柱意气风发地决心要盖中国第一高楼，虽然当时他手里揣着的钱仅仅能为这栋楼打桩。当时很多业内人士都不看好，并表现了担忧。正是在这样的担忧和预言下，巨人大厦很快坍塌下来。珠海巨人的垮掉给了史玉柱沉重的打击，他每天都在思索巨人何以说倒就倒。为了弄明白其中的原因，史玉柱把报纸上骂他的文章一遍遍地读。渐渐地，史玉柱明白了巨人大厦为何会垮掉。他认为，巨人倒下是必然的，它是客观规律。表面上看是巨人大厦，实际上是因为他本人和其团队不成熟，整个团队很幼稚。他感叹道，人在顺境的时候，在成功的时候，沉不下心来，总结的东西自然是很虚的。只有失败的时候，总结的教训才是深刻的，才是真的。

毅然扛起二次创业的大旗

盖巨人大厦的失败让史玉柱一夜从天堂到地狱，但是上天从来都不会辜负一个有梦想并为之实际奋斗的人。这次，史玉柱又重新站了起来，源于他精心策划的保健品。而此时的史玉柱是一个负债数亿元的创业者，就像负案潜逃的罪犯。 一旦选准新的目标， 史玉柱强烈的营销意识再次显现。 首先， 是广告战。 其次， 建分公司， 设营销部， 强力出击。 最后， 各类促销铺天盖地。 在硬广告全面开花的同时， 史玉柱要求加大软性宣传的比重， 注重收集消费案例， 进行临床检验报告、 典型病例以及科普文章的宣传。 脑白金面市 6 年来， 它基本上保持了销售上升的势头， 即使在销售额突破 10 亿元大关之后， 其销售额还在缓缓上升。 史玉柱不仅已经创造了脑白金销售的市场神话， 而且他对这个神话的延续充满信心。 在 2001 年， 史玉柱就彻底地把脑白金卖掉了。 史玉柱取得了多少回报？ 只有他自己知道。

参股华夏、 民生

珠海巨人集团时代， 史玉柱从不向银行贷款， 他认为用自己的钱比较安心。 等到巨人集团资金链断裂， 需要资金的时候， 史玉柱发现民营企业从银行贷款有很大难度。 于是， 史玉柱对自己以前的看法有了改变， 他不仅向银行贷款， 还干脆做了华夏银行、 民生银行的股东。 史玉柱的投资获得了很好的回报。 到 2005 年， 史玉柱称， 他在银行业的投资 3 年翻了一番， 如果有机会的话， 还要增持在华夏银行、 民生银行的股份。 三年翻一番， 意味着史玉柱在这两家银行的投资三年的收益率达到 100%， 这是一个同当年史玉柱允诺的巨人大厦楼花收益率一模一样的数字。 有人为此感叹， 史玉柱才是中国股市 "史上第一牛人"。

进军网游 "征途"

经历了大起大落、 大落大起之后， 史玉柱做事更加谨慎、 如履薄冰。 除了保健品、 银行业之外， 史玉柱没有忘记自己的老本行 IT 行业。 在进入网游之前， 史玉柱曾经找来专家咨询， 也曾专门拜会一些行业的主管领导， 目的就是弄清楚网络游戏市场究竟会不会萎缩。 最后的结论是， 至少在 8 年或者更长的时间里， 网络游戏的增长速度会保持在 30% 以上。 而在史玉柱看来， 国人对娱乐的需要日益增长， 中国游戏玩家的比例相对也较低， 增长潜力巨大。 因此， 史玉柱断言： 现在的网游市场肯定是一个朝阳产业。 史玉柱是自诩为 "骨灰级" 玩家的老板， 花十几个小时打游戏是家常便饭， 可以想象， 一个手握重金的玩家老板来搞网游， 是不会被以前任何一款游戏所左右的。 史玉柱觉得一直点鼠标打怪太累， 就设置自动打怪让玩家端着咖啡看打怪； 他觉得看地图找坐标太累，就设置自动寻路，让玩家点一下就到目的地；他看到其他游戏里玩家之间买卖装备金额越来越大，就提出不如让官方出售材料，玩家自己打装备……正因为这种从玩家需求出发的策划理念，"征途"迅速被市场认同，一跃成为中国市场的主流网游之一。

创业智慧

1. 重视市场调研

从巨人汉卡到脑白金，再从脑白金到网络游戏"征途"，很多人认为，史玉柱第一次创业之所以能够成功，失败后又能东山再起，主要是因为他对暴利行业的追逐。但如果仔细研究就会发现，史玉柱成功的秘诀不在于他做的行业和这些项目，而在于他对消费者需求的了解。他认为，调研工作会给公司带来最大的收益，要保证真实性，不能敷衍，不能马虎，不能在办公室或者研究所里靠听报告和以往的经验得出结论，管理者要亲自深入到市场中做调研。如果只是随便到几个地方转转、听听、看看，甚至当成旅游，那么，这样的调研就没有意义。在脑白金调研阶段，史玉柱在很长一段时间里，戴着墨镜，天天跑药店、跑农村，与药店老板、潜在消费者充分地交流，当地几百家药店他几乎都跑过一遍。在进军网络游戏前，史玉柱对国内网络游戏市场也进行了大量的调研。据称，史玉柱在开发"征途"的过程中花了近 4000 小时和 2000 个玩家聊天。在聊天的过程中，史玉柱体会到玩家在网络游戏中的乐趣、郁闷、义愤、心跳、欢畅、悔恨，所以，史玉柱认为，"征途"要想在网络游戏中站立起来，就要给所有这些情绪一种载体，一种释放机制。

2. 执著与毅力

从 1997 年到 2000 年这四年里，用"死而复生"、"卧薪尝胆"来形容史玉柱的商业传奇可以说是恰如其分。在这四年中，史玉柱身上最突显的精神就是执著与毅力。1997 年登完珠峰后，史玉柱开始了艰难的二次创业。史玉柱说，这两年如果要回顾的话，主要就是一个苦字，比当年刚刚出来创业的时候还要苦，那个时候苦是苦，但是没有心理负担。2007 年史玉柱以"坚韧之魅"入选"2007 中国魅力 50 人榜单"之六大经济人物。获得此奖项的一个原因就是史玉柱在大失败后能够再度崛起。史玉柱说："对于今天巨人网络的成功，当初的失败是一笔财富。失败之后可能有两种人，一种人是精神上被打击得太狠了，一蹶不振；另外一种是失败了，但是顽强的精神还在。只要精神还在，完全可以再爬起来。我一直有一个想法，失败是成功之母，成功是失败之父。"

3. 团队是最大的财富

从某种程度上说，史玉柱能够从失败中快速崛起，和他的团队是分不开的。史玉柱认为，团队是他最大的财富，无论是哪个企业家都应该重视人才、培养团队。工欲善其事，必先利其器。人永远都是制胜的唯一决定者，在告别一个战斗后，团队作用日益明显。当然，真正的赌徒不会有永远的追随者，史玉柱在总结自己能够东山再起的原因时表示，一个原因是他这些年经受的挫折和教训；另外就是他的核心团队，能和他一样去拼杀的团队。"我身边的几个骨干，在最困难的日子里，好几年没有工资，他们一直跟着我，我永远感谢他们。脑白金问世之前，我吃不准，问他们，'行吗？你们觉得有戏吗？'他们总给我非常肯定的回答：'行，没问题，肯定行。'那时候，也是他们陪伴我爬完了珠峰。我永远感谢他们。"试想一下：一个团队长期跟随某一领导人，在其最艰难的时候，团队依然坚如磐石，这对于渡过难关何其重要。这是史玉柱比别人的幸运之处，也是史玉柱能够再次站起来的宝贵财富。

4. 我离破产永远只有12个月

有了一次失败的经历，史玉柱的危机意识更强了，他说了一句让人记忆深刻的话：我离破产永远只有12个月。关于这句话，在2004年接受记者采访时，史玉柱说，当他的企业发展到一定规模之后，安全是第一位的，发展已经不是第一位的了。对于当年珠海巨人的失败，史玉柱承认当时毫无危机意识。吸取教训之后，史玉柱不忘危机意识，并且还向自己的团队灌输自己的危机意识。经历了人生最低谷的史玉柱显得保守而谨慎，他甚至为自己制定了三项铁律：第一，必须时时刻刻保持危机意识，每时每刻提防公司明天会突然垮掉，随时防备最坏的结果；第二，不得盲目冒进，草率进行多元化经营；第三，让企业永远保持充沛的现金流。这就是史玉柱值得我们学习的地方，摔倒了不要紧，但是永远不能在同一个地方摔倒。

5. 独树一帜的营销智慧

在中国营销史上，史玉柱是一个划时代的人物。中国的营销界从来没有一个人能够像史玉柱这样拥有惊涛骇浪般的事业轨迹，从一个普通的深圳打工仔到拥有数亿资产的"巨人集团"老总，后来忽然不见踪影。几年后，他又镇定地躲在"脑白金"后面，操纵着令无数广告媒体厌烦的"今年过节不收礼，收礼只收脑白金"广告轰炸。在"脑白金"中赚得盆满钵满的时候，他又带着他的"征途"赶赴纽交所上市。从创立巨人集团再到脑白金和黄金搭档，然后是如今的网络，史玉柱的生意看起来毫不相关，但却都做得有声有色，这一切的一切，都归于他对中国市场形态的洞察和深度的把握。我们应该好好学习史玉柱的营销手法和思路，结合企业和产品的自身，在企业管理、营销手段上不断创新，我们需要注意的是学习而不是简单的模仿！

█ 案例研讨

1. 角色扮演

（1）在珠海巨人失败后，为了再次崛起，并还清欠下的债务，史玉柱有两个项目可供选择，一个是做保健品脑白金，另一个是他赖以起家的软件。史玉柱当时选择脑白金而放弃了软件，如果你是史玉柱你会作何选择？

（2）网络游戏的收费模式一直是按点卡收费，也就是玩多长时间的游戏收多少费用。在这种商业模式下，玩家都处于一种公平竞争的地位。而史玉柱却打破了这个规则，采用了"永久免费，靠卖道具赚钱"的模式。如果你是史玉柱，你会选择永久免费的模式吗？为什么？

（3）"脑白金"从一个默默无闻的商标，变成一个全国知名的品牌，广告无疑起了巨大作用。但是，脑白金连续几年都被评为中国十差广告，史玉柱却说，每次评上之后他就踏实一点儿，如果没被评上，反而说明有问题了。如果你是史玉柱会采用这样的广告策略吗？

2. 案例分析

（1）对于"征途"游戏收入后来居上的原因，史玉柱总结为打破行规，不断创新。请分析，史玉柱针对"征途"是如何创新的？

（2）史玉柱从"著名的成功者"到"最著名的失败者"，只用了三年时间， 请分析他能够东山再起的原因。

（3） 史玉柱认为， 作为企业的领导者， 应该时刻关注变幻莫测的形势， 进行战略思考， 为企业制定战略行动方针。 对于巨人网络集团有限公司， 史玉柱是怎样进行战略思考的呢？

3. 选择思考

（1） 对于小企业来说， 组织结构简单， 即使管理者作出了错误的决策， 船小好调头， 也不会给企业经营带来太大的风险。 但是对于一家大企业来说， 组织机构庞大， 管理者一个错误的决策可能会给企业带来巨大的危机。 那么在大企业里， 管理者是个人做决策好呢， 还是与核心团队共同决策更好呢？

（2） 史玉柱认为， 要想建设好品牌， 必须要去找消费者， 与消费者深入沟通， 聊得时间久了， 自然就能找到灵感和机会了。 请问你认为如何进行品牌建设？

（3） "保健品和网游两个行业是相通的吗？" 早在两年前， 史玉柱在上海金茂大厦为网游 "征途" 高调造势时， 就有好奇者向这位 "脑白金" 概念的缔造者发问。 史玉柱的回答是， 这是两个完全不同的行业， 不过有三点是相通的， 那就是有好的产品， 要有好的团队， 还要有好的推广方案， 这看起来是平淡无奇的答案， 请你分析一下史玉柱的回答有道理吗？

▎背景资料

史玉柱， 1989 年研究生毕业后， 随即下海创业， 在深圳研究开发 M6401 桌面中文电脑软件。 1991 年巨人高科技集团成立， 注册资金 1.19 亿元。 1995 年被列为 "福布斯中国富豪排行榜" 第八位， 是当年唯一高科技起家的企业家。 他也曾一夜之间负债 2.5 亿元， 后东山再起， 再次创业成为一个保健巨鳄、 网游新锐， 身家数百亿的企业家。 2011 年 6 月， 有消息称史玉柱 4 个月斥资 26 亿元增持民生银行。 截至 2011 年 7 月 10 日， 史玉柱投资新华联两年净赚 3.8 亿元。

▎史玉柱的创业经

1. 所谓人才就是你交给他一件事情他做成了， 你再交给他一件事情，他又做成了。

2. 要重视建立销售手册。

3. 凡事先做试点，风险才低。

4. 找到自己的细分市场。

5. 不要总想着同竞争对手对立，而是要想办法让自己弥补竞争对手的不足。

6. 如果没有价格上的优势与技术上的绝对优势，千万不要进入红海市场，否则你必输无疑！

7. 抓住关键环节，重点抓好市场调研。

8. 与其改变消费者固有的想法，不如在消费者已熟悉的想法上去引导消费者。

9. 要改变消费者固有的想法，比登太阳还难，但不是不可能的。

10. 对普通员工，首先考虑其利益，然后才是社会价值。

11. 我在我的公司只管一件事——市场调研。

12. 公司在小的时候，尽量要股权集中。

13. 要花费大的精力建立一个连最基层的员工可以看明白及易于操作的手册，尤其是《管理手册》和《营销手册》。

14. 知识改变命运，奋斗成就梦想。

案例 10

曾铸辉煌的蒙牛路在何方
——牛根生的创业故事

▌案例摘要

　　他是一个从零开始的人，他是一个典型的草根创业者，他在 "无工厂、无奶源、无市场" 的困境下开拓进取，在短短 6 年内拥有百亿财富的企业家。牛根生信奉 "小胜凭智，大胜靠德"、"财聚人散，财散人聚" 的经营哲学，其领导的蒙牛与亿万消费者、千万股民、百万奶农及数十万 "产销大军" 结成命运共同体，被人们称为西部大开发以来"中国最大的造饭碗企业"。有人说，牛根生的魅力在于他的速度，短短几年超过千倍的成长；有人说牛根生的魅力在于他的智慧，紧紧跟随伊利的脚步，走在奶业的前列；有人说牛根生的魅力在于他的眼界，他将商业和政治的机遇都很好地把握住了。2008 年以前，牛根生的蒙牛就是 "神牛"，老牛的头上罩着无数的光环，老牛的创业史被众多创业者传颂，老牛的人格魅力吸引着众多粉丝们，老牛的草原般博大的胸怀和大爱的情结被众人顶礼膜拜。

　　然而，改变正在发生。2008 年下半年爆发的 "三聚氰胺事件"，是蒙牛乳业发展历程中的转折点。在那之前，无论是蒙牛还是牛根生本人，都曾以 "公益" 形象高调示人，但这起席卷整个中国乳业的特大食品安全事故，以及蒙牛之后不断爆出的、或大或小的其他食品问题，对蒙牛和牛根生个人，均造成了巨大的、持续的负面影响。之后，牛根生变得谨慎而低调。2011 年辞去在蒙牛乳业的职务后，他更是深居简出。

本案例以独特的视角，挖掘蒙牛辉煌的过去，同时撕开蒙牛血淋淋的伤口，研究曾经铸就辉煌的蒙牛今后该如何奔跑。

▌案例故事

败走伊利，万念俱灰

1978年，牛根生成为呼和浩特大黑河牛奶厂的一名养牛工人。时隔5年任呼和浩特回民奶食品厂（内蒙古伊利集团前身）厂长。1992年，担任内蒙古伊利集团生产经营副总裁。1998年，牛根生是伊利集团的副总裁，也是当年伊利的第一功臣。伊利80%以上的营业额来自他主管的事业部。牛根生在伊利员工当中的威信变得越来越高，人们对牛根生的信服来源于他的为人之道和人格魅力。同年上半年，牛根生突然感觉不对劲，自己在伊利做了16年，但最近在使用资源方面却感到了某种不顺畅，就是调动很小的一部分资金，也有众多部门来掣肘。最极端的时候，连买把扫帚都要打报告审批。牛根生找到总裁反映问题，第一次从上级的眼神中读出"陌生"和"不信任"，牛根生突然意识到自己深陷困境，局势岌岌可危。牛根生一共递交了三次辞呈。前两次，上级都说了一些挽留的话，牛根生收回了辞呈。牛根生发现自己的环境不仅没有改变，而且越来越恶劣。牛根生第三次递交辞呈是在伊利的一次董事会上。牛根生就这样离开了兢兢业业工作了16年的伊利集团。

揭竿而起，暗度陈仓

牛根生离开伊利集团后，来到北京大学进修。在北京大学的那段时间里，牛根生整天骑着一辆破自行车穿梭于各个教室之间。40多岁的老牛坐在教室里听课，望着身边那些风华正茂，甚至略显稚气的同学，内心非常难受。在北大进修的时间里他又重新审视了自己在伊利16年的各种经验和教训，让原本在企业中形成的应激反应模式转换成理性的思维模式。士别三日当刮目相看，牛根生原本就比一般人看得高、想得远，经过在北大的沉淀与升华，"蒙牛王朝"的宏伟蓝图在心底早已酝酿成熟。牛根生从北大出来，正好自己原来的那些部下被伊利免职。他们一起找到牛根生，希望牛根生带领他们重闯出一条新路。除了伊利人事和财务的负责人，伊利各个事业部的头都到了牛根生这里。1999年1月，蒙牛正式注册成立，名字是"蒙牛乳业有限责任公司"，注册资本金100万元。蒙牛一成立，许多在伊利工作的老部下一批批地投奔而来，总计有几百人。牛根生曾经告诫他们要三思而后行，他自己也不能保证蒙牛一定会有一个光明的未来。但是，老部下们义无反顾地加入了蒙牛的团队。在呼和浩特市一间53平方米的楼房内，牛根生从家里搬来了沙发、桌子和床，蒙牛传奇由此拉开序幕。牛根生明白自己的弱势是"无市场，无工厂，无奶源"，也知道自己的优势是"人才汇集"。跟随牛根生的这批人原先都是伊利液态奶、冰激凌策划营销的一把手，他们在生产、经营、销售、市场、原料设备方面都是顶尖的人才，老牛决定采取"虚拟经营"的方式，用"人才"换"资源"。因为个别企业从中作梗，开始时"虚拟经营"的几次谈判被搅黄了，牛根生只好"明修栈道，暗度陈仓"。1999年2月，牛根生经过秘密谈判后和哈尔滨的一家乳品企业签订了合作协议，牛根生派8人全面接管了这家公司。通过他们的管理给这家企业带来很好的效益，同时蒙牛产品也由这家工厂"新鲜出炉"。1999年1月到4月，身处呼和浩特的牛根生一边对远在哈尔滨工厂的8人团队遥控指挥，开始生产第一批蒙牛产品，同时摇身一变成了民工头，在距离呼和浩特和林格尔县较远的地方热火朝天地建起了自己的工厂。

奇招迭出，血路拼杀

伊利统治了市场，蒙牛只能在夹缝中求生存，要想扩大蒙牛的知名度，牛根生知道依赖常规的营销手段，难以实现重大突围，只能以奇招制胜。蒙牛提出了"创内蒙古乳业第二品牌"的创意。当时内蒙古乳品市场的第一品牌当然是伊利，蒙牛名不见经传，连前五名也挤不进去。但是，牛根生的过人之处就表现在此，蒙牛通过把标杆定为伊利，使消费者通过伊利知道蒙牛。1999年4月1日，呼和浩特市的老百姓一觉醒来，呼和浩特市主要街道旁边的300块广告牌全是蒙牛广告：向伊利学习，为民族工业争气，争创内蒙古乳业第二品牌！一石能激起千层浪，而300块广告牌同时入市，自然掀起了市场巨浪。蒙牛成了内蒙古老百姓热衷谈论的一个话题，人们记住了蒙牛，也记住了蒙牛是内蒙古乳业的第二品牌。5月1日，就在老百姓讨论蒙牛的余热未散之时，48块蒙牛的广告牌一夜之间被砸得面目全非。牛根生当然了解其中的内幕，聪明人善于把坏事变为好事，把危机转化为机遇。牛根生利用广告牌被砸事件让社会关注蒙牛的热情再度掀高，蒙牛开始变得"愈神秘，愈美丽"。牛根生白手起家，硬是在重重围剿之中杀出一条血路。蒙牛乳业凭借着牛根生的过人智慧，实现了高速发展。

乳业奇才，铸就辉煌

2002 年，蒙牛赢得了"中国驰名商标"和"中国名牌产品"称号。打造"中国驰名商标"最短需要 3 年，而蒙牛恰恰只用了 3 年。这正是蒙牛追求高速成长，短时间内成为强势品牌的目标。2003 年 10 月 16 日，"神舟五号"顺利返回，6 时 46 分，北京指挥控制中心宣布：中国首次载人航天飞行取得圆满成功！几小时之后，伴随着"举起你的右手，为中国喝彩！"的口号，蒙牛"航天员专用牛奶"的广告便铺天盖地出现在北京、广州、上海等大城市的路牌和建筑上，全国 30 多个城市的大街小巷里蒙牛广告随处可见；蒙牛的广告也出现在全国几十家电视台的节目中，"发射——补给——对接"篇在央视和地方台各频道同步亮相，气势夺人，展开了新一轮大规模的电视广告攻势。2004 年第一届"超女"比赛时，对于蒙牛决定作冠名赞助商的选择，广告业和乳业的大腕们斥之为"离经叛道"。在人们的印象中，牛奶品牌总是与贤惠的主妇、健康的孩子、温馨的家庭等等传统元素联系在一起，而现在蒙牛却选择了与时尚、勇敢甚至"前卫"的"超女"站在一起。2005 年之后，蒙牛开始拓展全球市场，把产业链发展到中国香港、澳门，并拓展到东南亚、俄罗斯和美国。蒙牛由此迈入世界级乳业门槛。

疯狂增长，丑闻不断

从 1999 年创办之初，蒙牛就像一头"猛牛"，闯进尚属初创的中国奶业市场。这匹"猛牛"如同一条"鲶鱼"，所到之处翻江倒海。然而，企业的发育、成长，逃不出必然的规律。过于迅猛的疯长，必然伴随着各种显在或潜在的病灶。近几年来，蒙牛负面新闻缠身，2008 年下半年爆发的"三聚氰胺事件"，是蒙牛乳业发展历程中的转折点。这起席卷整个中国乳业的特大食品安全事故，以及蒙牛之后不断爆出的、或大或小的其他食品问题如"篡改门"、"致癌门"、"卫生门"，使蒙牛频频在食品安全问题上摔倒。从那时起，围绕牛根生的不再只有正面评价，质疑声渐渐增多。对蒙牛和牛根生个人来说，均造成了巨大的、持续的负面影响。

中粮入主，老牛退隐

从草根到行业龙头，"蒙牛速度"曾是令人瞩目的商业奇迹，蒙牛及其领导者们也因此身披光环。但这些光环随着三聚氰胺等事件的发生，慢慢褪色。2009 年 7 月，中粮投资以 61 亿港元入股蒙牛，成为蒙牛最大的股东。此后，中粮又数次增资，目前持有蒙牛 28.09% 的股权。为了蒙牛的稳定发展，中粮当时承诺"三年不干涉"，即中粮不参与蒙牛的具体经营管理，不改变现有经营团队的连续性和稳定性，不改变目前的战略方向，只是战略投资。据媒体报道，在"三不"之外，当时双方还签了一个"中粮三年内不插手经营"的协议。承诺让中粮很是被动。在这 3 年左右的时间里，蒙牛仍接连爆发负面新闻。在蒙牛负面新闻不断的同时，中粮也被指责作为大股东未履行好职责。而蒙牛原有的经营理念在企业成长初期非常管用，但企业做大了，就显得不适应了。2011 年，蒙牛乳业公告称，牛根生计划拟将大部分时间投入慈善工作，实现数年来之夙愿，故已辞任董事会主席。

中西合璧，路在何方

2012 年 6 月，欧洲乳业巨头爱氏晨曦以 22 亿港元入股蒙牛，这是迄今为止中国乳业最大的一次国际合作，也被市场解读为中粮为蒙牛改头换面重塑形象的重要举措。如果中粮能通过引进"洋和尚"令蒙牛发生换血似的改变，一改从前那种"重营销、轻奶场建设"、高速发展的"飞船"经营理念，将蒙牛从前端奶源管理到生产质量控制都进行一次根本性的变革，那无疑是塑造一个令人耳目一新的带有深刻中粮烙印的新蒙牛。一个是国有大企业，一个是民营大企业，因此存在文化差异是在所难免的。而今中粮要正式插手蒙牛的经营管理，并改变其原有的经营模式，实现自己的经营理念。而引入爱氏晨曦，却被业界看成是中粮借"洋人鞭子"驯服野性十足的蒙牛。蒙牛经过多年发展，其中层干部到普通员工都熟悉并认可蒙牛原有的经营套路，有一种强大的惯性，中粮借洋人的鞭子能否真正驾驭得了呢？中西合璧的新蒙牛路在何方，能否超越往日的辉煌，我们拭目以待。

▎创业智慧

1. 财散人聚，财聚人散

牛根生一直信奉"财散人聚"经营哲学，他身边聚拢了一大批优秀人才，这些人将身家性命都压在牛根生的身上，不仅因为他有把钱分给别人的"前科"，而且他们相信他会带领大伙儿冲出一条光明大道。舍得，是一种领悟，更是一种境界。舍得了钱财，得来的是人才。这个道理在现代企业的发展中同样适用。在世界经济和文化高度发展的现代社会，一个企业想要获得长远的发展，这种经营哲学尤为重要。

2. 世界上没有奇迹，只有专注和聚焦的力量

牛根生曾经感慨地说，创业其实没有什么，凭自己的力量去做成功一件事就行。可以说，牛根生的成功得之于他身上很多突出的品格和品质：乐观自信，勇于面对困难和挑战，勇敢顽强、坚忍不拔的优秀品质，敢想、敢干、敢探索的拼搏精神以及尽职尽责、勇担责任的责任感。牛根生历尽曲折坎坷和艰辛最终走向成功。

3. 超乎寻常的领导影响力

1999 年 1 月，蒙牛正式注册成立，蒙牛一成立，许多在伊利工作的老部下一批批地投奔而来，总计有几百人。牛根生曾经告诫他们不要弃"明"投"暗"，他自己也不能保证蒙牛一定会有一个光明的未来。但是，老部下们义无反顾地加入了蒙牛的团队。而且跟随牛根生的这批人原先都是伊利液态奶、冰激凌策划营销的一把手，他们在生产、经营、销售、市场、原料设备方面在行业内都是顶尖的人才，这些人才的追随来源于他的为人之道和人格魅力，这对于团队初期的发展至关重要。

4. 企业的"个人英雄主义"模式应慎用

牛根生演绎了一个中国企业快速发展的传奇，而在这个掺杂着恩怨情仇和资本财富的故事中，牛根生的个人魅力也一次次地被渲染和拔高：从对伊利的投桃报李，对员工秉承的"财聚人散"的原则，到后来的捐股、从事慈善事业，牛根生被极大程度地"神化"。2008 年 3 月，牛根生去哈佛大学演讲时谈到的一个话题是"大品牌就得负大责任"。而仅仅半年之后，蒙牛与伊利、光明等国内标杆乳企同样深陷三聚氰胺危机。从那时候起，围绕牛根生的不再只有正面的评价，质疑渐渐增多。牛根生"万言书"曝光后，其"洒泪搬救兵"被斥为"鳄鱼的眼泪"；之前的高举民族大旗，却被斥为以此作为幌子，想要博取同情……一向正面积极的形象也从此急转直下，跌至谷底，曾经高调健谈的他也变得哑然失语。在蒙牛的这种"个人英雄主义"发展模式中，人

的道德标签是最难撕去的， 如果说牛根生以前是蒙牛的 "加分项"， 现在则变成了 "减分项"。

5. 诚信是企业最弥足珍贵的资产

蒙牛事件再一次告诉我们， 诚信是企业最弥足珍贵的资产。 无论是令人仰视的行业巨子， 还是业界翘楚， 都必须遵循 "严守诚信" 的游戏规则， 否则只能成为过眼云烟， 曾经的南京冠生园因为 "陈馅事件" 而使一个百年的老字号企业倒掉， 就是一个沉痛的教训。 真可谓 "一失信成千古恨"。 中华民族历来有讲信用、 重信誉的传统。 "人无信不立， 鸟无翅不飞。" 市场经济是信用经济。 金能丢， 银能丢， 诚信不能丢。 诚信赛金银， 比生命都重要。 我国每年因失信付出了 6000 亿元的代价， 却不能引起我们的警觉。 如今蒙牛应牢牢记取失信所付出代价的教训， 并用实际行动去亡羊补牢， 堵塞管理的漏洞， 用 "诚信品牌" 来重塑企业形象和公信力， 消除负面报道的影响， 挽回损失。

6. 急速扩张的企业当心 "业绩为王" 的陷阱

蒙牛最初只是一个弱小的企业， 却在短短的 6 年内创造了百亿财富， 在中国乳制品企业中的排名由第 1116 位上升为首位， 创造了在诞生之初 1000 天里平均一天超越一个乳品企业的营销奇迹！ 急速扩张中的企业， 难免陷入 "业绩为王" 的陷阱。 在过分强调业绩增长的背景下， 不能直接产生效益的企业内控系统人员增幅和被重视程度往往要远低于销售系统， 这也意味着企业内控机制的建设严重滞后于企业的扩张步伐， 最终导致了内控力度与企业发展的脱节。 更令人担忧的是， 这一 "脱节" 近年来越发成为大企业的通病。 为追求业绩高速增长而不断压缩内控内审等非业务部门， 已成为一条被企业不证自明的真理， 而对其潜在的危险， 却往往被选择性地忽视。 因此， 每一个大企业的沦陷， 都应该被当做是一个提醒， 一次风险预告， 提醒那些急于扩张的大企业， 也应该低下头来审视自身， 是否也到了 "自我疗毒" 期。

▍案例研讨

1. 角色扮演

（1） 自 2008 年陷入 "三聚氰胺事件" 起， 蒙牛每年负面新闻不断。 以下为财新网汇总的蒙牛的 7 个负面新闻。

日 期	负 面 事 件
2011 - 12	蒙牛在四川眉山的一批纯牛奶被检出可致癌的黄曲霉素 M1 超标 140%
2011 - 11	蒙牛 "随变" 榛子巧克力雪糕被检测出菌群总数、 大肠菌群超标
2011 - 04	陕西榆林市鱼河镇中心小学 200 多名学生饮用蒙牛纯牛奶后出现中毒症状
2010 - 10	蒙牛被指策划 "圣元奶粉性早熟" 事件和攻击伊利 "QQ 星儿童奶" 产品
2010 - 04	陕西省周至县马召镇一小学 18 名学生饮用蒙牛核桃奶后出现食物中毒症状
2009 - 02	质检总局责令蒙牛禁止向其高端液态奶 "特仑苏" 中添加 OMP
2008 - 09	蒙牛 121 批次受检产品中有 11 批次液态奶检出三聚氰胺

蒙牛的教训再一次证明： 舆论的力量是巨大的。 正如拿破仑所言： "报纸就是十万泰瑟枪"， 也如邱满囤的深切体会： "报纸就是原子弹"！ 如果你是牛根生， 你将如何应对一次又一次的公关危机？

（2） 回顾蒙牛的成长与发展之路， 牛根生一定是感慨万千， 如果你是牛根生， 回顾这些年的酸甜苦辣， 你作何感想？ 如果给你一次重新选择的机会， 你将作何选择？

（3） 如今蒙牛开始了新的征程， 从民营企业变身为一家 "准国有企业"， 如果你是牛根生， 对于今后的道路你是如何打算的？ 是否会进入上游产业链， 从哪里跌倒再从哪里爬起来？

2. 案例分析

（1） 人们常说， 创业者都是英雄， 请评价牛根生是一个怎样的创业英雄。

（2） 2010 年 12 月 28 日， 中国蒙牛乳业有限公司在香港宣布， 蒙牛创始人牛根生将其拥有的海外资产主要包括持有的蒙牛股份全数转让给信托公司， 以贡献公益慈善事业。 你如何看待牛根生的 "裸捐" 行为？

（3） 中粮已经入主蒙牛 4 年多时间， 你认为蒙牛真的会完全 "去牛根生化" 吗？

3. 选择思考

（1） 创业和守业的界限在哪里呢？ 销售额 100 亿元之内是创业， 100 亿元之外就是守业吗？ 诞生 10 年之内是创业， 10 年之外就是守业吗？ 品牌第二是创业， 第一就是守业吗？ 海尔不再创业， 而只在守业吗？ 微软不再创业， 而只在守业吗？ 世界 500 强不再创业， 而只在守业吗？

（2） 中国企业经营的宿命： 小企业总长不大， 大企业长大了就死了！ 如何才能摆脱中国企业经营的宿命？

背景资料

牛根生，1958 年生，内蒙古人。1978 年成为呼和浩特大黑河牛奶厂的一名养牛工人。1992 年担任内蒙古伊利集团生产经营副总裁。1998 年被内蒙古伊利集团免去生产经营副总裁一职。1999 年创办内蒙古蒙牛乳业股份有限公司。2001 年在上海跃居为"外埠牛奶第一品牌"。2002 年获"中国十大创业风云人物"、"中国经济最有价值封面人物"、"中国民营工业行业领袖"等荣誉。2004 年销售额达 72 亿元。赴港上市，获"中国策划最高奖"。被评为"影响中国营销进程的 25 位风云人物"之一。牛根生捐出全部个人股份设立"老牛专项基金"，成为"中国捐股第一人"、"全球华人捐股第一人"。2007 年，在中国改革人物颁奖大典上，荣获最高奖——"中国改革年度人物大奖"。2009 年 8 月 28 日牛根生辞任蒙牛董事长，改由中粮集团总裁于旭波出任，但牛根生继续担任公司董事。2011 年 6 月 10 日蒙牛乳业发布公告称，其创始人牛根生辞任董事会主席一职，同时委任中粮集团董事长宁高宁为董事会新主席。他将保留非执行董事一职，并继续参与本集团的策略规划。

牛根生的创业经

1. 小胜凭智，大胜靠德。

2. 有干劲，你就洒下汗水；有知识，你就献出智慧；二者都不具备，请你让出岗位。

3. 城市多喝一杯奶，农村致富一家人。

4. 财散人聚，财聚人散。

5. 一个产品，抓眼球，揪耳朵，都不如暖人心。

6. 别人从零起步，而我从负数起步。

7. 听不到奉承是一种幸运，听不到批评却是一种危险。

8. 善待每一头牛，因为它们都是母亲。

9. 布局决定结局。

10. 世界上还有很多事情，只要你把它做透了，做成专家，你就能够为自己创造成功的机会。

案例 11

"玩" 也带来财富
——马化腾的创业哲学

▌案例摘要

　　你也许没听说过马化腾，但一定听说过 QQ；你也许没听说过 QQ，但一定见过那只胖兮兮、傻乎乎的小企鹅。马化腾，"腾讯 QQ" 的掌门人。他被美国《时代周刊》和有线新闻网评为 2004 年全球最具影响力的 25 名商界领袖之一，荣膺香港理工大学第四届紫荆花杯 "杰出企业家" 奖，捧走了 "2004 年 CCTV 中国经济年度人物新锐奖" 奖杯。在短短几年内，他创建的企业和产品彻底改变了亿万中国人的沟通习惯。他还不到 34 岁，却坐拥近 20 亿元资产，在中国 IT 界创造了一个不朽的神话。

▌案例故事

眼光独到

　　1993 年，22 岁的马化腾于深圳大学计算机系毕业。在校时，马化腾的计算机天赋已小有崭露，令老师和同学们刮目相看。

　　1997 年，马化腾第一次认识了 ICQ，一见面，便被其无穷的魅力所吸引，就立即注册了一个号。可是使用了一段时间后，他觉得英文界面的 ICQ 在中文用户中想推广开来可不是一件容易的事儿，他想，能不能做一个中文版的 ICQ 呢？

　　1998 年，马化腾立志创业。同年 11 月，他与大学同学张志东创办

"腾讯"，推出中文网络寻呼机。作为中国第一代网民，马化腾清楚地知道，这不过是 ICQ 的模仿之作，还不能成气候，他决定要做属于自己的 OICQ。当时许多人对网络还不熟悉。就算是 IT 界内的同行也纷纷对 OICQ 这个"小孩玩意儿"嗤之以鼻。他们认为成天摆弄这个，没多大出息，因为靠 OICQ 捞点"外快"都十分渺茫，更遑论借其发家致富了。马化腾却不这么看，"弱水三千只取一瓢饮"，他认准了 OICQ 这个"旁门左道"。稍懂一点营销常识的人都知道，任何产品的成功都离不开"人口 + 需求 + 购买力"的因素，在此基础之上，马化腾又将"满足特定情感"的营销概念移植过来。马化腾发现，几千年的传统文化与风风雨雨将中国人打造得深沉内向。相比之下，中国人比外国人更缺乏安全感，所以，可能更容易接受文字之间的"神交"。

商道即人道，马化腾看准了 OICQ 在中国的大好前景，终有一日它会带来继电话、传真之后的另一种通讯革命！此时的马化腾，八匹马也拉不回头了。马化腾的企鹅宝贝生逢其时。1999 年，互联网在中国全面铺开，OICQ 独特的离线消息功能和服务器端信息保存功能，在实用性上击败了只有本地保存功能的 ICQ。1999 年底，OICQ 的注册用户达到了 130 万人。

成功源于专注

"他是一个专注的人"，几乎所有业内伙伴提到这位年轻的老板都会用"专注"这个词。六年来，马化腾只专注于 QQ，不做其他的项目，就是在创业最困难的时候，也没有放弃。跟其他刚开始创业的互联网公司一样，资金和技术是腾讯最大的障碍。最初公司运作的全部资本就是几个小伙子的所有积蓄，而整个公司仅三个全职员工。为了能赚钱，马化腾他们什么业务都接，做网页、做系统集成、做程序设计……简直就像是个杂货铺。据说，当时在深圳，像腾讯这样的公司有上百家，马化腾和张志东最大的期望就是能挺住。

预见到 QQ 的大好形势，马化腾想把剩下的路走完。事实再一次验证了马化腾的眼光。1999 年下半年，互联网在全球范围"发烧"。受昔日老友网易总裁丁磊海外融资的启发，马化腾拿着改了 6 个版本、20 多页的商业计划书开始寻找国外风险投资，最后碰到了 IDG 和盈科数码，他们给了马化腾 220 万美元的投资。

金钟罩、铁布衫

来自潮州的马化腾继承了潮州人一向低调务实的传统。见过马化腾的人都觉着他年轻得让人吃惊，给人的第一感觉是一位白面书生，而非呼风唤雨的企业家。马化腾天生就是个实用主义者，理智冷静是他的特质。例如，许多业内的同龄人把开发软件当成了智力"角斗场"，搞软件只是智力竞赛的一种方式，而马化腾则希望自己搞出的东西被更多的人应用，也愿意扮演一个将技术推向市场的小角色。这种理智冷静的天性也为他本人带来了不菲的收益。其实，早在1994年，马化腾就已经是一个小小的富翁了。他真正意义上的第一桶金来自股市。1994年入市的马化腾在股市上如鱼得水，手头很快就有了百万资金。这也为他独立创业打下了基础。

▌创业智慧

1. 了解自己

马化腾在创办和经营腾讯的时候，总是小心翼翼地追问自己三个问题，而这"三问"准确地揭示了马化腾的经营哲学理念。

2. 做擅长的领域

马化腾凭着对网络市场一种朦胧却又相当有预见性的理解，用近乎偏执的兴趣和近乎狂热的工作热情搭起腾讯的架子，牢固坚持以技术为核心的公司理念，极端专注于技术开发和提升质量，当然能高出对手一筹。

3. 考虑用户会损失什么

做软件工程师的经历使马化腾明白，开发软件的意义就在于实用，而不是写作者的自娱自乐："其实我只是个很爱网络生活的人，知道网迷最需要什么，所以为自己和他们开发最有用的东西，如此而已。"

4. 明确自己的竞争优势

QQ最早只是作为公司的一个副产品存在的，马化腾对QQ所蕴含的巨大市场价值并没有足够的认识。而且无论从技术上还是资金上，他对自己究竟能保持多大的竞争优势并没有把握。当时腾讯所采取的策略是"三管齐下"：一方面继续巩固传统网络寻呼系统带来的大量利润；一方面将精力更多集中在改进QQ功能和开发新版本上；一方面寻找风险投资的支持。事实证明，这样的策略是正确的。

5. 注重创新

在关于营造良好自主创新环境的提案中，马化腾认为实现目标一方面要提升企业创新能力，壮大创新主体，另一方面要发挥政府制度保障作用，营造创新环境。

案例研讨

1. 角色扮演

（1）事实上，我从业多年一直认为，最关键的还是人才的培养，一个企业未来能走多远、产品能够为用户创造多大的价值，更多都体现在对员工和骨干梯队的人才培养上。你是怎样理解的？

（2）你如果是马化腾的角色，你是如何考虑腾讯公司的发展的？

2. 案例分析

（1）马化腾说：在创新方面，腾讯每年投入没有一个具体的数字，但是从研发人员占整个公司员工的比例来看，在整个行业是最高的。目前接近一半都是开发、研发人员，腾讯有超过 2000 名研发人员，在我们的基础性研究、平台、产品方面的投入力度，未来还会加大，只会多不会少。如果你有自己的公司，你是怎样认为的呢？

（2）马化腾说到社会责任、腾讯影响力等一些问题，你是怎样理解一个企业的社会责任的？

3. 选择思考

（1）通过本案例的学习，你认为马化腾的成功取决于哪些因素？

（2）马化腾在创办和经营腾讯的时候，总是小心翼翼地追问自己三个问题。

一问：这个新的领域你是不是擅长？

二问：如果你不做，用户会损失什么吗？

三问：如果做了，在这个新的项目中自己能保持多大的竞争优势？

请按照你的企业，考虑一下这三个问题。

背景资料

马化腾，1971 年生，广东汕头人，腾讯主要创办人之一，腾讯公司董事会主席兼 CEO。从深圳大学计算机专业毕业后进入润迅通信发展有限公司，从软件工程师一直到开发部主管。1998 年 11 月在深圳创办腾讯公司，被称为 "QQ 之父"。2009 年马化腾当选中国经济十年商业领袖，腾讯入选《财富》"全球最受尊敬 50 家公司"。2012 年以 403.2 亿元位列 "福布斯中国富豪排行榜" 第四位。

▎马化腾的创业经

1. 让用户上网第一件事就是打开 QQ，这是我的目标。

2. 请大家一定要把 "用户第一" 铭记心中。

3. 坚持有价值的服务必有回报，杜绝任何投机行为。

4. 同质化的竞争环境下，决定竞争差距的关键因素就是执行力和创新的强弱。

5. 腾讯的成功是一连串偶然机会的集合，靠的是在探索路上，善于接招。

6. 我幸运自己来到了深圳，并在此创业获得了成功，是深圳这个年轻而富于激情和梦想的城市，成就了腾讯，成就了我。

7. 专注做自己擅长的事情。

8. 在前进的过程中，发现机会就要立刻去把握它，要有敏锐的市场感觉，这给过我们压力，却也是我们成功的契机。

9. 作为领导者，需要胆魄、胸怀、眼光，其中眼光最重要。

第二篇　中国式创业
——最宝贵的国家财富，最精彩的人生历程

案例 12

屹立 80 年而不倒的商业传奇

——王永庆的创业故事

▌案例摘要

王永庆是现代商业史上一颗熠熠生辉的巨星。人们尊他为"产业之父"，敬他为"经营之神"，这不仅在于他凭借自己的聪明才智和艰苦努力取得了商业领域的骄人业绩，还在于他拥有一套独特的投资和经营绝学；不仅在于他不畏荆棘和险滩，勇往直前的创业精神，还在于他勤劳朴实的奋斗精神和慷慨捐献的优良品德。他从一家米店起家，到后来旗下拥有号称"台塑四宝"的台塑、南亚、台化、台塑化四家企业，后来又增加福懋及南科、华亚科与南电，台塑集团上市公司由"四宝"、"六宝"增为"八宝"，2007 年台塑胜高科技与福懋科技又成为第九与第十宝，台塑集团跨足医疗业、生化科技业、火力发电厂、汽车业、石化业、电子业、硅晶圆、厨余回收等大型产业。2006 年产值直逼 2 兆新台币，占台湾一年的总产值约 7%。

2008 年 10 月 16 日，王永庆辞世，享年 92 岁。作为台湾第一代企业家的教父级人物，王永庆的辞世震撼了台湾。他的离开，也给庞大的台塑帝国、台湾民众及整个华人经济圈留下了一段空白。因此，在本案例中，我们不仅可以学习到王永庆的商业智慧，而且他的创业精神也会深深地鼓舞着我们，同时他的处世哲学也会成为我们学习的榜样。

案例故事

从放牛娃到米店老板

王永庆的祖籍在福建省安溪县，一家人过着十分艰难的生活，几代人都以种茶为生，只能勉强糊口。王永庆的父亲王长庚整日照看茶园，微薄的收入勉强支撑着一个家庭的正常开销。王永庆 9 岁那年，王长庚不幸患病只得卧床休养，王永庆找到一份放牛的工作，开始用自己瘦小的肩膀帮助母亲分担生活的重担。15 岁那年，王永庆小学毕业，先到茶园做杂工，后到台湾南部嘉义县的一家小米店当了一年学徒。第二年，王永庆作出人生中第一个重要决定，开米店自己当老板，启动资金则是父亲向别人借来的 200 块钱。问题随之而来，王永庆的米店开张后生意惨淡，原因是隔壁的日本米店具有竞争优势，而城里的其他米店又有一些长期的老顾客。不过，16 岁的王永庆展现了超强的营销能力，不仅挨家挨户上门推销自己的大米，而且还免费给居民掏陈米、洗米缸，按现在的营销学来说，王永庆向嘉义县老百姓提供的是针对性极强的个性化服务，在维系客户关系上逐渐占了上风。

几家工厂接连开张又接连关张

回首王永庆走过的创业之路，里面充满了太多的艰辛与苦涩。在他的苦心经营下，他的米店和碾米厂都获得了成功。王永庆诚信经营，童叟无欺，深受同行敬重，已成了嘉义市举足轻重的人物。然而，就在王永庆踌躇满志，准备扩大经营时，台湾的大环境却发生了急剧的变化，这一变化，深深地影响了王永庆和其他经营者甚至是所有台湾人的生活。当时，日本帝国主义扩大了侵略战争，加紧了对中国台湾的掠夺，它们强行规定一切人力、物力都要优先供应战争所需，导致整个台湾物资极度匮乏。在无法改变大环境的情况下，王永庆的米店和碾米厂只好关门歇业。在两年时间内，王永庆的事业接连遭受重挫，但是这些挫折并没有消耗掉他的斗志，重新调整自己的心态后，王永庆开始寻找新的创业机会，经过考察市场，他发现从事木材生意前景比较好，他意外地结识了建南汽车货运公司的老板林先生。林先生在了解王永庆的几次创业经历后，认为他是个不可多得的经营奇才，便决定帮助王永庆，借给他一笔钱用来做木材生意。但是，由于王永庆自身对经营木材没有经验，而且这一行业早就被日本人操纵，中国人一般只能做辅助性工作，因此，他的木材事业刚一开业，就举步维艰，陷入了困境，最后连林先生的借款都还不上了。

再次涉足木材行业喜获硕果

经历了上次的失败后，王永庆并没有认输，重新调整好心态后的王永庆，又来到了那位曾支持他做木材生意的林先生的家。他对上次亏本的事表示了真诚的歉意，并分析了自己失败的原因，最后说明了自己还想继续创业的想法。林先生很欣赏王永庆那股愈挫愈勇的精神，他没有批评王永庆，反而又拿出一笔钱来支持他，让王永庆继续经营木材生意。在林先生的再次资助下，王永庆又一次涉足木材行业，这次，他更加谨慎，不敢有丝毫大意。为了掌握木材生意的诀窍，他不辞辛苦，亲自到嘉义的阿里山林场、丰原的大雪山林场、罗东的太平山林场等。他和伐木工人交谈，和林场负责人亲自沟通，一段时间后，他对整个木材行业已经相当熟悉。但是，当时民间购买木材的能力并不强，因为战争的影响，加上日本人垄断性经营，在较长一段时间里，王永庆只是维持着生意，并没有获得多少利润。然而，王永庆是个有心人，在这段时间里，他积累了丰富的木材经营经验，为后来把事业做大打下了坚实的基础。1945 年，日本宣布无条件投降，台湾重新回到祖国怀抱，王永庆在和人们一起欢呼的同时，也从中看到了商机。日本侵略者撤出后，台湾百废待兴，这就带动了木材业的发展，王永庆的木材生意也日渐转好。面对市场的需求，他利用自己的优势，以及这几年来积累的丰富经验，在短短的几年里，便获得了丰厚的利润。到 30 岁时，王永庆的身价超过 5000 万元台币，正是靠着这笔巨大的财富作为支撑，他的事业迅速发展起来。

王永庆缔造 "台塑王国"

随着经营木材业的商家越来越多，竞争也越来越激烈。王永庆毅然决定退出木材行业。50 年代初，台湾急需发展的几大行业，是纺织、水泥、塑胶等工业。当时台湾的化学工业中有地位、有影响的企业家是何义，可是何义到国外考察后，认为台湾的塑胶产品无论如何也竞争不过日本的产品，所以不愿向台湾的塑胶工业投资。出人意料的是，当时还是个名不见经传的普通商人王永庆，却主动表示愿意投资塑胶业。消息传出，王永庆的朋友都认为王永庆是想发财想昏了头，纷纷劝他放弃这种异想天开的决定。当地一个有名的化学家，公然嘲笑王永庆根本不知道塑胶为何物，开办塑胶厂肯定要倾家荡产。其实，王永庆作出这个大胆的决定，并不是心血来潮，铤而走险。他事先已经进行了周密的分析研究，虽然他对塑胶工业还是外行，但他向许多专家、学者去讨教，还拜访了不少有名的实业家，对市场情况做了深入细致的调查，甚至已私下去日本考察过。1954 年，他和商人赵廷箴合作，筹措了 50 万美元的资金，创办了台湾岛上第一家塑胶公司。在公司建成投产后，的确如人们所料出现了经营上的困难，但是精明过人的王永庆，在其他合伙人纷纷退出的情形下，背水一战，变卖了自己的全部财产，买下了公司的全部产权，使台塑公司成为他独资经营的产业。后来由于王永庆强大的自信心、独到的眼光和独特的经营能力，王永庆的第一次塑胶事业就这样成功了。目前，台塑集团经营范围十分广泛，包括炼油、石化原料、塑料加工、纤维、纺织、电子材料、半导体、汽车、发电、机械、运输、生物科技、教育与医疗事业等。尤其是在石化工业领域，建立起从原油进口、运输、冶炼、裂解、加工制造到成品油零售等一体化的完整产业链，这在台湾是独一无二的企业集团。台塑集团下辖 9 个公司、员工总数超过 7 万人，资产总额达 1.5 万亿元新台币。

持续关注慈善事业的老人与世长辞

王永庆事业成功后，基于回报社会的人生目标与生活态度，王永庆除了捐献大量财物之外，还创办了明志工专，成立明德基金会生活素质研究中心等有形的、持久的、使广大社会群众受益的公共事业。可以说，王永庆是真正用心在回报社会。另外，王永庆以纪念父亲王长庚而创办的长庚医院，是台湾医学中心级大型医院。长庚医院拥有近万张病床，门诊每年达 600 万人次（2003 年），为台湾最具经营绩效、规模最大的医院。在大陆，王永庆也做了许多真正意义上的公益事业，从 2004 年起开始有计划地捐赠大陆教育事业，项目金额达 30 亿元，四川汶川大地震后，台塑集团捐助 1 亿元人民币，而王永庆以个人名义捐助 1 亿元人民币，成为当时个人捐助最大的一笔善款，受到了海内外人士的一致肯定和赞誉。

2006 年 6 月 5 日王永庆以 90 岁高龄正式宣布交棒，由其胞弟王永在的长子王文渊担任集团行政中心总裁, 王永庆女儿王瑞华出任集团行政中心副总裁, 台塑集团正式步入第二代经营。 2008 年 10 月, 台塑集团创办人王永庆赴台塑美国视察, 突发疾病, 于美国时间 2008 年 10 月 15 日凌晨在睡眠中安详辞世, 享年 92 岁。 王永庆辞世的消息, 台塑员工是在 16 日一早上班才知道的, 虽然员工照常办公, 不过许多台塑老臣难掩神色哀戚, 甚至掉下泪来, 社会各界人士也纷纷沉痛哀悼, 并高度评价王永庆的一生。

▍创业智慧

1. "点点滴滴求合理" 的合理化管理模式

王永庆被称作 "经营之神"、 "管理之神", 他的管理模式经历了经济低速和高速两种经济增长方式的检验, 其核心是 "大处着眼, 小处着手, 一切从根本做起"、 "点点滴滴求合理" 的合理化管理模式。 在这种模式应用的实践中, 其具体表现是, 台塑分别在两种经济增长方式下先后透过长期解决并去除管理异常后所形成的一套经营机制, 经过多年的摸索和锤炼, 才终于找到了适合自己的生产组织和管理方式的 "合理化"。 王永庆做事认真, 追求合理, 令众人佩服, 同样也是很多企业家所不能相比的。 王永庆认为, 台塑企业的管理既不属于日本式的管理模式, 也不一味追随美国式的管理。 正如王永庆所说: "管理无所谓哪一种形式, 最重要的是有效, 一切事务皆合理化。" 这种合理化的经营模式, 在台塑企业中就像呼吸空气一样的自然, 每一件事情都按照这个原则去推动。

2. 成功的多元化经营

王永庆曾经说过: "即使市场萎缩一半, 我们还站在具有购买力的另一半市场上。" 对于企业是采取单一化经营还是多元化经营的争论现在都没有停止过, 而王永庆因为勇往直前, 懂得多元化经营, 逐渐把事业做得越来越大, 越来越强。 当王永庆在塑胶行业风生水起时, 他并没有满足于在台湾岛内做 "第一", 而是不断涉足新的领域。 他凭借雄厚的实力和经营才能, 不断冲破外界的阻力, 稳步发展, 在台湾企业中独领风骚。 我们可以想象, 假如王永庆只做塑胶生意, 他可能成为台湾的 "塑胶大王", 但很难成为整个行业中的翘楚; 如果他不进入电子科技行业，他的公司后来就难以成为台湾电子半导体产业王国；如果不是涉足了那么多行业，在历次世界性的金融危机中，他的公司就有可能难以渡过难关，更不用说发展壮大了。正因为他高瞻远瞩，能够果断地进入各个行业，才使台塑集团这艘大船能够在惊涛骇浪中安全航行。王永庆多元化经营的模式，是值得各个行业的企业家们学习的。

3. 不墨守成规，主动求变

在竞争越来越激烈的今天，作为一名企业家，如果只守着已有的事业，不去拓展新的市场，不去开发新的项目，那么他的企业就没有竞争力、生命力了。所以要想在竞争中立于不败之地，就应该有勇气打破常规，突破传统思想的束缚，并在经营企业的过程中以一种全新的思维方式来思考问题。王永庆多年苦心经营台塑，终于攀上石化业的巅峰，成为一位享誉世界的卓越的企业家。这时候，他年事已高，按照一般人的思维，他的经营方针应该是开始守业、求稳。但出乎意料的是，他没有墨守成规，而是主动求变，他没有去努力保持企业的稳定发展，而是将目光投向了一个他以前没有涉及的地方——高科技领域。其实，王永庆并没有受过良好的教育，是个高科技领域的门外汉。但是，墨守成规不是王永庆的性格，他永不停止对更高目标的追求，这是他从传统制造业进军高科技的最大动力。

4. 保持"追根究底"的态度

几十年来，全球化工行业一直把王永庆尊为"经营之神"，其经营之道更是备受推崇，很多台湾企业家都将王永庆的管理经验当做最实用的教科书。"追根究底"的理念反映出王永庆对事业的严谨务实的态度。它表现出来的也就是面对问题一定要追究到水落石出，否则决不罢休。通过"追根究底"的方式，人们可以发现事物的本源和难题的症结，从而找出解决问题的办法。关于"追根究底"，王永庆曾经打过这样一个形象的比喻：河里的水如果浑浊了，我们想要找到它的原因，那么我们必须逆流而上，一直追溯到河流的源头处，才能找到问题的所在。王永庆在生活和做企业上，始终具有一种打破沙锅问到底、不达目的不罢休的工作作风。据说，台塑集团的主管人员最怕"午餐汇报"。王永庆每天中午都在公司里吃一盒便饭，用餐后便在会议室里召见各单位主管，先听他们的报告，然后提出很多犀利而又细微的问题。其势咄咄逼人，若不准备充分，随时会被问倒，连美国人也怕他，因为他的确有一套。因此，王永庆认为，追根溯源本来就是处事的原则。经营管理要进行追根究底，必须从根源处去追求。

5. 恰到好处的压力管理

王永庆从多年的经营管理实践中，总结出一套实用理论，其中最为精辟的是"压力管理"。所谓压力管理，就是在认为压力逼迫下的管理之道。具体地说，就是人为地造成企业整体及所有从业人员存在紧迫感。"一勤天下无难事"，王永庆始终对此深信不疑，他认为承受适度的压力，甚至主动迎接挑战，更能充分体现出一个人的旺盛生命力，因此，无论对人还是对己，王永庆都提倡严格要求。他本人每周工作100小时以上，也要求主管人员一周工作70小时，生产线上的工人坚持8小时工作制，甚至还要加班加点。在王永庆看来，没有压力，不继续努力，就要落后。他说："好，好不过三代，这是有道理的，有压力感，觉得还不够好，做出苦味来，才会不断进步，一放松就不行了。"由于王永庆的高标准、严要求，在台塑集团，不论是公司的高层，还是普通的员工，都有一种紧迫感、责任感。台塑集团能够成为世界上最卓越的企业之一，可以说是在高强度的压力下"打造"出来的。压力管理的同时也要有动力管理，王永庆深谙此理，他在管理的过程中非常重视建立健全激励机制，调动了员工的工作热情和内在潜力，为企业创造了巨大的效益。

6. 积累好的人脉关系

在王永庆的成功历程中，朋友永远都是一个不可忽视的话题。王永庆的成功，并不是依靠他自身的力量。他广结善缘，积累一套遍及各个行业的人脉网络，能充分发挥朋友的力量，互惠互利，从而实现共赢。可以毫不夸张地说，王永庆的成功，就是他的人脉的成功。1946年，王永庆投资建设台湾规模最大的碾米厂，由于他轻车熟路，人缘又好，社会需求又大，王永庆赚到了5000万元台币。在王永庆创业的早期，他的力量还很微弱，虽然有远大的抱负，但是没有足够的资金和信誉，在这种情况下，王永庆没有退缩，在他的悉心经营下，很多有识之士都成为他的好朋友，并在他的事业稳步上升的时候给了他很大的支持。多一个朋友，必定可以多为你带来一个财富机会，所以千万不要忽视和放弃与身边人建立人脉的好机会。你所认识的每一个人都有可能成为你生命中的贵人，成为你事业中重要的支撑。不过，任何一个人脉关系都不是凭空而降的，需要靠自己的积累和经营，需要你在适当的时候懂得付出。生活中那些事业上的成功者，大多都拥有建立人脉的能力。一个人想要有所成就，就必须重视人际关系，尤其是创业初期的年轻人更应该重视这个方面。

▌案例研讨

1. 角色扮演

（1）在商界，王永庆是出了名的节约典范。王永庆出身于贫寒家庭，选择从零做起，完全靠勤奋吃苦起家，在拥有巨额财富后，依然保持着节俭的好习惯。如果你是王永庆，当年在坐拥"台塑帝国"后，会在吃穿住用行方面依然崇尚节俭吗？

（2）王永庆在70岁的时候说过："我们在活着的时候，要时时提醒自己，这样我们就可以放开胸怀，趁活着的时候，多做点对社会大众有意义的事。"如果你是王永庆，会资助贫困地区兴建小学吗，会在四川汶川大地震后捐赠巨额善款吗？

2. 案例分析

（1）王永庆曾经说过，我看到很多年轻人刚刚到社会上，就要很快地冲，想很快得到很大的成就，结果大部分是失败的，成功的很少。王永庆创建的"台塑王国"80年屹立不倒，请结合王永庆的创业过程，分析为什么中国的企业大多短命？

（2）请结合本案例中王永庆的创业史阐述成功的企业家应具备什么样的素质和能力。

（3）王永庆关于"客户至上"的理念，有一个绝妙的比喻。王永庆以付钱和收钱来说明客户的重要性。他指出，付钱的（指客户）一定是拿着钱在上面，收钱的（指卖方）一定是伸手在底下接，手在底下接钱是表示有礼貌；绝对没有倒过来的，倒过来就拿不起来了。同时，我们也应该看到，过于迁就顾客，会给企业带来额外的成本和负担。请以你企业的实际情况分析，你认为顾客是上帝，还是刁民？

3. 选择思考

（1）在现实生活中，有很多人想改变自己的命运，想有一番作为，拥有自己的一份事业。 但是他们却最终选择了退缩， 因为他们会想： "我没有资金"、 "我没有好的项目"、 "我没有经验"、 "万一失败了怎么办"， 在这些消极思想的影响下， 他们会止步不前。 请思考： 一直都想创业的你， 为什么迟迟没有创业？ 到底是哪些因素在阻碍着你。

（2） 世界是变化的， 旧的传统与习惯不断地被抛弃， 新生事物不断涌现。 每一次变化， 都使一批人、 一批企业兴起， 而使另一批人、 另一批企业沉沦。 要想在不断变化的世界中不断成长， 必须具有超前的眼光， 顺应时代潮流， 不断抛弃那些过时的东西。 请就你自己的企业谈一谈创新对于企业发展壮大的重要意义。

（3） 企业发展到一定规模之后， 在企业管理机制和管理职能等诸多方面， 不知不觉地滋生阻碍企业继续发展的种种危机， 这是使企业逐步走向倒退甚至衰败的一种慢性综合病症。 大企业病曾经病倒了许多企业，其中不乏许多曾经声名显赫的大公司。 根据管理学的理论， 分析大企业病的成因以及应该如何防止大企业病。

▌背景资料

1917 年 1 月 18 日， 王永庆出生在台北县新店， 父亲是茶农王长庚。1932 年， 15 岁的王永庆被父亲送到嘉义的米店当学徒， 1 年后， 他向父亲商借 200 元旧台币创业。 1943 年， 王永庆转向木材生意， 在第二次世界大战景气复苏下， 木材生意让他赚进 5000 万元旧台币。 1954 年， 王永庆成立福懋塑料公司， 生产 PVC。 1957 年 4 月， 福懋塑料公司开始生产， 每天生产 4 吨 PVC， 随后更名为台湾塑料公司， 简称台塑。 1958年， 王永庆成立 "南亚塑料" 公司直接作为台塑产品的下游加工与销售业者。 1978 年 12 月 1 日， 林口长庚医院开业， 为亚洲地区最大医院。1980 年， 王永庆为解决 PVC 原料短缺问题， 并购美国德州的一家石化公司； 在他的重整下， 成为全世界最大的 PVC 工厂。 1983 年， 王永庆成立南亚电路板项目组， 首度跨足电子产业。 1993 年， 台塑成为全世界最大的 PVC 生产业者， "南亚" 成为全球最大的 PVC 加工业者。 2000 年 9月 2 日， 台塑石化公司油品全面上市， 正式供应全省加油站， 成为台湾第一家民营油品制造业者。 2003 年 5 月， 台塑宣布 "六轻" 第四期计划启动， 预计投入 1200 亿元新台币， "六轻" 一至四期总计投入超过

6500 亿元新台币。 2006 年 6 月 5 日， 王永庆指示成立台塑企业行政中心， 以 90 岁高龄正式宣布交棒。 2008 年王永庆在美国时间 10 月 15 日上午于美国过世， 享寿 92 岁。

王永庆的创业经

1. 天下的事情， 没有轻轻松松、 舒舒服服让你能获得的， 凡事一定要经过苦心追求， 才能真正明了其中的奥妙而有所收获。

2. 追求舒适与快乐的代价， 就是刻苦耐劳。

3. 一根火柴不过一毛钱， 一栋房子价值数百万， 但一根火柴可以烧毁一栋房子。

4. 要挖洞， 就要挖大洞； 要借钱， 就要借大钱， 不要到处借小钱。

5. 我个人认为， 我们输给人家的地方是生活以及工作的观念和态度。

6. 今天我能在事业上有一点成就， 主要是我对所认定的目标全力以赴， 认真学习先进的科学技术知识， 决不以任何理由退缩和迟缓。

7. 善待客户、 善待员工、 善待社会、 善待自然。

案例 13

敢想有创新，敢干有行动
——朱新礼的创业故事

▌案例摘要

很多人都能代表鲁商，但在我们看来，朱新礼代表了鲁商群体中最具活力的那一部分。山东人血脉里始终有着忠厚仁义、谦和忍让、吃苦耐劳的优秀品质，奠定了"比实干、比实力"的现代经商意识。与此同时，他又是一个具有足够商业智慧的人，当他受制于资本，可以为了发展不惜出让企业控制权。而为了摆脱危机，他可以不惜对赌，表现出了山东人身上足够的刚毅和决绝。在汇源董事长朱新礼看来钱一直都是不重要的。在长期的资本运营的实践中，吃亏有之，赚钱也有之。汇源集团董事长朱新礼的经历告诉我们赚钱不是最终目的，实现人生的价值才是目的。

▌案例故事

从种葡萄开始的农民带头人

朱新礼出生于 1952 年 5 月，1992 年之前，朱新礼的舞台只有一个村那么大。在他出生的那个沂蒙山区四县交界处的普通农村，全村 800 户人家、3000 口人，人均土地只有半亩，几十年靠着政府救济。

20 世纪 80 年代初，改革大潮席卷中国农村，三十出头的朱新礼被村民们推选为致富带头人。他没有像别的村干部那样带领着大伙种玉米、种小麦，而是带领乡亲们把全部的土地种上了葡萄。几辈人都是种庄稼的村民们不理解他的做法，担心、害怕、埋怨。

顶着巨大压力，朱新礼借钱买回了葡萄苗，请了技术员，还曾经一个月内八次亲自驾驶大客车带着乡亲们去平度大泽山参观学习种植葡萄的经验和技术。一亩地种玉米收入一二百元，一亩地的葡萄却能赚回5000元，朱新礼看准的就是这一点。就这样，一个承包三四亩地的农民轻易成为了万元户——这可是当地第一个万元户，让其他村子羡慕不已。

初战告捷的朱村长还在村里先后办起了27个村办企业，将大部分剩余劳力转移过去。6年后，这个沂蒙山区贫穷的村庄，出现了400多个万元户。朱新礼也荣获了省级劳模、优秀共产党员等各项殊荣。

而朱村长也因为提倡种葡萄得到了全国劳模荣誉。这一个在今天看来无可厚非的荣誉在当时的环境却给朱新礼带来了麻烦。有人一口气把他告到了山东省政府，理由是：农民以粮为天，朱新礼不务正业，让农民把地都种成葡萄了！

种葡萄带来的荣誉又是因为种葡萄被弄了，朱新礼为此还付出了更大代价，他的名字从人大代表的名单中划掉。

朱新礼对此却不以为然，"那是虚的，农民的收入才是实的。"

而更为有意思的是，朱新礼15年后回家乡时看到了一份县里的红头文件，号召要大力发展葡萄。1998年的葡萄价格是1斤4毛多，比起1983年来已经不是"值钱"的水果。

因"发展是硬道理"走上创业之路

汇源老总朱新礼担任过农村党支部书记、县外经委副主任等职，作为一名常年工作在基层的党员干部，对农村、对果农有着浓浓的眷恋之情，更为"三农"问题长期得不到解决而深感忧虑。1992年，邓小平发表南方谈话。那时候朱新礼40岁。小平这次讲话最重要的是"发展才是硬道理"，提出首先要发展经济。这句话深深地鼓励了朱新礼走上创业之路。他认为这是非常重要的机会，在发展经济的时候，我不应该再挤在从政当官这条路上。如果我错过这个机会，可能我一生就这样默默地失去了我的价值了，所以我就毅然地辞去了这不大不小的一个官，走上了创业之路。他认为当时中国最缺的是企业家，最不缺的是官员，1992年6月朱新礼辞去公职创业。

阴差阳错，结缘罐头厂

作出创业的决定之后，朱新礼怀着勇气和冒险精神，做的第一件事就是找到县委书记辞职，并请求他给一个企业，全县最差的企业、倒闭的企业、关门的企业。结果朱新礼接手了一个负债千万元、停产三年、已经倒闭的县办罐头厂。面对这样一个场子，朱新礼没有泄气，开始发挥他的聪明智慧。朱新礼首先了解为什么罐头卖不出去，他跑到烟台去，烟台总工程师告诉他，当年朝鲜志愿军就吃这个罐头，之所以现在的罐头厂没有出路是因为现在欧洲有一种浓缩果汁特别畅销。欧美国家的果汁饮料市场非常发达，他们喝健康饮料，喝很多果汁。超市货架上全是卖果汁的，老百姓家里打开冰箱，很大一片全是果汁和果汁饮料。听到工程师的话后朱新礼就想，为何不把罐头厂改造成果汁厂？于是从那时候开始，朱新礼就把罐头改造成浓缩果汁进行出口。然后1996年、1997年做果汁饮料做到现在，阴错阳差地就走进了这个行业。

汇源果汁叫响全世界

刚接手企业的时候工人吃饭的钱都没有，去银行贷款更是困难，因为人家看不起你，不信任你。朱新礼就用补偿贸易的方法，用外国人的设备去挣外国人的钱。1993年，第一批浓缩苹果汁生产出来了，朱新礼只身一人带着样品，背着煎饼去德国参加食品展。请不起翻译，就请朋友在国外读书的孩子客串帮忙；没钱吃饭，每天在宾馆用煎饼充饥。优质的产品连同朱新礼的真诚，终于打动了外国公司。第一批价值500万美元的订单拿回来时，许多人仍不敢相信这是事实。初尝胜果，朱新礼并没有就此而止。1994年，朱新礼带领不到30人的队伍来到北京顺义安营扎寨。亲人和员工十分不理解：刚过了几天安稳舒服的日子，又到人生地不熟的北京创业，岂不是冒险！但朱新礼有他的想法：要想为广大果农带来更多实惠，就要把事业做大；要想把事业做大，就要走出大山。北京独特的地理、交通、信息、人才、市场优势，是一展身手的最好选择。朱新礼讲述了他当年的想法："风险肯定有，但怕风险，一辈子也成不了大事。"在北京创业的日子里，30多个人，夜间是车间工人，白天是营销人员。几辆老掉牙的破旧面包车，跑遍了北京的大街小巷。虽然困难重重，朱新礼却信心百倍。因为他坚信自己的选择，坚信自己的产品。经过坚持不懈的努力，汇源果汁终于叩开了北京市场的大门。从此，汇源的名字叫响了京城，叫响了全国，叫响了世界。

为果农做贡献，冒险也值

随着企业名声变大，汇源面临着进一步的合作。1998年以来，各地政府、企业，甚至国外企业来找汇源投资、合作的络绎不绝。对此，集团内部曾有两种截然不同的意见：一种是审慎行事，稳扎稳打；一种是快速出击，加快发展。正在艰难抉择的时候，朱新礼看到了长白山区那漫山的苹果梨，看到了山西右玉那殷红的沙棘果，看到了河北保定那一望无际的草莓，看到了重庆那几十万亩柑橘林。朱新礼产生了一种难以名状的冲动和激情。朱新礼了解果农，知道那种丰产不丰收的滋味，了解他们渴望脱贫致富的心情。朱新礼觉得自己作为一名共产党员，有责任、有义务尽自己所能，去解除果农们的忧愁。这些年来，朱新礼带领着汇源集团，先后在经济欠发达的河北保定、山西右玉、吉林延边、湖北黄冈、陕西咸阳、重庆万州等地投资建厂。尽管有风险，尽管有的厂确实见效比较慢，但真正能为"三农"做点贡献，朱新礼认为"冒风险也值"。

重庆万州是三峡库区移民最多、淹没土地最多的地方。汇源是北京市第一个在库区投资建厂的企业。一方面是因为国务院三建委和地方政府的邀请，更重要的是，看到库区移民期待的目光，朱新礼认为任何一个有责任心的人都会按捺不住。目前，投资 1.9 亿元的首期 30 万吨柑橘加工项目已竣工。计划 20 万亩的柑橘种植基地已实施 5 万亩。这个项目投资大、见效慢，但它真正利国利民。全部项目建成后，可以解决 20 万库区农民的出路问题。同时，实行柑橘加工国产化，还可以结束橙浓缩汁长期依赖进口的局面。这个项目深得党和国家重视，吴邦国、温家宝、曾培炎等党和国家领导人都先后亲临视察，给予了很高的评价和具体指导。

多年奋斗，成功创建中国最大的果汁生产企业

经过十一年的努力奋斗，朱新礼同志创建了中国最大的果汁生产企业——汇源集团，在北京、上海、重庆、四川、山东、河南、湖北、江西、山西、河北、吉林、黑龙江、内蒙古、广西等 15 个省、自治区、直辖市建立了 21 座现代化工厂，在全国各地拥有 160 余家销售公司。十一年累计销售收入 70 多亿元，上缴国家各种税金超过 7 亿元，累计加工消化掉各种水果蔬菜 380 万吨，近百万果农从中获利 20 亿元，7 万多吨浓缩果汁和果汁饮料出口到 10 多个国家，创汇 7500 万美元。实现了企业"生产规模化、营销网络化、管理现代化、产品多元化"的发展战略目标，为发展我国绿色高效环保型生态农业和农产品深加工业作出了突出贡献。

创业智慧

1. 从不可能开始

朱新礼的创业故事，是从向政府要求得到一家最差的企业开始的。他如愿了，得到了一个背了一身债的罐头厂。从这个看来，朱新礼进入饮料行业，起点实在是不高。但一个不怎样的罐头厂，都能做成一个行业老大的果汁企业，不能不说他身上有着企业家的非凡禀赋。从山东到北京，从北京到世界，朱新礼不断地把目标往高了挑，也一步一步实现了自己的目标，靠的是要做一番事业的雄心和克服千难万险的意志，这也应该是一个企业家成功的必备基因。

2. 顶峰之舞重在专注

许许多多的创业者都是在取得成功的时候把企业经营转向多元化，而朱新礼却始终专注于果汁的事业，从最初"想致富，种果树"的改革大潮理念到今天，他依然专注于农业，专注于农民的致富事业，这是作为农民出身的企业家独特的精神和智慧。

3. 先是统一，后有达能

朱新礼是一个有智慧的人。他受制于资本，可以为了发展不惜出让控股权；为了摆脱危机，也可以不惜对赌，敢冒输了就有可能完全失去汇源的风险。朱新礼向全球产业巨头开放股权，对任何一个中国企业尤其是民营企业来说，这个过程都是充满凶险意味的。但朱新礼为什么这样做呢？他其实有着强烈的希望借助这些巨头来做强汇源的决心。所以他的资本故事，也一次比一次来得凶险。

案例研讨

1. 角色扮演

（1）朱新礼最初是一名国家公务员，是一名干部，但是朱新礼放弃了仕途，选择了创业。如果是你，你会怎么选择？会觉得当官重要还是通过创业实现人生价值重要？

（2）随着汇源名声变大，企业面临进一步合作，当企业面临艰难选择时朱新礼不顾风险，投资经济欠发达地区，如果是你，你会不顾企业风险，为"三农"做贡献吗？

2. 案例分析

（1）在朱新礼刚接手一个负债千万元已经倒闭的罐头厂时，多数人都会束手无策，但朱新礼并没有灰心。他利用自己的智慧和敢于冒险的精神将罐头厂改为生产浓缩果汁，最终成功创建汇源集团。如果你遇到这样的情况，你会怎么做？

（2）2001 年，为了企业发展，朱新礼向德隆出让了 51% 的汇源股权。三年后，朱新礼察觉到德隆有危险，不惜以"对赌"方式和德隆做最后一搏：谁先拿出购买对方股权的资金，谁就拥有汇源。在惊出一身冷汗后，朱新礼的汇源终于成为在德隆危机中全身而退的唯一一家企业。请结合自己所学谈谈你对这个案例的看法？

3. 选择思考

（1）通过本案例的学习，你觉得朱新礼的创业成功是由哪些因素决定的？

（2）创业者的心理特征分为成就需求、风险承担倾向、控制欲。对此，如果你是一个创业者，请对照这三点做一个自我评价。

（3）从创业的动机看，创业分为自下而上型创业和机会型创业，中国的创业与国际主流相背，中国的创业以自下而上型创业为主，这表明中国的创业者主要在现有市场和创造的市场上捕捉机会，中国政府在制定创业政策上激励创新，培育创业者的创新能力和创业能力。你怎么看待我国创业的动机多为自下而上型创业这一问题？请举例说明。

背景资料

朱新礼，1952 年生，山东人，原是山东省沂源县外经委副主任，1992 年担任了山东一濒临倒闭的县办水果罐头厂厂长，并在 1993 年将公司主营业务转为生产浓缩果汁，由于填补了当时的市场空白，因此企业开始迅速做大。1993 年初在德国食品博览会上签下 500 万美元合同，由此掘得第一桶金。1994 年创立北京汇源饮料食品集团有限公司，任党委书记、董事长兼总裁。1999 年，朱新礼将汇源集团的主要资产与新疆德隆成立了合资公司。由于获得德隆的资金支持，2 年的时间里汇源累计投资 20 亿元在全国新增了 20 家生产基地，企业超速发展。2003 年的时候汇源果汁已经占据了 23% 的全国市场份额。2003 年，朱新礼回购了德隆在汇源的股份。2009 年 3 月，朱新礼又分拆汇源果汁部分资产与统一集团在开曼群岛成立合资公司——中国汇源果汁控股，其中统一出资 2.5 亿元占 5% 的股份。中国汇源果汁控股 2010 年实现销售收入达到 26 亿元，利润 2 亿元以上。目前，由朱新礼创立的汇源已成为中国果汁行业第一品牌。

朱新礼的创业经

1. 先做人，后做事；会做人，才能做好事。

2. 人活着就要奋斗，不奋斗就失去了人生价值。

3. 要想采金取宝，就必须弯下腰、躬下身，这就叫行动。

4. 一定要符合国家的利益、人民的利益，这个企业才能长久。

5. 作为一个管理人员，一定要善于把游戏中的一些规则和乐趣引入到管理工作中去，让团队中每一个人都对工作产生兴趣、对事业充满激情。

6. 职业和创业不是一件事。如果只是从事一份职业，你只需做好本职工作，还是有很多时间自由支配。但是创业不一样，创业需要承担很多责任，也意味着要牺牲。

7. 民营企业过冬，我想作为一个企业家要学会几个方面，一个要学会看天气，天气是晴天还是雨天，雨天要打伞，晴天要戴草帽。要学会听天气预报，但是预报要辩证地看，不能一味地听。

8. 因为专注，才能做大做强一个产业，掌握方方面面的资源，巩固核心竞争力；因为专注，才能全力以赴往一个目标前进，长期保持领导者的地位和超前的意识；因为专注，才能打造一个鲜明的、专业的、可信赖的品牌形象；因为专注，才能花大力气培育还不成熟的市场，引导和服务好我们的消费者。因为专注，才能更好地适应市场的变化、规避外部环境变化带来的产业风险。

9. 我用人的原则就是给员工提供一个公平竞争、展示才能的舞台，让大家 "八仙过海，各显神通"，不唯学历，不唯资历，注重业绩，能者上、平者让、庸者下。

10. 一项正确的决策，不仅仅需要知识和信息资源作支撑，我认为还需要人们对企业资产以及企业的整个发展发自内心的关心。

案例 14

中国的光彩事业走向世界
——刘永好的创业故事

▌案例摘要

　　古往今来，大多数的创业者都要经历大量的磨炼，对于他们来说，拥有了多少财富并不重要，重要的是，他们拥有了创造这些财富的能力。即使企业什么都没有了，所有的财富都消失了，但是自信还在，见识还在，那种经历和能力还在，他们的自信和勤奋是无价的。刘永好作为内地财富的代表，他的成功来自于他的专注与自信，来自于几兄弟的集体智慧。20 岁之前，他没有穿过一双像样的鞋子，没有一件新衣服。为了让孩子过年的时候能够吃上一点肉，他和三个哥哥一起被逼上了创业之路。养鹌鹑，他们做成了世界第一。改行做饲料，又成为中国饲料大王，产业范围涉及饲料、乳业及肉食品加工、房地产、金融与投资、基础化工、商贸物流、国际贸易等领域。不管生意做得如何大，他始终小心翼翼地坚守自己的主业。

▌案例故事

第一台国产音响的问世点燃创业愿望

　　1980 年春节，二哥刘永行为了让自己四岁的儿子能够在过年的时候吃上一点肉，从大年初一到初七，在马路边摆了一个修理电视和收音机的地摊。短短几天时间，他竟然赚了 300 块钱，相当于 10 个月的工资，如同一颗重磅炸弹在兄弟们的心里炸开了花。刘氏四兄弟一商量："既然能靠修理无线电挣那么多钱， 我们是不是可以办一家电子工厂呢？"

中国历来就不缺乏有想法的人， 但是却极度缺乏将想法付诸实践的人。 说干就干， 这是刘氏兄弟一个很重要的特点。 对于学计算机的老大刘永言、 学机械的刘永好以及会修理家用电器的刘永行来说， 生产电子产品并不是难事。 很快， 中国第一台国产音响横空出世， 起了个名字叫"新意音响"。

刘永好拿着音响来到乡下想和生产队合作， 他们出技术和管理， 人家出钱， 工厂一人一半。 没有想到， 这个事情报到公社之后， 公社书记一句 "集体企业不能跟私人合作， 不准走资本主义道路" 就让刘氏兄弟们的美梦胎死腹中。

24 年后， 在向 《人力资本》 记者谈及这档子事时， 刘永好仍然感到无限惋惜： "我们失去了一次机会， 我们的音响只能成为我所在学校校办工厂的一个产品。 后来， 这个产品为学校创造了一定的价值， 居然还被评为省级科技成果。 如果当时我们做音响的话， 现在我们有可能成为中国的电器大王， 说不准的。"

音响虽然没有做成， 但是， 创业的强烈愿望却被点燃了。

白手起家， 成为世界鹌鹑大王

创业的愿望点燃之后， 当 "万元户" 成了刘永好的新理想， 那是1982 年。 做什么呢？ 搞音响投资大， 何况还有那么多条条框框； 而搞养殖业不需要很多投资， 技术含量低， 自己也熟悉， 那就从养殖业开始做起。 于是， 在左邻右舍鄙夷不屑的议论声当中， 刘永好和兄弟们在自家的阳台上养起了鹌鹑。

鹌鹑越养越多， 下的蛋也越来越多。 每天下班回家， 刘永好和二哥刘永行就骑着自行车沿街叫卖， 偶尔碰到自己的学生， 难免面子上有些挂不住， 但钱包毕竟鼓了起来。 刘永好兄弟们一商量， 干脆去古家村办一个良种场吧。

别的问题可以毫无顾忌， 但是政治觉悟一定要有。 为了确保自己不是 "走资本主义道路"， 刘永好跑到县里找到领导， 当时的县委书记很开明， 赞成刘永好的想法， 但是要求他们要带起 10 户专业户。 吃了定心丸的兄弟们马上向银行申请贷款 1000 元， 结果当头便是一盆冷水， 银行不贷！ 1000 元钱对于银行不算个大数， 对于刘氏兄弟们却不是个小数。

四人变卖了手表、自行车等家中值钱的物件，凑了1000块钱。许多年后，每当过春节的时候，刘永好就找个地方躲起来，不是躲债，而是躲银行。地方工行、农行还有建行的老总都拼命想请刘永好吃饭，但刘永好已经不再需要贷款了。

三哥陈育新（刘永美，儿时曾过继给别人家）率先"停薪留职"，下乡当起了"育新良种场"的场长。为了保险起见，刘永好和大哥、二哥决定随后再跟进。"良种场"的主营业务是孵小鸡、养鹌鹑和培育蔬菜种。没有孵化箱，他们到货摊上收购废钢材，然后到工厂租用工具自己来做。为了建厂房，刘永好从成都买回一拖拉机旧砖，由于道路狭窄，拖拉机无法进村，旧砖被卸到了两公里之外。刘永好带头，几个农民兄弟帮忙，手抱肩扛，愣是把一车砖给搬了回去。1983年底，兄弟们一盘点，这一年育新良种场孵鸡5万只，孵鹌鹑1万只，并带出了11个专业户。哥几个兴奋异常。

但是，天有不测风云，转过年来，一场"灭顶之灾"骤然而至。

1984年4月的一天，资阳县的一个专业户找到他们，一下子就下了10万只小鸡的订单，这可是笔大买卖！刘氏兄弟马上借了一笔数额不少的钱，购买了10万只种蛋。但他们万万没有想到的是，2万只小鸡孵出来交给这个专业户之后不久，他们便听说这个专业户跑了。他们去追款，发现交给这个专业户的2万只小鸡，一半在运输途中闷死了，一半在家里被大火烧死了，对方已经倾家荡产。

走投无路之下，兄弟们带着鸡仔去农贸市场卖，连着十几天，每天都是凌晨四点就起床，风雨无阻，蹬3个小时的自行车，赶到20公里以外的农贸市场，再用土喇叭扯起嗓子叫卖。连他们也没有想到，虽然身上掉了十几斤肉，下雨天里摔得跟泥猴一样，但8万只鸡仔竟然全部卖完了！

创业初期的第一次危机虽然化解了，但是兄弟们的士气却大打了一个折扣，他们消沉了几个月，业绩也停滞不前。关键时候，还是老大刘永言的一席话起了作用："我们一定要坚持下去！"

内心的激情被重新点燃，他们重新鼓起斗志，决心将"小"鹌鹑养"大"，将这条路扎扎实实走下去。

大学生出身，四兄弟专业各有所长，抱团养小小的鹌鹑，"高射炮打蚊子" 的效果自然不一样。 无论学到什么最新的技术， 哪怕听起来是 "天方夜谭"， 他们也愿意尝试。 不久之后， 他们开始用电子计算机调配饲料和育种选样， 并且摸索出一条经济实用的生态循环饲养法： 用鹌鹑粪养猪、 猪粪养鱼、 鱼粪养鹌鹑， 使得鹌鹑蛋的成本降低到和鸡蛋差不多。

到了 1986 年， 育新良种场已经年产鹌鹑 15 万只， 鹌鹑蛋不仅贩卖到国内各个城市， 而且冲出亚洲走向了世界。 刘永好则在这个过程当中实实在在地显露了他的销售才能。 一开始， 他在成都青石桥开了一个鹌鹑蛋批发门市部， 后来生意越做越大， 又在成都最大的东风农贸市场开了一家奇大无比的店， 每天都堆放着数十万只蛋， 近的是重庆、 西安， 远的是新疆、 北京， 还有国外的订单， 那时候， 这里成了全国鹌鹑蛋批发中心。 在此带动下， 整个新津县有三分之一的农户养鹌鹑， 最高峰的时候全县养了 1000 万只鹌鹑， 比号称世界鹌鹑大国的德、 法、 日还要大， 他们是当之无愧的世界鹌鹑大王和世界鹌鹑蛋大王。

壮士断腕成就中国饲料大王

刘氏兄弟把自己养殖鹌鹑的技术和经验毫无保留地传授给了新津县的养殖专业户。 但是在 1987 年， 新津县的养殖专业户小兵团作战， 使用刘氏兄弟的饲料和农具， 在孵化率、 产蛋率和饲料转换率三项指标上都比刘氏兄弟高出 2% 到 3%。 在家禽养殖和家禽饲料方面， 刘氏兄弟不愿意和身边的农民兄弟短兵相接， 以免造成两败俱伤。 这时候， 他们想到了将产品升级， 转战猪饲料市场。

当时， "正大" 外资饲料公司已经占据了中国猪饲料市场的半壁江山。 "正大" 在成都投资 1 亿元建了一家饲料厂， 虽然价格奇贵， 但因为对猪的增肥效果奇好， 所以， 农民购买 "正大" 饲料还需要排长队。 有些农民问刘氏兄弟： "你们为什么不生产和正大一样的猪饲料呢？" 于是， 他们在古家村买了 10 亩地， 投资了 400 万元， 建立了希望科学技术研究所和饲料厂， 又投入 400 万元作为科研经费， 找了国内外一批专家进行研制开发， 同时将 10 万只鹌鹑全部宰杀。 1989 年， "希望牌" 1 号乳猪全价颗粒饲料推出市场， 擅长销售和市场推广的刘永好将自己的销售和广告才能发挥得淋漓尽致。

只用了三个月的时间， "希望" 牌饲料的销量就追上了 "正大"，

"希望"饲料的质量不比"正大"差，每吨的价格却便宜了60块钱。

面对"希望"的不断蚕食，"正大"急了。"正大"每吨降价20元，"希望"也降了20元；"正大"咬了咬牙，再降100元！"希望"干脆降价120元！一时间，"希望"牌饲料的销量狂涨了三倍。刘永好的市场营销策略打得"正大"既没有招架之功，又无还手之力。最后，"正大"主动找到"希望"，双方达成了协议——"希望"以成都市场为主，"正大"以成都之外的市场为主。这实际上宣告了"正大"退出了成都市场。

经此一役，奠定了"希望"牌饲料在中国猪饲料市场的霸主地位，他们也当之无愧地成为中国饲料大王。

希望集团的建立与辉煌

1992年，中国第一个经国家工商局批准的私营企业集团——希望集团，在希望饲料公司的基础上成立了。集团成立不久，按照兄弟四人的价值取向和各自特长，刘氏产业被划为三个领域：老大刘永言向高科技领域进军；老三负责现有产业运转，并且开拓房地产市场；老二刘永行和老四刘永好一起到各地发展分公司，复制"新津模式"。刘永好和二哥刘永行在希望集团的合作堪称是最完美的组合。刘永行擅长内部管理，刘永好擅长对外公关与谈判。1993年，第一次产权明晰之后，在5月份，仅用七天的时间，兄弟两人便横跨湖南、江西、湖北三省，签下建立4个饲料场的协议。这一年共建立起10家饲料场，个个盈利。到了1994年底，希望集团在各地的分公司已经发展到27家。之后的几年，希望集团继续做大。随着中国加入世贸组织，中国市场正一步步与世界接轨，新希望集团也开始雄心勃勃地进军金融业、乳制品行业、零售业及其他战略投资领域。

参股民生银行

1993年，刘永好与41位政协委员共同提案，希望成立一家主要由民营企业家投资，主要为民营企业服务的银行。这促成了两年后中国民生银行的成立。

1996年1月12日，中国民生银行在北京正式挂牌，经叔平任董事长，刘永好为副董事长。1999年5月起，刘永好用了一年的时间，动用资金1.86亿元，完成了对民生银行一些股份的收购，持股量达到1.38

亿股， 成为占股比 9.99% 的第一大股东。 民生银行是中国第一家主要由民营资本构成的规范的股份制商业银行， 它登上中国金融业的舞台， 曾引起国内外广泛的关注。 民生银行已于 2000 年初在上海证券交易所上市。 新希望是民生银行的第一大股东， 刘永好连续两届当选为该银行副董事长。

开展 "光彩事业"

1993 年， 刘永好等联合国内 9 位民营企业家联名发出倡议， 动员民营企业家们到中国西部贫困地区投资办厂， 培训人才， 参与社会扶贫。 这一举措旨在响应中国政府提出的用本世纪最后 7 年时间消除 8000 名万人贫困的 "八七扶贫攻坚计划" 的经济社会目标。 这项倡议及其行动被称为 "光彩事业"， 它引起了中国民营企业界的热烈反响， 全国先后有 3800 名民营企业家参与进来， 包括来自香港和澳门的企业家。 光彩事业的实践对改善贫困地区群众的生活、 增加就业、 繁荣地方经济等均起到了很大作用。 新希望集团作为倡议者之一， 更扮演了积极参与的角色。 在中国西部和中部的贫困地区投资近 2 亿元， 兴建 14 家光彩事业扶贫工厂。 刘永好因此荣获全国光彩事业金质奖章并被推选为全国光彩事业促进会副会长。 2000 年他还代表中国民营企业界出席在日内瓦召开的联合国特别会议， 向世界同行介绍中国的光彩事业。

▌创业智慧

1. 善用一切可以运用的资源

资源掌控在自己手中而不去运用， 这是无形的浪费。 利用自己手中的资源为所欲为， 那又成了冒险。 审时度势， 正确地运用手中的资源， 这才是最英明的人应该做的事。 对于刘永好来说， 左手握着政治资源， 右手捏着企业资源， 不该做的事情， 他一件都不做， 该做的事情， 再困难也要做下去， 这才是中国企业界最缺乏的 "大智慧"。

2. 做事业， 贵在坚持

刘永好曾说： "做企业， 就好像综艺节目中的孤岛生存游戏。 有些人怕吃苦， 倒下去了； 有些人在独木舟上行走， 没有踩好， 倒下去了； 有些人关键时候跑不动， 被老虎、 狮子吃了。 总之， 竞争就是这样的， 适者生存的游戏规则是明确的， 所以应该有这样的思想准备。 倒下去也没有什么可惜，因为他知道自己坚持不了。现实社会中有很多例子，从独木舟上翻下去，下去了就是下去了，再翻过来非常难。"可见，刘永好的成功，坚持是一种不可或缺的高贵品质。

3. 欲速则不达

刘永好说："成功没有一个绝对的标准。有很多企业都说，我们要在多少年内达到世界500强，我听到很多这样的话。在15年前、10年前、5年前，我都听到过这样的话。可是，现在说这句话的企业已经没有了。越是要达到世界500强，倒下去的速度就会越快，你朝着这个目标不是脚踏实地去做的话，往往就奠定了失败的基础，失败的可能性就会更大。毕竟，你在进步的时候，别人也在进步。"

"我们要清楚，任何一个企业都会有一个生命的周期，不可能想象出一个企业的生命周期是1万年。到现在世界上最好的企业不过几百年，因为变化太大了，那么我们要做的就是在有限的时间里尽可能做得好一些，更强一些，做得时间更长一些，那就需要我们这一批人前赴后继地去努力。"

4. 做人与用人的智慧

一个人创业的成功，离不开做人与用人的智慧。刘永好把自己比作不会喝酒、不会抽烟、不会跳舞、不会打麻将、不会对明星和名牌感兴趣的"二百五"。他一天工作12小时以上，生活的主色调就是学习。无论和谁交谈，他都会拿出随身携带的本子，碰到有用的便往上记。他没有架子，从来不骂人，脸上永远带着温和的微笑，说话的时候他非常注意措辞，从不会让人听了感到不舒服。基层员工见了他不会感到有压力。而在用人方面，他借用杰克·韦尔奇的观点，杰克·韦尔奇画了四个象限，将人才分为德（品德）能（能力）型、只德不能型、只能不德型、不德不能型。第一种提拔重用，第二种培养使用，第三种小心使用，第四种坚决不用。对此，刘永好也有自己的心得体会。

5. 要有学习和专注的精神

在刘永好身上，有两项特质：第一，他非常非常爱学习，只有好好学习、天天向上，方能不断进步，方能跟得上社会大环境和企业小环境的变化，有能力和知识面对来自外部和内部的挑战；第二，他非常专注，主业一直专注于农业，并在这个领域内做深做广。中国有9亿农

民， 他帮助农民兄弟挣钱， 然后再挣农民的钱。 这两项特质最终成就了
内地首富。

▍案例研讨

1. 角色扮演

（1） 如果你是刘永好， 在第一个制造音响的梦想泡汤之后， 你会绝
望吗？ 你会像刘氏兄弟一样重整旗鼓吗？

（2） 1993 年， 刘永好先生动员民营企业家们到中国西部贫困地区投
资办厂， 开展 "光彩事业"。 如果是你， 你会选择在创业时期选择扶贫
事业吗？ 你怎样看待刘永好的 "光彩事业"？

2. 案例分析

（1） 1995 年 4 月， 全国 27 家分公司一分为二， 划为东北与西南两
个区域， 刘永好坐镇西南， 他的哥哥刘永行掌控东北。 1995 年 5 月 15
日， 刘永好和刘永行在董事会文件上正式签字。 文件正式规定： 两个片
区禁止跨区域开拓， 干部的互相流动必须得到双方的认可， 董事会成员
今后的开支不得在集团报销。 从此之后， 创业期间产权极端模糊的刘氏
兄弟在一夜之间划分得清清楚楚： 老大刘永言创立大陆希望公司， 老二
刘永行成立东方希望公司， 老三刘永美 （陈育新） 建立华西希望公司，
而老四刘永好成立南方希望公司。 他们没有忘记自己的妹妹刘永红， 也
给了她一部分股份。 这可以说是中国企业史上最精彩最完美的 "亲兄
弟， 明算账"。 在这个案例中， 你觉得他们的决定好不好？ 你又是怎样
看待家族企业中的 "亲兄弟， 明算账" 的？

（2） 在面对合作的专业户逃跑破产的情况时， 刘永好是怎样调整心
态的？ 体现了他们身上哪些创业的可贵品质？

3. 选择思考

（1） 如果是你要创业， 你觉得以下哪些方面是你要坚持的？

①做详细的市场调查与分析， 制定出创业计划；

②强化内部建设， 规范公司规章制度；

③拓展多方面的渠道， 保证产品的销售量；

④坚持学习和专注的精神， 懂得做人与用人的智慧；

⑤掌握全面的营销技巧和金融知识；

⑥实现公司稳步发展， 克服自己的薄弱方面。

（2） 通过本案例的学习， 你觉得刘永好的事业几十年屹立不倒的原因是什么？

背景资料

刘永好， 生于 1951 年 9 月， 四川省成都市人， 毕业于四川电大， 高级工程师。 1968 年， 17 岁的刘永好插队到了成都市郊的新津县古家村， 一天的工分是 1 角 4 分钱。 1982 年刘永好和兄弟几人养起了鹌鹑， 仅 4 年的时间就冲出亚洲走向世界， 成为世界鹌鹑大王。 1987 年， 他们转产饲料， 成为中国饲料大王。 1992 年， 刘永好成立希望集团。 1996 年 1 月 12 日， 中国民生银行在北京正式挂牌， 经叔平任董事长， 刘永好为副董事长， 2000 年成为第一大股东。 刘永好先后荣获中国十佳民营企业家、 中国改革风云人物、 中国十大扶贫状元、 中国企业管理杰出贡献奖以及美国 《商业周刊》 评选的 "2000 年亚洲之星"、 2004 亚太最具创造力华商领袖、 2006 年 CCTV 年度经济人物、 "三农" 人物。 2007 年刘永好被美国著名的安永会计师事务所授予 "安永企业家奖"、 荣获 2007 年中国管理 100 "持续创价值" 奖、 荣登 2007 年度 "光彩人物榜"。 2008 年获称 "中国改革开放 30 年影响中国经济 30 人"。

刘永好的创业经

1. 每一个人， 不管是在中国， 还是在美国、 欧洲， 不管是黑皮肤、 黄皮肤还是白皮肤， 注定了你的生命也就是一百年以内。 你既然知道生下来一百年以后你就会走， 你的生命价值在哪里？ 在于过程。

2. 不断去学习新的东西， 这样才能站得更高。

3. 英雄造时代的时代已成为过去， 以后要靠一个团队、 靠规则、 靠制度、 靠规范来引导企业前进。

4. 让农民致富最好的办法是， 把两亿多提供肉蛋奶的散农联合起来， 走现代规模农牧业的道路， 完善产业链， 让食品安全便于保障、 便于追溯。

5. 有人说我很保守， 但也有人说我很激进。 其实， 我就是希望我的企业能一直健康地活着。

6. 追求盈利是每一个创业者必须考虑的问题。 但对于每一个创业者来说， 挣钱并不是一相情愿的事情。

7. 财富仅仅代表了一种过去的成功以及将来创业可以处于的位置。

8. 今天的创业者， 要有远大的理想和抱负， 并学会把远大的目标分解、 简化成具体的一件件事情。 因为一个困难一个困难地去克服， 比一下子面对一大堆困难要好得多。

9. 如果能够从政府行为和市场行为相结合来储粮， 让民营企业也参与到储粮当中， 一定程度上可以减少政府储粮的压力， 减少国家投资， 降低成本， 对养殖业是有利的。

10. 在全国比较有影响的这些企业家联合起来了， 要做一些投资， 更重要的是， 他们聚在一块儿要把他们的智慧， 他们的激情， 他们的长处汇聚在一块儿， 来做一些投资， 做一些发展， 做一些帮助。

案例 15

财富与公益相得益彰
——陈光标的创业故事

█ 案例摘要

　　在中国的经济发展大潮中， 涌现了许许多多的民营企业家。 他们涉足各个行业领域， 一步一个脚印地成长， 从默默无闻到举世瞩目， 成就属于他们自己乃至世界的辉煌。

　　在众多的民营企业家之中， 有一个人格外引人注目。 他从一个小作坊起家成长为亿万富豪， 从一无所有的普通农民成长为中国十大慈善家之一， 他以捐资过亿的慈善之举， 在众多民营企业家中走出了一条独特的创业轨迹， 并由此赢得了人们的尊重。 他就是 2006 年中国十大慈善家之一、 江苏黄埔投资集团有限公司董事长陈光标， 一个拥有 9 项国家专利的儒商， 全国 36 个市县的荣誉市民， 17 个市县的高级经济顾问。 十几年来向慈善事业捐款捐物累计将近 10 亿元， 被媒体称为 "中国首善"。

█ 案例故事

勤劳致富， 成为少年 "万元户"

　　陈光标出生于江苏省泗洪县天岗湖乡， 在陈光标两岁的时候， 一个哥哥、 一个姐姐因为家庭极度贫困， 先后饿死， 这种恐惧的记忆唤起了陈光标 "靠自己改变命运、 一定要脱贫致富" 的想法。 陈光标 10 岁的时候已经开始了对创业致富的探索。 那时， 正在上小学的陈光标， 利用中午放学时间， 用两只小木桶从二三十米深的井中取水， 再用小扁担挑到离家 1 公里的集镇上叫卖， "一分钱随便喝"， 家乡许多人至今还记得当年陈光标挑着水桶沿街卖水的情形。 当时， 一个中午放学的时间能挣个 2—3 毛钱， 这大概相当于当时村里一个成年人半天的工钱了。 童年的陈光标背负着生活的苦难， 同时也背负着对未来的希望。

不甘于向贫穷低头的陈光标开始用自己勤劳的双手向命运抗争， 年少的他开始不断找寻致富的途径。 十三岁暑假的时候， 陈光标开始每天骑着自行车跑十几里路去卖冰棒。 后来， 陈光标又做起贩粮的买卖。 从开始的骑自行车贩粮到用拖拉机贩粮， 从一天赚五六元钱到一天能挣到 300多元钱， 陈光标在致富路上尝到了甜头。 17 岁那年暑假结束的时候， 陈光标挣了两万元钱， 成了全乡第一个 "少年万元户"。 陈光标正是在这样艰苦的环境中逐渐显现了经商的才干。

与命运抗争， 赚取人生第一桶金

商海既有机会也有陷阱， 心地善良的陈光标在经商过程中也曾被骗过。

一个偶然的机会， 陈光标认识了一个在车站旁的淮阴小商品市场做生意的温州人， 两人决定在一起做棉鞋生意， 那是陈光标第一次决定与人合伙做生意。 当时， 忠厚的陈光标先行支付了 3 万元的货款， 可是等货发过来， 才发现那些货全是伪劣产品， 鞋底全是硬纸板糊的， 晴天还看不出来， 一到雨天鞋底就全烂了。 这一次陈光标把辛苦几年挣来的钱全赔了进去， 当时心疼得几天吃不下饭睡不着觉。 这一次挫折并没有吓倒陈光标， 几天之后， 他又重新振作起来， 从自己的老本行贩粮生意重新开始。 陈光标扭转了危机之后， 又相继跑过客运运输、 贩卖花生， 生意虽几起几落， 但却愈挫愈奋， 一次又一次的成功与失败磨炼了陈光标坚忍不拔的精神品质， 正是这一点成就了后来的陈光标， 使他在以后的商战岁月中面对大潮翻涌都能从容应对。

在做生意的同时， 陈光标始终没有荒废学业， 只要闲下来， 他就会用功学习。 1985 年， 他考入南京中医学院， 毕业后被分配到南京中医学院附属第二医院工作。 随后的几年里， 陈光标又先后在江苏省社会科学院应用开发中心、 南京红光医药公司任职。 在当时， 这些都是让人羡慕的安稳工作， 但胸怀大志的陈光标根本不安于现状， 他要自己创业。 "刚开始摸不着道道， 没找到什么创业的捷径。 眼看着腰包一天天瘪下去，真着急呀！"尽管如此，陈光标仍徘徊在南京街头，咬紧牙关告诉自己不要放弃。他暗暗发誓："我一定要成功，死也要死在外头。"黄天不负有心人，一天陈光标在街上闲逛时，在一家药店门前看到许多人正围着一台袖珍仪器咨询，那是新上市的耳穴疾病探测器，将电极夹在耳朵上，就能诊断出身体的哪个部位有毛病。学医出身的陈光标马上嗅到了其中的商业价值，"那个仪器不够直观，如果能让患者亲眼看到问题所在，会更受欢迎。"说干就干，第二天，陈光标怀揣身上仅有的3000元钱，请来南京中医药大学和南京师范大学物理系的专家，按照自己的想法对耳穴疾病探测器进行改进，通过安装显示器，让患者直观地看到身体发生病变的部位。就这样，一部名为"跨世纪家庭CT"的电子疾病探测仪面市了，并获得了国家专利。但此时的陈光标已经没什么钱了，为节省开支，他花15元买了床被子和一张凉席，开始在南京街头"练摊"，早上花两角钱在南京老新街口百货旁的公厕刷牙洗脸，晚上就露宿在金陵饭店旁邮电局的走廊上。那时正值盛夏，他每天顶着40多度的高温，在新街口为路人检测身体，每人收两元检测费，一天能赚百余元。两个多月后，赚到万余元的陈光标开始租房，生产销售"跨世纪家庭CT"，并通过做广告打开了安徽市场。陈光标凭借着自己过人的智慧和艰苦卓绝的精神终于掘得了人生的第一桶金。

一步一个脚印，收获成功

1996年，他创立了南京金威利电子医疗器械有限公司，主要生产销售名为"跨世纪家庭CT"的电子疾病探测仪。第二年，一次山东泰安之行，使陈光标发现了人生的第二桶金。当时的泰安盛产灵芝，价格较低，200元一公斤，对治疗慢性病有良效，陈光标敏锐的目光发现其中大有商机，他把灵芝磨成粉末制成胶囊，售价达到2000元一公斤，这使陈光标收益颇丰。而更令陈光标感到高兴的是，他开发的"灵芝胶囊"项目促进了山东泰安的"灵芝经济"，带富了一方百姓，泰安市政府还因此颁发给陈光标特殊津贴。

2000年，陈光标组建了江苏黄埔投资集团，刚开始主要业务是收购银行不良资产，进行整合、盘活再出让，后来的一次机会，使他对循环经济发生了兴趣。2002年，陈光标经一个偶然的机会得知，为配合2004年在南京举行的第四届华商大会，南京市将拆除老展览馆，另建新馆，南京市相关部门正在寻找合适的拆迁公司。由于家中有亲属从事拆迁工作，陈光标决定加入这一行试试运气。于是，黄埔再生资源利用有限公司的前身——黄埔拆迁公司成立了。

经过招投标，陈光标拿下了老展览馆拆迁工程，当时政府方面的要求是一个月内拆除、以工抵料（政府不出钱，拆下来的东西归施工方）。结果，陈光标一接手才知道，这看起来破旧的老展览馆简直就是一座"富矿"，废旧的钢材可以卖给钢铁厂，报废的车胎可以清洗切块磨成粉做塑胶跑道和农用车胎等用，刨去工人工资等成本，陈光标净赚了285万元。更为重要的是，可以变废为宝，减少污染，利于环保。以后，陈光标又将这一循环经济模型，移植到废旧家电、电脑、生产设备甚至高速公路设施方面，在为自己带来倍增效应的同时，陈光标找到了自己价值所在，就是"创造不止、回报社会"。他认为，捐款捐物是一种慈善，而搞好环保，搞好循环经济，造福社会和子孙后代也是一种慈善，他决心做一个慈善家，用多种方式报效社会。

目前，陈光标的黄埔投资集团已涉及新型材料制造生产、再生资源利用、房地产开发、青少年国防教育、电厂配套设施生产，以及智能识别系统研发等诸多产业，并致力于发展循环经济、绿色经济，立志成为中国传统产业新价值的发现者和创造者。2005年黄埔投资集团荣获"中国诚信示范单位"荣誉称号，2006年成为"中国最具生命力百强企业"。

慈济天下，造福社会和子孙后代

少年极度贫困的经历和父母的谆谆教诲，使成功以后的陈光标总是竭尽所能去帮助别人，做好慈善事业。早在1996年创业之初，陈光标就开始投身于慈善捐助活动之中。那年陈光标刚刚创立南京金威利电子医疗器械公司，一年的收入不到20万元，就拿出3万元资助一个安徽的白血病患者。2002年以来，陈光标领导下的江苏黄埔向南京市公安消防局捐助近千万元，用于消防公益宣传。2003年"非典"期间，陈光标又向江苏省医疗机构捐赠了800台远红外温度检测仪和200万元现金，用以支持"抗非"事业。2004年底，东南亚发生海啸，陈光标积极响应国家号召，向海啸灾区捐出了300万元。

陈光标是贫困乡里走出来的亿万富翁，多年来，他一直关心关注着家乡的发展， 1999 年， 陈光标捐资兴建天岗湖乡阳光路。 为了回报家乡， 陈光标于 2006 年 9 月 10 日和 10 月 29 日， 分别发起并承办了 "中国民营企业家社会公益事业论坛" 和 "中国民营企业发展与新农村建设论坛"， 收到了良好的社会反响， 陈光标还在公益论坛上向家乡捐助 860 万元钱物。

上善若水， 慈济天下。 陈光标的慈善之路将越走越开阔。

创业智慧

1. 要有向前看的眼光

陈光标一直没有把发家致富当成唯一目标， 他认为创业一定要有向前看的眼光， 因为财富因爱心而无价， 若想更加长久， 爱心是永恒的纽带。

财富如水， 这是陈光标对财富的看法： "如果你有一杯水， 你可以独自享用； 如果你有一桶水， 你可以存放家中； 但如果你有一条河， 你就要学会与他人分享。 作为一名企业家， 我认为有责任和义务去回报社会。 牢记恩情， 为他人、 为社会做些事情， 这将是我人生最大的快乐和最明智的选择。" "慈善不只是简单的捐助行为， 它是以道德和爱心为基础的， 是自发的、 由衷的。 在进行慈善活动过程中， 企业家应当不仅专注于简单的捐赠， 而是通过多种形式推广慈善理念， 那就是 '为富不仁者耻， 乐善好施者荣'。"

2. 要时刻提升个人境界

陈光标常说， 他也是一个普通人， 他之所以取得了今天的成绩， 是因为他付出了常人难以想象的努力。 在商场闯荡这些年， 陈光标从不抽烟、 很少喝酒， 更不参与赌博， 也不出入夜总会、 歌舞厅等场所。 闲暇的时间， 陈光标坚持读书学习， 这已经成了他多年的习惯。 他读书涉猎很广， 这有力支撑了他的事业， 也极大地提升了他的个人境界。

3. 吃苦耐劳， 一步一个脚印

一个被子， 一张细席， 露宿在南京街头， 在公共厕所里用自来水洗脸、 刷牙， 顶着烈日， 皮都晒出泡来， 但陈光标始终咬牙坚持着。

4. 目光敏锐， 善于发现商机

陈光标从少年小贩到后来街头练摊， 再到后来一步一步地创业， 都是他善于在千变万化的市场中发现商机。一般人总是等机会从天降，而不是通过努力工作来创造机会。殊不知，人们遇到的问题和未满足的需要总是不断提供新的商机。优秀创业者的一个基本素质，就是善于从他人的问题中发现机会，主动把握机会。

5. 财富与公益相得益彰

对有责任感的企业家来说，以企业眼光做慈善可谓优化选择。在成为富人和名人之前，陈光标是再普通不过的公民。他的财富路径，也没有什么特殊之处。只是当其真的拥有财富之后，其对财富与公益的态度就与大多数企业家区别开来了。其实，财富与公益是相得益彰的。华人首富李嘉诚就深谙此理。陈光标无疑也是这方面的高手。用他自己的话说，捐得越多得到的也越多。因为慈善给他带来了源源不断的生意。回报社会的也就是最多20％的利润。陈光标的与众不同之处还在于，其在做慈善事业的过程中并不是盲目撒钱，而是亲身实地考察之后再确定捐赠的对象和金额。从经济学意义上来说，这是以企业的眼光做慈善，有利于提高慈善项目投入的精准度与实际效益。

案例研讨

1. 角色扮演

（1）1996年，陈光标刚刚创立南京金威利电子医疗器械有限公司，一年的收入不到20万元，就拿出3万元资助一个安徽的白血病患者。如果是你，你会在创业之初就想着拿大笔的钱做善事吗？你是怎么看待企业家的慈善事业的？

（2）陈光标为了节省开支，可以在街边"练摊"，在公共厕所洗脸刷牙，你能否吃得了这份苦？你是怎样理解勤劳致富的？

2. 案例分析

陈光标目前投入公益事业的总额超过8亿元。这位被温家宝总理称为"有良知、有感情"的企业家，尽管财富拥有量不在富人前列，但其对慈善事业的钟情及实质性付出却一点也不吝啬。这在富人繁殖速度加快而道德与公益水准徘徊不前的转轨时期，尤为难得。虽然有批评者认为陈光标在行善过程中做秀色彩浓厚，但就连批评者恐怕也得承认，今日中国社会，绝大多数富人之于财富与公益的境界都没有达到陈光标的高度。

你怎样看待别人对陈光标的评价？

3. 选择思考

（1）通过本案例的学习，你觉得陈光标的哪种精神最值得你学习？根据你自身的情况说明理由。

（2）你认为做慈善事业需要具备哪些条件？

①必须要有企业集团作为支撑；

②要有一定的经济实力和精力；

③有高度的社会责任心和爱心；

④有高度的热情和温暖的微笑；

⑤有切实可行的方案，量力而行；

⑥有畅通的信息渠道。

背景资料

陈光标，1968年7月出生于江苏省宿迁市泗洪县天岗湖乡，自称陈低碳。陈光标10岁的时候已经开始了对创业致富的探索。1996年，他创立了南京金威利电子医疗器械有限公司，2000年组建了江苏黄埔投资集团，开始带领集团开展慈善事业。2002年以来，陈光标领导下的江苏黄埔向南京市公安消防局捐助近千万元，用于消防公益宣传。2003年"非典"期间，陈光标又向江苏省医疗机构捐赠了800台远红外温度检测仪和200万元现金，用以支持"抗非"事业。2004年底，东南亚发生海啸，陈光标积极响应国家号召，向海啸灾区捐出了300万元。于2006年9月10日和10月29日，分别发起并承办了"中国民营企业家社会公益事业论坛"和"中国民营企业发展与新农村建设论坛"，收到了良好的社会反响，陈光标还在公益论坛上向家乡捐助860万元钱物。2010年9月，他宣布死后捐出全部财产（50余亿元人民币）。

陈光标的创业经

1. 慈善不是一时一地的阵地战，慈善是长征，而且永远没有终点。但慈善不是苦难的长征，而是快活的长征。慈悲不分民族，不分国界，不分信仰。馈赠者快乐，受捐献者也快乐，在慈善长征的路上，一路都是欢声笑语。

2. 活在人们尊敬中的善士，比孤单逝世在存折上的守财奴光彩、巨大。

3. 让更多的人享受到企业发展的结果，应该成为企业家的价值观。

4. 财产如水。如果你有一杯水，你可以单独享受；如果你有一桶水，能够寄存家中；但如果你有一条河，就要学会与别人分享。

5. 捐赠的地方不投资，投资的地方不搞捐赠。

6. 富而有德，德富财茂。

7. 人要成功，做到 "两吃两放"，即放下架子，放下面子；能吃苦，能吃亏。

8. 慈善不仅仅是 "手的给予"，而更应该是 "心的给予"。

9. 既要生产利润，又要生产道德。

10. 企业家的最高境界是 "从无做到有，从有做到无"。

案例 16

遵从内心最真实的渴望

——李彦宏的创业故事

█ 案例摘要

对于很多创业者来说， 如果说创业者是为了赚钱和发财， 这种心态通常使之抵御风险的能力非常低。 而创业者如果认准了要做事的初衷，一旦做成， 社会会给你同样的回报， 财富随之而来。 很多时候， 一说到创业， 大多数人想到的是年轻、 激情， 但是创业更多的是艰辛。 作为中国首屈一指的搜索引擎公司创始人， 李彦宏的经历更多的告诉了我们："创业仅仅有一个好主意是不够的， 创业需要你去做一件你喜欢、 擅长而且能够坚忍不拔长期去做的事情。"

像很多硅谷技术人员的理想一样， 李彦宏的理想是希望靠技术改变世界。 希望自己做的事能改变大多数人的生活方式， 让足够多的人受益，这是他的人生理想和目标。 无论当初做 Infoseek 还是现在做百度， 在看到每天有上千万的人在用自己的技术， 大家从中受益了， 心里就特别高兴， 觉得对社会作出了贡献。 而且现在这个社会越来越趋向合理， 一个人对社会作出贡献了， 社会也会给予你同样的回报。 没有一个人的创业是一帆风顺的， 然而正是那些所面临的困难和面对问题睿智、 稳健和决断的勇气， 使得李彦宏真实地成就了一个属于自己也造福社会的百度王国。

▌案例故事

一步一个脚印地成长

百度公司董事长兼首席执行官李彦宏，1968年11月17日出生于山西省阳泉市。父亲是兵工厂工人，母亲是皮革厂工人。家中5个孩子，他排行第四，是唯一的男孩。从李彦宏上学起，母亲就对他说："我们家没有后门，你今后要有好工作，就要好好学习，考上大学。"在父母的悉心关怀下，家里5个孩子全都考上了大学，大姐是恢复高考后第一届大学生，三姐考上了北大。"我爸爸从小上过私塾，在文学和语言方面有一些功底。爸爸影响我大姐，我大姐影响我二姐，二姐影响我三姐，三姐又影响我。"1987年，李彦宏以阳泉第一的高考成绩迈进了北大图书馆系情报学专业。"我的成绩报任何一个大学都能上，没上清华是因为清华要5年，时间太长。"

1988年，李彦宏三姐从北大化学系出国，李彦宏很快将目标锁定在出国。"我没有远大理想，许多人小时候想当科学家，我没想过，但我每个阶段目标都很明确：初中考高中，我一定要考上省重点阳泉一中，否则考大学就没太大希望；高考，我一定上北大；进了北大，我一心想出国。"当时，李彦宏托福考了600多分，向美国20多个学校寄出了材料，但美国很少有大学开图书馆情报学专业，直到1991年毕业，李彦宏才拿到一个学校的录取通知书。由于这个录取没有奖学金资助，李彦宏因移民倾向被拒签。1991年，李彦宏随便找了一份广告市场调研的工作，"就因为我自己要养活自己。"进去的时候，就和公司说清楚了："我要出国，做不了很长时间。"同年秋天，李彦宏终于等到了布法罗纽约州立大学的录取通知书，是计算机专业，有奖学金，李彦宏捏着通知书没敢高兴太早，他又去签证，这次终于过了。

在美国留学读研期间，导师偶然间的一句话，"搜索引擎技术是互联网一项最基本的功能，应当有未来"，1992年的那个时候，互联网在美国还没开始普及，但李彦宏已经开始行动——从专攻计算机转回来，开始钻研信息检索技术，并从此认准了搜索。然后李彦宏放弃攻读博士学位，进入华尔街，开始做金融信息检索技术。在这里，李彦宏看到，"一个有知识的人如何利用知识发财致富，在泡时间读硕士博士当教授之外，另有一条明亮的成功途径。"

做自己喜欢并擅长的事

李彦宏在美期间意识到华尔街最有前途的是金融家而不是计算机天才，而自己热爱和长处只在计算机，于是，他来到硅谷当时最成功的搜索技术公司 infoseek。在 infoseek，李彦宏见识了一个每天支持上千万流量的大型工业界信息系统是怎样工作的，并写成了第二代搜索引擎程序。当时雅虎搜索引擎小组的负责人吴炯回忆道："那个时候，雅虎公司并不认为搜索非常重要，但是，李彦宏不同。他看上去非常的有决心和信心，并且一直坚持了下去。我非常佩服他现在所成就的一切。"

在搜索引擎发展初期，李彦宏作为全球最早研究者之一，最先创建了 ESP 技术，并将它成功地应用于 infoseek/go.com 的搜索引擎中。go.com 的图像搜索引擎是他的另一项极具应用价值的技术创新。1999 年底，怀抱"科技改变人们的生活"的梦想，李彦宏回国创办百度。正是依靠自己对于搜索的执著和激情，李彦宏顺利拿到了风险投资，并让百度成为了 google 之外的全球第二大独立搜索引擎公司。经过多年努力，当前百度已经成为中国人最常使用的中文网站，全球最大的中文搜索引擎，同时也是全球最大的中文网站。2005 年 8 月，百度在美国纳斯达克成功上市，成为全球资本市场最受关注的上市公司之一。

李彦宏和百度的创业故事已经成为互联网的经典案例，而这位年轻的技术派代表也成为新一代创业者们争相效仿的标杆。作为留学生，他在 30 岁时就在美国硅谷挣到人生的第一个百万美金，通俗地说就是实现了美国梦。更让人羡慕的是，李彦宏正在"做自己喜欢的事，同时也是自己擅长的事"。

睿智儒雅的技术派新贵

李彦宏帅气的长相加上儒雅谦和的性格，容易给人亲和感。然而内向的他却不擅长与人交往，更像是社会的观察家。无论在公共社交圈还是平时的运动中，他更多时间沉默不语，在观察着这个社会和这些人与事。李彦宏稳健的风格不是他的同龄人所能具备的。于是百度又秉承了这种风格，从拿到 DFJ 第一笔融资到现在传闻摩根士丹利、高盛、瑞士信贷第一波士顿等公司都在积极寻求百度海外上市的合作；从第一个客户硅谷动力发展到现在的 2 万客户。在浮躁的互联网产业，李彦宏以一种另类的平和心态，不急功近利，不随波逐流，在专注经营搜索领域中自己这"一亩三分地"。

有人曾说：世界上多数优秀的程序员天生是偏执狂，总会认为自己做的东西才是最完美的。李彦宏不编程已有很多年了，这种性格特点在他作为公司最高管理层时并无体现。他说他自己还有很多不足，他知道自己不是正规化的职业经理人，他想学的东西还有很多，他能侧听别人的想法，在公司内部会议主张大家自由交流，甚至为了讨论"可以不给我面子"。也有人评价百度的成功在于：目标明确，市场定位准确。而且头脑冷静，不跟风，不抢潮。用这句评语描述其创始人李彦宏的性格特点也是非常适当的：他知道自己想要得到的是什么，他一直坚信 ASP 商业模式必将获得成功，他知道自己所专注的，而别人做不到同样程度的就在搜索领域；在互联网高潮时，他能预言对于国内公司的烧钱做法，国外的投资人要吃亏，在互联网低谷时他能鼓励员工不要看到眼前利益要把眼光放得长远些。

时刻坚持稳健创业、积极守业

李彦宏的稳健这些年来伴随着百度的发展而被有目共睹，百度公司的创业因子，带有浓烈的硅谷文化，并在中国本土继承和发扬。没有严格的等级观念，可以自由发言。随着公司的扩大这种文化还在延续。但一旦讨论成为决策时，就要不折不扣地执行。

然而，创业与守业没有哪家公司会一帆风顺。百度成立半年内狂扫国内门户网站，占领了国内搜索引擎80%的市场，但后来一些客户投靠了 google，有的自立门户自己开发搜索，市场的竞争是残酷的。李彦宏总结百度风风雨雨4年中，面临了两次重大挑战：一是创业初期，拿着120万美元做公司，原计划6个月花光的钱公司做了一年计划，所以坚持到9月等到第二笔融资。如果烧钱，就没有今天的百度。第二次是当世界所有使用人气质量定律的搜索引擎公司要么遭人收购，要么推迟上市时，百度根据李彦宏总结的搜索引擎第三条——自信心定律，推出竞价排名。定律指出，搜索结果的相关性排序，可进行竞价拍卖。谁对自己的网站有信心，为这个排名付钱谁就排在前面。这样开创了真正属于互联网的收费模式，使百度的目标群体瞄准数十万的中小企业网站。李彦宏找到了搜索引擎的出路。面临市场变化，见过无数硅谷商战的李彦宏也在变化中求发展。现在的百度，以搜索网站和竞价排名为主要的业务增长点，以国内数量巨大的中小企业为主要客户。

▎创业智慧

1. 要有向前看两年的眼光

当年李彦宏在美国抛弃唾手可得的博士帽，艰苦创业的时候，美国IT界最火的是电子商务。无数人拼了老命想要挤上这辆被看好的网络列车，甚至不惜抛掉自己熟悉的行业。李彦宏没有跟随大流进入电子商务领域，而是悄悄走到了尚少有人问津的网络搜索领域。因为他看到了搜索对网络世界可能产生的巨大影响。

李彦宏告诫跃跃欲试的年轻人：一定要有向前看两年的眼光。跟风、赶潮流，你吃到的很可能只是残羹冷饭。

2. 学会分散客户

在创业的初期，创业者常常会因为有了一两个固定的大用户而偷笑不止。"或许不久就是想哭都哭不出来啊。"李彦宏这样说。他刚回国创业的时候，公司主要是服务于几大门户网站。这几大网站都占据了公司收入的10%以上，任何一个客户的流失，都会对公司的效益造成极大的影响。

"命运只能掌握在自己手中，绝不能操纵在别人手中。"

3. 要始终专注于自己的领域

从1999年公司成立到现在，互联网世界沧海桑田，"网络游戏"、"短信平台"纷纷强势登场，不少人捷足先登，赚得盆满钵溢；不少人跟风而动，也摔得头破血流。而李彦宏说他只在做一件事：搜索。不少人曾鼓动他向网络游戏、短信等领域涉足，但李彦宏并没有这样做。在他眼里，自己的公司，自己的领域还有很深的潜力可以挖掘，自己目前要做的只是将搜索这一个领域不断翻新。

"在今后的若干年，百度也将只在搜索领域发展。"李彦宏如是说。

4. 不要过早地追求赢利

过早地实现赢利就是在大量地缩减对技术的投入。

李彦宏认为，一个创新的公司，在技术上一定需要大规模的投入。这样才能使自己在技术上一直处于领先甚至于垄断的地位。而这种领先在今后一定会带给企业大的回报。牺牲企业的长远利益宣布赢利，是不理智的行为。

5. 记得随时保持激情

"我选择放弃博士学位来进行创业，并不是为了钱，而是真的出于对这个行业的热爱。同时，我也并非完全不考虑钱的因素，但我始终坚信：在今天的社会中，只要你给了社会好的产品，社会一定会给你更多的回报。"

一个创新的过程，绝对不是一个一帆风顺的过程。如果没有足够的热爱和激情，创业者将很难坚持下去。所以，李彦宏对青年创业者们说，先确保你对这个事业的热爱和激情，然后再创业吧。

6. 学会在不需要钱的时候借钱

在创业过程中，"有钱走遍天下，无钱寸步难行"是颠扑不破的真理。在美国硅谷里，每天都有公司因为有了风险投资而开山立派，每天也都有公司因为囊中羞涩而关门大吉。李彦宏认为，一定要在不需要钱的时候去向投资人寻求投资。

用一年的时间来做半年的事情，这是李彦宏的风格。他认为，这样可以保证有一半的钱仍然在自己的掌握当中。在这样的情况下去向投资人借钱，你就会立于不败之地。因为"就算借不到，我的公司也不会马上垮掉"。在这种情况下，新创业的公司在寻求投资的时候才能表现得像个爷们儿，才能够与投资人以平等的身份来切磋具体事项。而投资人看到公司的经济状况良好，也就认为公司运作不错，便会很乐意进行投资了。

"不要轻易将主动权交给投资人，在创业的过程中没有人会乐善好施。"李彦宏告诫创业的青年人，"一定要在尚不缺钱的时候借到下一步需要的钱。"

▌案例研讨

1. 角色扮演

（1）李彦宏在做项目的时候，客户希望原本6个月的项目4个月完成并多加50%的报酬，李彦宏却一口回绝了做不到。如果你是一个刚刚起步的创业者，面对这样丰厚的回报你会怎样做？李彦宏这样的做法你认同吗？

（2）李彦宏放弃了攻读博士学位的机会而选择了创业，将更多的时间和激情投入到了自己热爱并擅长的事业中。如果是你，你会怎么选择？会觉得高学历重要还是创业的时机和对所做事业的热爱程度重要？

（3）在大学毕业准备出国的那段日子里，李彦宏也有过在一间小广告效果调查公司里工作的经历，枯燥的调研工作持续了几个月。如果换做是你，在持续了很久枯燥重复的工作之后，还会有继续坚持梦想，为了梦想而不断努力的激情和勇气吗？

2. 案例分析

（1）从 1999 年公司成立到现在，互联网世界沧海桑田，"网络游戏"、"短信平台"纷纷强势登场，不少人捷足先登，赚得盆满钵溢；不少人跟风而动，也摔得头破血流。而李彦宏说他只在做一件事：搜索。不少人曾鼓动他向网络游戏、短信等领域涉足，但李彦宏并没有这样做。在他眼里，自己的公司，自己的领域还有很深的潜力可以挖掘，自己目前要做的只是将搜索这一个领域不断翻新。如果你遇到这样的机遇，在大多数人都从副业中不断延伸自己事业的时候，你会怎么做，是会跟风以期获得更多的利润还是会选择像李彦宏一样走专注而求精的路线？

（2）在百度守业的过程中，面临两次重大的挑战，李彦宏是怎么样做的？

3. 选择思考

（1）通过本案例的学习，你觉得李彦宏的创业成功是由哪些因素决定的？他的性格具有哪些特点？这些性格特点对他的成功起到了什么作用？

（2）创业者的心理素质包括较强的自信心，较好的控制、调节情绪的能力，较强的抗压能力以及坚持不懈的精神等等。对此，如果你是一个创业者，请对自身具备的心理条件进行评价。

▎背景资料

李彦宏，1968 年 11 月 17 日出生于山西省阳泉市。1991 年毕业于北京大学信息管理专业，美国布法罗纽约州立大学计算机科学硕士。1999 年底回国创办百度，现今百度已经成为中国人最常使用的中文网站，全球最大的中文搜索引擎，同时也是全球最大的中文网站。2005 年 8 月，百度在美国纳斯达克成功上市。 1996 年， 李彦宏解决了如何将基于网页质量的排序与基于相关性排序完美结合的问题， 因此获得了美国专利。 1998 年出版了 《硅谷商战》 一书。 1999 年底， 携风险投资回国与好友徐勇先生共同创建百度。 2001 年被评选为 "中国十大创业新锐"。 2002 年、 2003 年荣获首届、 第二届 "IT 十大风云人物" 称号。 2004 年 4 月， 当选第二届 "中国软件十大杰出青年"。 2005 年获第十二届 "东盟青年奖"， 同年 12 月获 "CCTV2005 中国经济年度人物"。 2006 年当选美国 《商业周刊》 2006 年全球 "最佳商业领袖"。 2009 年获 2009 年度华人经济领袖奖。 2010 年获 "全球 100 位影响力人物， 领袖类榜单第 24 位"。 2010 年获 "首都杰出人才奖"， 同年 11 月， 获 "福布斯 2010 年全球最具影响力人物"， 11 月上榜 《财富》 年度商业人物。 2012 年列 "2012 年福布斯全球亿万富豪榜" 第 86 位， 同年 12 月当选全国工商联副主席。

▌李彦宏的创业经

1. 只有为自己最喜欢并擅长的事而奋斗， 创业之路才不会枯燥乏味，人生才有可能走向成功。

2. 小时候， 我梦想过当科学家， 但我在留学时认清了自己真正喜欢什么——我喜欢那些实用的东西， 我的理想是做一个让几亿人都可以使用的东西， 那样我就满足了。

3. 我的好运在于， 我所做的如今变成了巨大的产业， 但我知道， 即使它现在不是巨大的产业， 我也会很快乐， 每天的工作都是享受的过程。

4. 人生是可以走直线的， 这条 "直线" 在自己心中。 但我们的妥协、 分心和屈从让我们往往偏离了原来的轨道， 浪费了很多时间。

5. 信念是强大的， 一定要做自己喜欢并且擅长做的事， 不要跟风，这就是我给大家的建议。

6. 人生存在诸多让人妥协、 分心乃至屈从的事， 应学会舍弃不必要的迂回和避让， 遵从内心最真实的渴望， 并为此竭尽全力。

7. 专注、 专业是保证自己不偏离既定轨道的最好办法。

8. 在大学毕业准备出国的那段日子里， 我也有过在一间小广告效果调查公司里工作的经历。 谁能说几个月枯燥的调研工作， 对十几年后我做大搜索引擎产业不是一种有效的积累？

案例 17

成功的基础是理解它
——张朝阳的创业故事

▌案例摘要

　　成功是成千上万的精英们共同追求的目标，但成功是个过程，过程中的哪一点标志着真正的大功告成，这很难判定。不能否认，当一个创业的成功者多年后面对曾经走过的艰辛与苦涩，当他们说出那些不为人知的故事时，当他们可以坦然面对一切，以一种前所未有的心态回望曾经时，那便是一种成功，一种对岁月的珍视。每个人都有自己特殊的成长经历，这必然导致认识上的偏颇，只有不断调整自己，不断用第三只眼睛看自己，对一切都心存敬畏，谨慎小心，才能跨越自己的人格障碍，达到宠辱不惊，从而举重若轻。

　　曾几何时，媒体还大肆渲染国内叱咤风云的五位著名网站 CEO 齐聚西湖的盛况。他们吃大闸蟹，谈金庸武侠，意气何其风发。如今，这五位 CEO 中，王峻涛改弦易辙，王志东惜别新浪，丁磊风光不再，马云游走江湖，令人平生一种惋惜和伤感。第一次"西湖论剑"的时候，大概没有人会想到，两年之后，五大 CEO 中一脉尚存的，竟然会是当年饱受媒体轰炸的搜狐总裁张朝阳，回首他创立搜狐公司的一步步，作为年轻一辈中新锐财富代表人物，现在看来是有某种必然性的。

■ 案例故事

机会与艰难中走出来的果断选择

搜狐公司董事局主席兼首席执行官张朝阳，1964 年 10 月 31 日出生于陕西省西安市，张朝阳从小就不安分，爱幻想，不甘落后，对很多东西感兴趣。他学过画画，做过飞机航模，拉过二胡，尤其喜欢看《水浒》。他喜欢看那些自学成材的故事，读《哥德巴赫猜想》，并暗立志向：要好好念书，将来出人头地。中学时代，他的理想是当物理学家，认为只有获得诺贝尔奖，才能成就一番大事业。这是他考取清华大学的直接动力，也是他考取李政道奖学金的直接动力。

张朝阳 1986 年毕业于清华大学物理系，同年获得李政道奖学金赴美留学，就读于美国麻省理工学院。1993 年底在美国麻省理工学院（MIT）获得博士学位，并继续在 MIT 从事博士后研究。1996 年创建了中国第一家以风险投资资金建立的互联网公司——爱特信公司，1998 年正式推出"搜狐"产品，并更名为搜狐公司。

1996 年，无论对于张朝阳还是后来的搜狐，抑或是今日的互联网，都是个不同寻常的开始。尽管在这一年，中国的 CERNET 到美国的国际线路带宽仅仅 2M。在这一年，大部分中国人还不知道互联网为何物。事实上，根据中国互联网信息中心 CNNIC 的统计数据，即便到了 1997 年 10 月 31 日，中国也才有 29.9 万台计算机上网、区区 62 万网络用户以及可怜的 1500 个互联网站点，那时的国际出口带宽也仅为 25.408M。同样是在这一年，从麻省理工学院归来并且一心想在中国创立自己的公司的张朝阳正在焦急地等待着千辛万苦融到的第一笔风险投资——总共 22 万美元。尽管只有 17 万美元最终进入了张朝阳的账户，成为创业资金，但它促成了首个携带海外风险投资回国的创业者迈出艰难的第一步。而张朝阳在 1996 年前后所遇到的一切正在今天几乎所有互联网创业公司内部不停地重演。唯一不同的是，这一年的张朝阳处在一种极其艰难却又极具机会的时点上，风险投资远在美国而且对中国网络公司兴趣缺乏；而十多年后的今天，情景却似乎恰恰相反，风险投资商不惜远渡重洋蜂拥而至并认真对待每一份有潜力的中国商业计划书，但是机会却好像越来越少。

将生日作为另一个开始

很少有人知道，张朝阳特地选择了在 1995 年 10 月 31 日登机回国，是希望自己的生日能够给自己的未来选择带来一次 "新生"。 他在美国一住就是七年。 七年中， 在获得了博士学位后从事了两年的博士后研究。 1994 年， 张朝阳在 MIT 的实验室里被当时的 "互联网" 的奇妙所震撼， 虽然当时的 "信息高速公路" 没有现在这样清晰的图文界面， 只是通过代码和邮件在网上交谈， 这样简单的应用却已有足够的吸引力使张朝阳暗自下了回国创业， 自己建立网络公司的决心。 在张朝阳的第一份商业计划书—— "中国在线" 的封面上， 他写下了这样的两句话： "顺应我们这个时代最伟大的两个潮流， 一是信息高速公路时代的到来， 另一个是中国作为全球大国的崛起。"

这时的张朝阳有机会多次往来于美国和中国之间， 其间在一家美国互联网公司 ISI 的短暂工作经历， 更加坚定了他自己创业的决心。 但是那个时候他并不知道自己创业能够做什么， 且在中国也没有任何资源。 ISI 从事一些基于互联网的封闭式服务， 即收集一些信息， 例如金融信息以及各种数据， 并把它们在互联网上出售。 张朝阳曾是这家公司的中国区首席代表， 在加盟 ISI 之初， 他已经与 ISI 有过 "君子协定" —— "只干一年， 然后自己创业"， 于是一年后张朝阳在自己 31 岁生日那天选择回国开始了自己的创业生涯。

爱特信公司的建立

1996 年 7 月， 张朝阳正式开始了他的融资之旅。 然而那个时候， 在美国的风险投资人眼里远在中国的创业并不被他们所相信， 在那艰难的两个月中， 为了给投资人打电话， 他在美国大街上的公用电话亭排队， 他甚至尝到过被投资人赶出办公室的滋味。 这一切结束于麻省理工学院教授的引荐， 使张朝阳见到了 MIT 媒体实验室主任、 《数字化生存》 的作者尼葛洛庞帝， 这位风云人物在与张朝阳会谈之后答应给他的爱特信公司进行天使投资。

1996 年 8 月， ITC 爱特信电子技术 （北京） 有限公司正式注册。 爱特信公司获得的第一笔风险投资共有 22 万美元， 尽管最终只有 17 万美元供他创业， 但他终于可以开始做他想做的事了。 整整一年， 在张朝阳的创业始发地——万泉庄园， 他开始了招兵买马、 加班熬夜的创业生活， 拿到了钱的张朝阳终于可以开始做他想做的公司了， 但是具体到做什么样的业务、 怎么做， 成了摆在他面前的一个重大问题。 他用了两个月的时间对此进行探索，决定做技术提供者还是信息提供者。又用了之后的一年时间在决定先做一个网站这个目标的同时，探索出了该在这个网站上放些什么的问题。

搜狐的诞生

当时张朝阳的股东之一尼葛洛庞帝还投资了美国的另一家互联网网站——发明了网络广告商业模式的"热连线"。当时的"热连线"雇用了大量记者去采写新闻，他们写了大量高质量的短文章，图片新颖，报道方式也与当时的报纸杂志不同，特别适合数字化时代人们的阅读习惯，流量非常大。这也给张朝阳带来了很大启发，当即决定去美国拜访。然而经过短暂合作后发现，成本巨大的运作模式并不适合像爱特信这样的新兴公司，他开始思索是自己在网站上做内容，还是建立一些链接，让访问者能够借此看到更多信息。那时的中国互联网界，例如东方网景、瑞德在线等等一些小网站已经有了一些服务性的介绍，张朝阳尝试着将这些内容用超链接的方式列在自己网站的一个栏目里，居然收到了出其不意的良好效果。

这个尝试只是个开始，它让张朝阳尝到了不用做内容的甜头。很快，爱特信的网站上就开始彻底放弃做内容，整体转向到超链接上。那个时候，张朝阳的公司已经发展到 12 个人，每天首页上放什么新闻都要开编辑会来决定。这些链接在当时的爱特信上也有个自己的名字"赛博空间"，后来改名为"指南针"，链接的流量已经越来越大，链接上开始有了各种内容，包括新华社的新闻，张朝阳开始为这个至关重要的链接栏目重新规划名字。与此同时，杨致远的雅虎开始火爆美国，张朝阳又开始借鉴雅虎的分类加导航模式，爱特信的名字终于从曾经用过的"搜乎"辗转变为了后来的"搜狐"。

二次融资的艰辛

从服务器托管到建立网站的概念，张朝阳一路走来摸索前行，从偏离"热连线"原创模式到确立超链接、导航模式，爱特信的尝试几经周折。但这些对于张朝阳来讲，都不算是创业的最难时刻，真正让他刻骨铭心的是他的第二轮融资。这次融资让他终于感受到了资本的力量和融资对于一个企业发展的深刻影响。如果说第一次融资的股东多少是基于对张朝阳个人的信任以及私交的话，那么第二次融资则再也没有这样的情感因素帮忙。对张朝阳来讲，这次融资的过程几经起伏、经历铭心刻骨。

1997 年 9 月已经消耗大半的融资资金，使张朝阳又开始了长达半年之久的融资之旅。那个时候互联网还没有成为一个特别吸引人的概念。在美国只有网景公司上市，雅虎尚未上市，投资人更不相信一个中国的网络公司能够取得什么成功。当时的美国人对中国十分陌生，几乎没有投资人愿意听他的计划。事实上，那个时候能够找到一个愿意接见这个中国创业者的投资人都很困难。在罗伯特和尼葛洛庞帝的引荐下，张朝阳自费去美国加州见那些亿万富豪。他先在加州的一个小旅馆住下，用绿卡租了辆车，然后用了两天时间不停地打电话与这几位可能改变他公司命运的人约定见面时间。

1997 年 9 月 11 日让张朝阳终生难忘，他至今为自己在这一天表现出来的能力而骄傲——在这一天中他马不停蹄地见了四个风险投资人，并且有两个答应了给他投资。尽管最后成功的几率特别小，他毅然报着饱满的热情随时准备迎接来自风投人源源不断的问题和"审问"，其中的英特尔公司曾对张朝阳进行了前后长达 6 个月的"审问"，平均每天 6 个问题。回国后有一天晚上英特尔的投资人打长途过来说还有一个问题想问。当时在发烧的张朝阳生怕投资人觉得我身体不好最后不再投资，所以不敢说自己在发烧，只能咬牙回答他的问题。

坚持就是胜利

在那个从海外融资行为绝无仅有的时代，张朝阳坚持的行为给中国互联网行业起了启蒙的作用。在融资的那段日子里，张朝阳几乎每天晚上都会在那间办公室兼卧室的桌子上、地上，或坐、或躺、或趴着写他的商业计划书。时至今日，他仍旧认为那份完备的商业计划书在当时具有空前的前瞻性，例如他预言了一个商业网站应该是资讯和导航，也形容了门户的特征是信息的集合者而不是制造者，甚至还描述出了广告收入的曲线，以及对页面点击率与广告之间成长关系的算法、收入模式等等。但在张朝阳写这份商业计划的时候，他还没有一笔网络广告收入，到了1997 年 11 月，第一笔融资来的钱几乎快花光了。那时，他甚至到了把最早的两名员工叫到自己办公室，问他们那个月的工资迟一个月发可不可以的地步，因为他那时首先要考虑的是交房租。争取到为北京电信设计门户和几十个网页的项目使得爱特信又撑到了 1998 年 2 月份，直到 1998

年 4 月搜狐公司获得第二笔风险投资， 投资者包括英特尔公司、 道琼斯、 晨兴公司、 IDG 等， 共计 220 多万美元。

在获得第二轮投资后， 张朝阳明显感觉到了股东对收入要求的压力， 他的工作重点开始转移到跑客户上， 包括他最早的主顾——北京牛栏山酒厂的厂长， 亦是最早请他设计制作网页的人。 在那个网络广告并没有广为人知的年代， "您能不能试着投一个网络广告？" 是他经常对这些网页客户说的一句话， 接下来他就必须向这个客户解释什么叫网络广告。

后来网络广告成了搜狐最主要的盈利模式——当到了 1998 年的时候， 搜狐全年的广告收入已经达到 60 万美元。 搜狐网站和它开发的诸多运营模式， 开始成为后来运营者的样本。 在即将到来的互联网大潮中， 当张朝阳成为新一代青年偶像的时候， 所有人都已开始相信——互联网将改变中国。

█ 创业智慧

1. 敢于传播新概念

互联网是一个高风险的产业， 即使在搜狐公司状况较好的时候， 媒体也称张朝阳是站在 "风火轮" 上， 飞旋着忽上忽下， 难以平静。 而难得的是， 张朝阳对自己的事业有着极为坚定的信心。 在最危急的时候， 张朝阳也从未丧失信心， 他坚信自己从事的网络决不是泡沫。 张朝阳的信心来自他对网络的深刻理解。 长远来看， 作为一个海归派的优秀青年， 张朝阳带给国家更重要的不是财富本身， 而是理念、 文化。 在国内大多数人并不理解网络的时候， 张朝阳以其极端新锐的方式， 把互联网的文化、 互联网的先进运作方式， 大量地介绍给了国人。 无论什么时代， 新概念的传播必然会带来一番新的浪潮。

2. 网络是一个品牌

张朝阳在创业中的贡献首先告诉人们： 网络是不能收费的。 当时还没有网站， 上一个数据库都要收费， 而现在所有网站都是免费的。 其次是推广风险投资的概念， 并且用搜狐这个实际的成功的例子来说明它。 此前国内也有一些风险投资引进， 但搜狐的方式比较正规， 而且也很成功， 使风险投资的概念深入人心。

另外在做网站的方式上， 搜狐一开始就把网站当一个品牌来做； 而且在理论上、 哲学上给中国网络发展带来了 "注意力经济" 的概念。 同时在如何构筑一个新兴的企业文化、 创立新兴公司管理方法等方面也给中国的互联网提供了宝贵经验。 而且, 以张朝阳为代表的成功的创业者给中国的年轻人树立了一种创业致富的新新人类形象, 这在一定时期内会有很大影响。 在这个意义上, 张朝阳是一代青年人的楷模, 是个英雄。

3. 时刻追求真实

与商业行为中充满活力的张扬的形象完全相反, 真实的张朝阳的本性是沉默的。 张朝阳自己解释说: "我话少的原因是因为我追求真实。 说一些没用的话, 我觉得是一种做作。 我是个比较沉默寡言的人, 很内向。 如果为了应酬不得不说话, 那就会告诉自己: 这仅仅是在应酬。" 我性格上最大的特点就是: "追求真实到了一种残酷的地步, 无论对自己还是对别人都不能忍受半点不真实。 我要求无论自己还是他人, 都要诚实, 不讲假话。 有的人讲某些话的时候, 可能他并没有讲假话, 但他话语的背后隐藏着某种心理, 当他的某种心理状态在作怪的时候, 我不能忍受, 会给他剥出来。 追求真实源于对人的关注、 对人的内心世界的关注, 同时跟学物理有关。 学物理总要探究事物的根本原因, 对世界上所发生的事情都要探个究竟。" 将自己的理性驾驭得如本能一般, 张朝阳的确有过人的本领。 正是把之前积累的文化优势完全用于搜狐的事业, 张朝阳创造了一个奇迹, 至少就他代表的这一辈人来讲是如此的。

▌案例研讨

1. 角色扮演

(1) 如果你是一个创业者, 面临张朝阳开始创业中因为对中国人不信任和新兴产业寻找风投的重重压力和阻碍, 会有坚持下去的勇气吗?

(2) 张朝阳在学问上已经达到了很高的水平, 却依然放弃安逸的研究生涯而选择了对自己感兴趣的方向进行艰辛创业, 如果是你, 会面对一时的动力和创业的未知而放弃原本安逸的生活吗?

(3) 张朝阳当年的创业计划书, 至今仍有着一定的意义和前瞻性。创业计划书的编制步骤分为: 创业计划构想细化; 客户调查; 文档制作(文档中突出以下内容: 市场目标和战略、 实施、 团队、 财务); 答辩陈词和反馈。 假设你是一名创业者, 请试着按这些步骤对你想要建立的公司或项目进行创业计划书的拟定。

2. 案例分析

（1）从服务器托管到建立网站的概念，张朝阳一路走来摸索前行，从偏离"热连线"原创模式到确立超链接、导航模式，爱特信的尝试几经周折。但这些对于张朝阳来讲，都不算是创业的最难时刻，真正让他刻骨铭心的，是他的第二轮融资。这次融资让他终于感受到了资本的力量和融资对于一个企业发展的深刻影响。通过你对创业的了解，你对创业融资的重要性是怎样认识的，有无好的融资途径与方法？

（2）张朝阳暗自下了回国创业、自己建立网络公司的决心的时候并不知道自己的创业能够做什么，并且在中国也没有任何资源。在创业初期，他是怎么克服重重障碍找到最终公司的方向的？

3. 选择思考

（1）通过本案例的学习，你觉得张朝阳的成功取决于哪些因素？

（2）风险投资是指由职业金融家将风险金投向新兴的迅速成长且有巨大竞争潜力的资本和增值服务，培育企业快速成长；数年后通过上市、并购或其他服务转让方式撤出投资并取得高额投资回报的一种投资方式。特点如下：风险投资的"产品"是企业；风险投资是一种高风险的投资；风险投资的目的是高回报；风险投资是一种高专业化、程序化的组合投资；风险投资是一种投资人积极参与的投资；风险投资是投资和速效的结合。如果你是风投者，会怎样选择和考察待投资的对象？

▎背景资料

张朝阳，1964年10月31日出生于陕西省西安市临潼区韩峪。1986年毕业于清华大学物理系，同年考取CUSPEA项目奖学金赴美国麻省理工学院（MIT）留学。1993年底在美国麻省理工学院获得博士学位，继续从事博士后研究。1994年任MIT亚太地区（中国）联络负责人。1995年底回国任美国ISI公司驻中国首席代表。1996年创建了中国第一家以风险投资资金建立的互联网公司——爱特信公司，1998年2月25日，更名搜狐公司，并于2000年7月12日在美国纳斯达克挂牌上市（NASDAQ：SOHU）。1998年10月张朝阳被美国《时代周刊》评为"全球50位数字英雄"之一，1999—2001年被《中国青年报》连续三年评为"年度

IT 十大风云人物" 之一, 1999 年 7 月被 《亚洲周刊》 选为封面人物, 2001 年 5 月 7 日, 被 《财富》 杂志评选为全球二十五位企业新星之一, 同年, 被世界经济论坛评为全球 "明日领袖" 之一。 2002 年 7 月 17 日, 搜狐实现赢利。 2003 年上市公司中国科技人物财富排行榜, 张朝阳 屈居亚军。 2004 年 10 月 12 日, 胡润百富榜, 张朝阳名列第 66 位。 目前搜狐公司已经成为中国最领先的新媒体、 电子商务、 通信及移动增值服务公司, 是中文世界最强劲的互联网品牌之一, 对互联网在中国的传播及商业实践作出了杰出的贡献。 张朝阳现任搜狐公司的董事局主席兼首席执行官。

▋ 张朝阳的创业经

1. 我必须保持时刻的警惕——时间过长以后, 我会不会因为搜狐的历史悠久了, 日子安逸了, 还继续维持一段时间的好奇心? 这种好奇心导致你能前瞻性地看到一些东西。

2. 如果一个历史悠久的公司能够永葆青春, 它要有一个好的内部企业文化, 各个部门都要有创新精神, 要敢于否定自己的过去。 搜狗的推出就是搜狐创新精神的一次体现。

3. 互联网就是这样, 成功的基础是: 你一定要理解它。

4. 互联网展示的不仅仅是互联网的成果, 还给各个行业展示了一个新兴产业如何从零发展到巨大规模的历程——完全靠市场的力量, 靠创业的力量, 靠资本的力量, 在没有政府的直接支持下做大。

5. 决定一个公司的成败有很多因素, 那具体到瀛海威来说, 可能它的股权结构有问题, 股权结构不适合创始人非常自如地作出正确的、 长线的策略决定。 另外也跟创始人对于互联网这项新技术产生的商业模式的把握和理解能力有关。

6. 网络媒体应该参与一些能够让世界变得更美好, 让社会、 让地球更美好的活动。

7. 在信息源都不充足的时候, 所有人都处于信息饥渴状态, 网络也同样, 在底层建设还没有完成的时候, 我只能先来做底层搭建。

8. 搜狐的推出意味着, 你到搜狐不是为了看内容, 而是从搜狐去各地, 去享受网上所有各种各样的东西。

案例 18
做自己擅长的事情
——宗庆后的创业故事

▋ 案例摘要

在中国浙江，有这样一个人，祖父曾是张作霖手下的财政部长，父亲在国民党政府当过职员，他的曾祖父辈均为杭州府钱塘县籍，这个人传奇人物叫宗庆后。他是娃哈哈集团创始人，1991 年至今担任杭州娃哈哈集团有限公司董事长兼总经理。

1979 年任小学教师的母亲退休，于是他返回家乡，但因文化水平低，只可在一所小学里当校工，做推销员。1987 年，杭州市上城区校办企业经销部成立，这即成为后来的娃哈哈。当时 42 岁的宗庆后与两名退休教师，以 14 万元借贷，代销人家的汽水、棒冰及文具赚钱。在 2011 年 "两会" 上，宗庆后有一项颇为引人瞩目的提案，即建议国企员工都可持股，并按贡献大小定期调整持股额。从 1993 年开始，娃哈哈集团就已采用全员持股模式。2012 年 10 月 12 日，宗庆后以 100 亿美元身价登上 "福布斯中国富豪排行榜" 首位。

▋ 案例故事

从冰棒到娃哈哈

在 "唯出身论" 的年代，宗庆后 "旧官僚后代" 的出身让他尝尽了人生的艰辛。16 岁那年，宗庆后便被 "安排" 到浙江舟山去填海滩，一待就是 15 年。

1979 年， 宗庆后顶替母亲回到杭州做了一所小学的校工。 1987 年，他和两位退休教师组成了一个校办企业经销部， 主要给附近的学校送文具、 棒冰等。 在送货的过程中， 宗庆后了解到很多孩子食欲不振、 营养不良， 而这些是家长们最头痛的问题。

"当时我感觉做儿童营养液应该有很大的市场。" 填海时形成的坚毅性格让宗庆后决定抓住这个机遇搏一把， 此时的他已经 47 岁， 早错过了创业的最佳年龄。 面对众多朋友善意的劝说， 他显得异常固执： "你能理解一位 47 岁的中年人面对他一生中最后一次机遇的心情吗？"

1988 年， 宗庆后率领这家校办企业借款 14 万元， 组织专家和科研人员， 开发出了第一个专供儿童饮用的营养品——娃哈哈儿童营养液。

随着 "喝了娃哈哈， 吃饭就是香" 的广告传遍神州， 娃哈哈儿童营养液迅速走红。 到第四年销售收入达到 4 亿元、 净利润 7000 多万元， 完成了娃哈哈的初步原始积累。

小鱼吃大鱼

1991 年， 娃哈哈儿童营养液销量飞涨， 市场呈供不应求之势。

但即便如此， 宗庆后依然保持了一种强烈的危机感： "当时我感觉如果娃哈哈不扩大生产规模， 将可能丢失市场机遇。 但如果按照传统的发展思路， 立项、 征地、 搞基建， 在当时少说也得二三年时间， 很可能会陷入厂房造好产品却没有销路的困境。"

宗庆后将扩张的目标瞄向了同处杭州的国营老厂——杭州罐头食品厂。 当时的杭州罐头食品厂有 2200 多名职工， 严重资不抵债； 而此时的娃哈哈仅有 140 名员工和几百平方米的生产场地。

摆在宗庆后面前有三条路：一是联营， 二是租赁， 三是有偿兼并。显然前两条路是稳当的， 而有偿兼并要冒相当大的风险。 但宗庆后最终决定拿出 8000 万元巨款， 走第三条路。

娃哈哈 "小鱼吃大鱼" 的举措在全国引起了轰动， 最初包括老娃哈哈厂的职工， 都对这一举措持反对态度。 宗庆后最终力排众议， "娃哈哈" 迅速盘活了杭州罐头厂的存量资产， 利用其厂房和员工扩大生产，三个月将其扭亏为盈， 第二年销售收入、 利税就增长了 1 倍多。

1991 年的兼并， 为娃哈哈后来的发展奠定了基础， 也让宗庆后尝到了并购的 "乐趣"。 之后， 并购几乎成为娃哈哈异地扩张的主流手段；

到 2002 年底，娃哈哈已在浙江以外的 22 个省市建立了 30 个生产基地，2002 年，娃哈哈共生产饮料 323 万吨，占全国饮料产量的 16%。

如果说早期的并购让娃哈哈迅速做大，那么与达能的策略型合作则帮助娃哈哈做强。

1996 年，娃哈哈的产品已经从单一的儿童营养液扩展到了包括含乳饮料、瓶装水在内的三大系列，当时的娃哈哈效益也很好。

"但我觉得已经出现了危机，企业最薄弱的地方就是规模太小。" 宗庆后再一次谈到了他的感觉，"当时除了营养液是我们的主打产品之外，果奶、纯净水都有与我们实力和品牌相差无几的竞争对手。"

宗庆后为此制定了一个投资金额几亿元的长远规划。"在当时的情况下，如此巨额的投资，通过银行借款很困难，国内民间融资更不可能。最后，我们想到了国外资本。"

从 1996 年开始与达能集团合资兴办了 5 个企业之后，娃哈哈与外部资金的合作领域越来越广泛，达能集团至今累计投资已近 1 亿美元。

"几乎每年都有几十个亿的外部资金进入让娃哈哈用，这使企业保持了高速发展的势头。" 宗庆后兴奋地说。

农村市场养大 "非常可乐"

在娃哈哈的成长历史中，非常可乐的成功是不可或缺的一笔。可口可乐和百事可乐已存在 100 多年，在全球饮料行业中占有绝对优势。20 世纪 70 年代后期，"两乐" 开始进军中国市场，很快便以势如破竹之势占据了我国饮料市场的半壁江山。

在接触众多的经销人员之后，宗庆后发现了 "两乐" 市场操作的两大缺陷：一方面，"两乐" 的决策过分依赖数据模型分析，流程漫长，不可能完全覆盖广阔的农村，而且 "两乐" 进入中国 20 年来也一直没有想过要进入农村市场；另一方面，"两乐" 对高额利润的无止境追逐使其经销队伍缺乏向心力。随着 "两乐" 市场地位的稳固，两乐逐步转向了重视大城市终端的深度分销模式，给经销商的利润空间压得越来越小。

再次感觉到了机会

1998 年，娃哈哈推出非常可乐，正式向 "两乐" 挑战："非常系列" 将双脚扎根于广大的农村，紧紧抓住 "两乐" 在广大农村认知度相对较低的状况，以低价格切入；同时非常系列给经销商留足了利润空间，很快摆上了经销商柜台的显眼位置。

正是牢牢抓住"两乐"的缺陷做文章，非常可乐很快异军突起。2002 年娃哈哈"非常系列"碳酸饮料产销量达到 62 万吨，约占全国碳酸饮料市场 12％的份额，在单项产品上已逼近百事可乐在中国的销量。虽然在城市和发达地区"两乐"仍具有绝对优势，但广大农村市场几乎已被"非常系"控制。

多元化的儿童用品商

2002 年 5 月 20 日，娃哈哈童装公司在北京举办娃哈哈童装展示发布会。娃哈哈盛传多年的多元化，就此迈开了第一步。而这一步竟是童装，多少有些出乎众人意料。

"童装只是娃哈哈跨行业经营的一个新支点，是娃哈哈进一步多元化的基础。"宗庆后说。

宗庆后的计划是，采取零加盟费的方式在全国开设 800 家童装专卖店，一举成为国内最大的童装品牌之一。

实际上，在纯净水、可乐、奶饮料等系列产品疯狂赢利的时候，娃哈哈已经感受到了市场饱和的危机。全国饮料市场的大格局已经形成，能大刀阔斧开辟的地方已经不多，这已不能让宗庆后满足。

在此之前，关于娃哈哈多元化的传闻一直没有断过：娃哈哈曾经和英国一家保健品公司建立了一家合资保健品生产厂，但宗庆后最后却以"现在进入保健品市场时机还不成熟"延缓了大规模进入的日期；娃哈哈曾兼并了一家酒厂，可是后来娃哈哈在酒方面也没有多少投入；娃哈哈维生素含片成功上市，但宗庆后的想法却是"药业的条条框框太多，麻烦"。

关于未来娃哈哈的走向，宗庆后说："我们有十几个亿的闲余资金，今后将把它们投向两个领域：一是食品、保健品、药品，二是做所有的儿童产品。"

▎创业智慧

1. 身体素质要好

42 岁才开始创业的宗庆后在 20 多年里亲手缔造了一个企业崛起的神话。如今 60 多岁的宗庆后依然早出晚归，每天工作 16 小时以上。没有强硬的身体素质， 是不能这样高强度工作的。 宗庆后认为他年轻时在农村劳动锻炼了 15 年， 练就了强健的身体。

2. 果断

从承包校办工厂到代销儿童营养液， 从开发娃哈哈营养液到多元投资……无不体现了宗庆后惊人的果断和魄力。

3. 丰富的营销理念和经验

进入改革开放时期， 宗庆后经营思想是紧随时代潮流的， 尤其在产品营销方面， 宗庆后无论是在实战经验上还是在理念意识上都不断在完备， 这一点是同龄人少有的。

4. 务实

从 "实证广告" 就已经证明了这一优点， 宗庆后自己也说他好名， 不好虚名。 宗庆后的务实也表现在内部管理上， 他对一些煽情的字眼从来都是置之不理， 总是强调埋头实干。

5. 好学

宗庆后在那个年代没有受过良好的教育， 但他勤于读书的习惯弥补了这一缺陷， 宗庆后在工作中有闲暇时间就挤出来读书， 这对他的经营战略思想提供了极大的帮助。

案例研讨

1. 角色扮演

（1） 1987 年， 当时 42 岁的宗庆后开始创业。 如果你是宗庆后， 会在年近中年的时候去创业吗？

（2） 近年来， 宗庆后投资地产、 零售业等多种行业， 他多元发展、 规避风险的经营策略取得了成功。 如果你是宗庆后， 有这种胆识和眼光这样做吗？ 你怎样看待企业多元化发展的战略目标？

2. 案例分析

（1） 宗庆后刚刚承包校办工厂的时候， 企业又穷又小， 什么都没有， 中午十来个人蒸饭吃， 还受人家的气。 即便如此， 有了人生寄托的宗庆后在工作中再没有感到过失落。 大半世的消磨， 余下的只能用夸父追日般的付出， 以弥补往日所有的遗憾。 如果你遇到这样的事， 你会怎么面对？

（2）宗庆后在创业初期面临困境时，是如何让自己走出困境的，采取了哪些策略？

3. 选择思考

（1）通过本案例的学习，你认为宗庆后的成功取决于哪些因素？

（2）在竞争非常激烈的今天，你会采取什么样的营销手段战胜竞争对手？

▌背景资料

宗庆后，男，1945年10月出生，高级经济师，浙江大学MBA特聘导师，娃哈哈集团公司董事长兼总经理。2010年9月，宗庆后以财富800亿元成为2010年中国首富，这是中国第一次有"饮料大王"成为全国首富。2011年"福布斯全球富豪排行榜"在纽约发布，中国富豪表现抢眼，娃哈哈的宗庆后以59亿美元列169位。2011年"两会"中，宗庆后表示，房屋土地使用权70年到期不公平，是让人世世代代当房奴。2012年9月3日，娃哈哈发言人称宗庆后持有娃哈哈逾80%的股份，身家升至216亿美元，成中国内地首富。2012年胡润百富榜显示，宗庆后以800亿元身家再登首富宝座。

▌宗庆后的创业经

1. 财富是推动社会前进的动力。

2. 做好娃哈哈不是偶然的，首先把有限的个人精力放在主业上，做自己擅长的事情，把规模做大，才能把事业做强。

3. 任何一个企业，做到一定规模，财富已为社会所有。

4. 企业家的心态要好，不能遭遇一点挫败就萎靡不振，创业精神尤其不能丢。要用这种精神鼓舞员工士气，群心群力发展企业。

5. 品牌是企业的灵魂，旗帜一倒，人心就会散。

6. 娃哈哈凭什么与列强争天下？我总结娃哈哈的营销策略是：市场要打穿，营销要做透。

案例 19

从废纸回收到纸业女皇

——张茵的创业故事

▌案例摘要

　　她在最传统的行业，白手起家，三次夺得胡润中国女富豪榜桂冠，成为中国纸业的领军人物；她曾在全国"两会"期间，因"减轻富人税负"、"放开二胎政策"的提案被指"只替自身利益说话"，处在舆论的风口浪尖；她曾卷入"血汗工厂"的口水仗中，面临创业以来前所未有的公关危机。她就是玖龙纸业掌门人张茵。圆脸，短发，个头不高，第一眼看上去，就像经常遇到的邻居大妈，挂着无拘无束的笑容，说话心直口快、干脆利落，热情中又透着几分憨厚。在男性主导的商业世界，她是一个技艺娴熟的聚财高手，演绎现实版的"点纸成金"，自信、果敢、执著是她的武器，专一是她成功的秘诀。而她背后的故事中蕴含的商业睿智与力量更是令人印象深刻。

　　以前，人们在评价富豪榜时，总是一副事不关己的局外人态度。然而，张茵的出现似乎打破了这样一种惯例。那些富豪榜上的其他大部分富豪，似乎总给人一种"高高在上"的感觉，人们在佩服他们的同时，并没有更多的肯定，更没有把他们当成自己学习的榜样。张茵则不同，虽然她曾是中国的首富，但她给人的感觉是"平民富豪"，是老百姓的自己人，她是靠收购废纸起家的，与广大中国老百姓一样，1985年她到香港闯荡的时候，她所带的资金不过只有3万元人民币而已。她是勤劳致富的典型，因此她最终打动了老百姓，并成为老百姓学习的榜样。

案例故事

只身闯香港

1985 年，27 岁的张茵放弃了深圳一个待遇优厚的合资企业的财会工作，带了 3 万元钱只身到香港闯荡。由于之前曾受中国一造纸厂委托去香港收购废纸，张茵开始涉足将稻草浆造纸改为环保造纸这个领域，她很快了解到内地纸张短缺的情况和巨大的市场潜力。中国森林资源相对贫乏，特别是造纸用速生林建设严重滞后，因此大部分高档纸的原料都需要用进口的废纸和木浆，发达国家和地区的废纸成为突破我国造纸原料瓶颈的重要途径。这个门槛不高、被称为"收破烂"的行当吸引了不少客商，香港则成为他们最重要的集散地。于是，张茵在香港做起了废纸回收生意。回忆起那段岁月，张茵说道："香港从事废纸回收的虽然是些文化程度较低的人，但特别讲信义，与我特别投缘，再加上我坚持废纸的品质，又恰好赶上香港经济蓬勃时期，因此 6 年内我就完成了资本部分积累。"在那里张茵遇到了他日后的夫君也是事业伙伴——台胞刘名中。

转战美国

如果说张茵在香港的创业是靠勤奋和勇气获得成功的话，那么她到美国后更多的则是靠智慧和多年积累的专业知识。中国的森林资源相当贫乏，特别是造纸用速生林建设严重滞后，大部分高档纸的制造原料要靠进口木浆或废纸解决。同时，国内废纸收集体系很不健全，且级别不够。因为国外造纸用原木，中国造纸大量掺草甚至全部用草。因此，从发达国家购买废纸一直是突破我国造纸原料瓶颈的重要途径。1990 年 2 月，张茵夫妇开始在美国拓展废纸回收业务，成立了中南控股公司。那里不仅废纸资源丰富，并且废纸回收系统极为高效、科学。另外，细心的张茵也利用了别人没有发现的机遇——大量运送出口货物的集装箱回到中国时都是空返，张茵只用极低的运费就把美国的废纸运到了中国。10 年间，中南先后在美建起了 7 家打包厂（将收到的废纸打包）和运输企业。2002 年，中南跃升为美国集装箱出口用量最多的公司。时至今日，中南已是欧美最大的纸原料供应商，年出货量超过 500 万吨，这些货物要用 20 万个 12 英尺标准集装箱来运输！据美国森林和纸业协会的报告，美国每年消耗4700万吨纸张， 其中将近75%的废纸将被循环利用。 就这样， 张茵夫妇以其独到的商业模式开创了日进斗金的生意， 也为中国造纸行业种下了一片广袤的 "森林"。

从废纸女王到造纸女王

既然原料在握， 为什么不自己动手造纸？ 1996 年， 张茵果断地在东莞投下 1.1 亿美元， 设立玖龙纸业。 1998 年 7 月， 第一条生产线建成投产， 每年可生产 20 万吨高档牛卡纸。 2000 年 6 月和 2002 年 5 月， 张茵又先后斥巨资在东莞基地安装了两条生产线。 至此， 玖龙纸业以三条生产线、 百万吨产能确立了中国包装纸板龙头企业的地位。 其后， 玖龙的脚步丝毫没有慢下来， 东莞基地新生产线还是一条接一条地上； 同时又挥师北上江苏太仓， 迅速形成 95 万吨产能， 几乎是再造了一个玖龙。 2005 年初， 产能已达 235 万吨， 年底， 产能又上升近百万吨， 达到 330 万吨， 在中国市场的占有率为 17%。 玖龙纸业已超越晨鸣纸业成为全国第一、 亚洲第二、 世界第八的造纸巨头。 在东莞玖龙生产基地， 占地几万平方米的造纸厂房只有几十位工作人员； 所有的环保设备均进口自欧洲； 自建的热电厂不仅能满足自身生产的需要， 在市场缺电时还有多余电量上网； 自建的码头和络绎不绝的数百辆自有卡车忙碌地穿梭在厂区中。 配套电厂、 水厂、 码头、 车队、 仓库一应俱全。 完成从 "废纸女王到造纸女王" 的华丽转身。

▌创业智慧

1. 阿信精神

电视连续剧 《阿信》 完整展现了主人公阿信从 7 岁到 80 岁坎坷而又辉煌的传奇人生经历。 主人公阿信从最底层做起， 历尽艰辛， 终于获得了成功， 也正是千千万万的 "阿信" 使日本成了世界经济强国。 作为白手起家的女性， 张茵的财富故事带着和阿信一样的草根创业传奇色彩， 走进并照亮我们的视野。 人都言英雄相惜， 张茵和阿信， 虽然创业内容不同， 创业经历各异， 但是她们都具有不言放弃、 吃苦耐劳、 不断进取的创业精神， 这也就不难理解张茵为什么如此喜欢和崇敬 "阿信" 了。 阿信出身贫苦， 最早摆地摊做布匹生意， 而张茵揣着 3 万元只身闯香港收废纸； 阿信面对企业的灭顶之灾坚强而乐观， 张茵遇到机会时毫不动摇，敢于放手去做，不惜为自己看中的事业投注自己全部的时间和精力，两个都是历尽艰辛，最终双双成就了伟业。很多人往往只关注成功者表面光鲜亮丽的一面，却从来没有看过他们背后的艰辛与泪水，若想成就一番事业，就必须像阿信与张茵一样，吃苦耐劳，诚心诚意，诚实努力，这才是一切事业成功的源泉。

2. 像经营事业一样经营婚姻

中国有一句古话，"每一个成功的男人背后，总有一个支持他的女人。"这句话用在张茵身上，似乎可以改成，"每一个成功的女人背后，总有一个支持她的男人。"张茵曾多次公开表示，她的成功和丈夫的全力支持密不可分。丈夫从小在西方长大，没有那种"妻子太强大，男人没面子"的观念。张茵在多个场合都表示，丈夫和自己两人在公司里只是分工不同，大家各司其职而已。没有丈夫的全力支持，她也不会有成功的一天。婚姻其实也是一份合同，如果这份合同经营不好的话，事业也很难经营成功。其实，与其说是一个人在经营事业，还不如说是整个家庭都在经营事业。因为你事业上的每一次成功，都有家人同你一起分享，在你每一次经历低谷，也总是家人陪在你身旁。如果家庭这个港湾不复存在，那你经营事业的动力和激情也会慢慢消失。尤其是像张茵这样的创业夫妻，两人共同经营一份事业，更是需要平衡好这样微妙的关系。

3. 让员工累在身体上　不要累在思想上

古人曰："聚人而成家，聚家而成国。"对一家企业来讲，没有比员工对企业充满信心和爱更重要的事情。张茵也深谙这个道理。每当有媒体让张茵总结她的成功之道时，张茵总会说，公司能一直在各种竞争和考验中稳步前行，与他们的团队精神是分不开的。企业的成功，离不开每个员工的奉献。也正因为此，张茵在事业蒸蒸日上的同时，一直非常重视人性化管理，善待员工。她的经营理念就是小家庭，大公司。她对员工亲切而随和，经常和大家同在一家餐馆吃饭，会悄悄帮员工买单。因此，公司的不少员工有时候会很热情地称她为张大姐，而很少称呼她的职位。人性化管理风格的实质就在于"把人当人看"，从而使员工愿意怀着这种满意或者是满足的心态以最佳的精神状态全身心地投入到工作当中去，进而直接提高企业的管理效率。张茵就是凭着这样一种管理风格赢得员工的认可和支持的。 有人说， 在中国做管理， 既不应该直接照搬国外的管理模式， 也不能直接遵循中国传统的管理理念。 只有做好了 "中国式管理" 的企业， 才可能是真正的赢家。 张茵就是 "中国式管理模式" 的最佳践行者。

4. 诚信是立业之本

作为中国纸业发展的中坚力量， 张茵一直把诚信视为自己的生命。诚信是企业发展的黄金法则， 也是市场经济的要求。 只有企业家树立了诚信为本， 操守为重的良好品德， 才能将一个企业带入一个讲道德、 守规则的发展轨道。 在中国做企业， 不仅要懂经济， 更要懂政治。 只有将经济和政治都把握好了， 才能真正实现企业与社会的双赢。 目前来看，整个社会都在呼吁诚信经营， 相关部门也将打击不诚信的经营行为列入了工作范畴。 对于企业来说， 诚信是一种资源， 是企业经济发展的一种无形的推动力， 对企业的长远发展具有巨大的作用。 商场如战场， 企业能否在激烈的市场竞争中抢占制高点， 取决于决策者是否善于运筹帷幄和骁勇善战， 如果一个决策者言而无信， 漠视合作者和消费者的要求， 以次充好， 坑蒙拐骗， 签字不认， 欠债不还， 那么等待那个企业与经营者的只有被淘汰出局这一条出路。 张茵和她的玖龙纸业以良好的信用和信誉赢得合作者、 消费者的同时， 也赢得了实实在在的经济价值。

5. 目标成就未来

成功从目标开始， 而目标定义了成功。 微软的目标是每一个人、 每一个办公室都用它的软件； 用友集团的目标是要成为中国财务软件行业的龙头老大； 四川希望集团的目标是成为中国最大的饲料企业， 而玖龙纸业， 则主抓效益和管理， 将目标定位为建立与国际接轨的具有玖龙特色的现代化企业。 大批中外知名 500 强企业均是玖龙的客户， 如可口可乐、百事可乐、 宝洁公司、 美的集团、 松下电器、 TCL 王牌彩电、 康佳电视等， 均采用玖龙纸业生产的 "玖龙牌、 海龙牌" 包装用纸做成的外包装箱。 在张茵纸业王国的棋盘上， 做事干净利落的她， 一旦确定了目标， 出手便有王者风范。 从香港到美国， 然后又回到中国， 张茵的每一步都踏在了时代的浪尖上。 虽然身为女性， 但张茵在关键性决策时的超前眼光和魄力连很多男性都难以企及。 在经济全球化、 中国经济腾飞的如今， 问题不在敢不敢去想， 而在肯不肯认准目标， 脚踏实地， 一步一个脚印地去做。

6. 专一和坚持成就核心竞争力

在张茵眼里，一个人熟一行做一行很重要，"你不可能是个做什么工作都最成功的人，所以我是非常专注的。当然，你所定位的这个专注的事业是否有前景也是非常重要的。当时我看到造纸行业非常有发展前景，我觉得如果我一直坚持不懈地做下去，将来一定会有所回报的，所以我才最终选择了专注和坚持。"当决定一件事后，张茵就会一直走下去。因此，十多年来，她和她的团队始终在为同一个目标不懈努力——打造世界第一的包装纸厂。在东莞实现自己人生转折的张茵，喜欢用广东的一句俗话来形容自己的创业经历——吃得咸鱼就要挨得渴。她认为，一个人要想创业成功，关键在于专注与坚持，要经得起诱惑。"一夜暴富的概率太小了，作为一名企业家，一定要持之以恒，专注于你的领域，总有一天你一定会取得成功，将你的企业真正做大做强。"从某种意义上来说，资产规模达到百亿级的玖龙纸业是多元化的。但她投入的所有资源及这些投入所形成的产能完全围绕"造纸"这个核心业务，这便是专一。

▎案例研讨

1. 角色扮演

（1）2008年4月，香港SACOM学生组织发布报告，称张茵是"点血成金"，其创办的玖龙纸业生产环境恶劣、随意罚款、工伤频繁，是典型的"血汗工厂"。该组织提供的数张照片显示，玖龙纸业的车间"废纸成堆、污水横流"。如果你是张茵，你将如何处理这次企业危机？

（2）夫妻创业是一个经久不衰的话题，开夫妻店的两口子总是让人羡慕，他们不仅每天生活在一起，就连工作也不分开。小到路边大排档，大到享誉世界的国际财团，夫妻搭档无处不在。夫妻创业有着其他创业形式无可比拟的优势。成功的夫妻企业也很多，但夫妻创业同时承担着更大的风险。如果你是张茵，你怎样处理这样一种微妙的关系，使夫妻间事业生活双丰收？

（3）性别对于张茵来说，有两层含义。一层是女强人。对此，张茵否定了性别的意义。她认为，做事业的女人和男人没有性别的差异，全在于个人的处事。另一层，尽管张茵坦言讨厌锅碗瓢盆，但她还是将母亲的角色、妻子的角色视为生命的严格组成。张茵说："在商场上，男女都一样。没有人会因为你是女人，而对你特别关照。你只有做到让人佩服你、尊重你，才能获得事业的成功。"如果你是张茵，作为女人你会不辞辛劳地将大部分精力都用在事业上吗？

（4）一年一度的胡润百富榜不仅给外国人提供了一个了解中国的渠道，而且给普通中国人提供了了解和评说富豪的谈资和乐趣。胡润约访张茵，等待了整整3年的时间。要不是这位"榜爷"的执著与坚持，我们也许至今还不知道中国有一位通过废纸回收再生产而问鼎首富的女性，如果你是张茵，你会是一位如此低调的女首富吗？

2. 案例分析

（1）20年前的小会计，今天的女首富。她点石成金，将废纸变成森林。她用自然法则告诉人们：绿色财富，循环不息。请分析张茵作为一名女性，创业成功的秘诀是什么？

（2）马云有言，做企业有三重境界，分别是生意人、商人和企业家：生意人是完全的利益驱动者；商人重利轻离别；而企业家是带着使命感要完成某种社会价值。请分析，本案例中张茵做企业是属于什么类型？

（3）张茵说，玖龙纸业香港上市之旅真正让她拥有了一个国际化的平台，虽然承受了不少压力，但是企业进步飞快。请分析玖龙纸业当时为何没有去美国上市？为什么张茵选择了在香港上市呢？

3. 选择思考

（1）慈善，是人类社会迄今为止最美丽的话题，慈善的本质是良心的觉悟，良知的勃发，是道德与精神的升华。我国的慈善事业起步较晚，同发达资本主义国家相比，差距甚远。企业家作为慈善事业的中坚力量与领头雁，对慈善事业的发展起着中流砥柱的作用。你如何看待企业家做慈善事业，如果你成为企业家你会做慈善回报社会吗？

（2）经过近三十年的打拼，中国第一代创业者现在大都面临着家业传承的问题。而富过二代、三代的使命，也再次考验了人们的财富传承智慧。据海外有关机构调查，全球67%的家族企业都将面临老一辈创业者对下一代继承者的权力和财富交接问题。 你如何看待企业接班人的问题。

背景资料

　　张茵祖籍黑龙江省鸡西市， 1957 年出生于广东韶关， 是在东莞读书长大的东莞人， 20 世纪 80 年代父母平反后她去香港收集废纸成了废纸大王。 父母都是 "南下" 军队干部。1982 年， 父亲平反， 张茵终于有机会攻读她喜爱的财会专业， 为她日后的成功奠定了良好的基础。 1985 年， 27 岁的张茵放弃了国内优厚的工薪和住房， 仅带了 3 万元人民币来到香港闯荡。 1990 年前往美国建立美国中南有限公司， 10 年后成为美国废纸回收大王。 张茵 1996 年在广东东莞投资 1.1 亿美元生产牛卡纸。 1997 年美国评比出妇女企业五百强， 中南公司名列 95 位。 2000 年后成为美国废纸回收大王。 2006 年 3 月玖龙纸业香港上市， 财富 270 亿元列胡润百富榜第 1 位。 2011 年 9 月张茵家族以财富 280 亿元排名胡润百富榜第 24 位， 比上年财富缩水了 100 亿元 （胡润分析称， 张茵家族涉及进出口贸易产业， 在金融危机阴霾未散的情况下， 贸易额波动会比较剧烈， 所以股价也会受到较大影响）。

张茵的创业经

　　1. 企业最关键的是要定好位， 要专一。 你做错一单生意没问题， 但定错位就很麻烦。 20 世纪 80 年代， 做房地产、 做金融股票都很赚钱， 但我们没有改行。 到了香港后， 我就一直非常专注地做纸业。

　　2. 至于是不是全球最大， 因为国际市场经常有一些大企业间的并购、 重组， 企业规模会不断发生变化， 所以， 很难说到一个什么样的规模， 就能称为 "全球最大"。

　　3. 用很俗的一句话就可以概括我的财富观、 财钱都是身外物， 精神上的幸福才是真幸福。 现在企业生产链在不断完善， 家庭方面孩子进步、 夫妻恩爱， 我现在幸福得跟花儿一样。

　　4. 我们白手起家， 一步步走来非常不容易， 这也让我们非常珍惜我们的企业。 玖龙未来的发展方向， 是继续做好环保造纸以及上下游产业链， 不断夯实玖龙百年基业的根基。

5. 我更愿意把玖龙做成一个百年企业当作目标， 而不是全球最大这样的头衔。 我们希望今年的业绩比去年更好。 玖龙打造的是一个百年基业， 我们要用长远眼光去看待企业经营和发展， 我对玖龙未来的潜力非常乐观。

6. 玖龙每年增加几百万产能， 投资非常巨大， 但我还是想再强调，我们的扩展绝不是盲目的。 从市场需求的增长来看， 不会是无止境的，也就是说， 对于一个企业而言， 把握住这种需求增长的机遇是非常关键的， 机遇不会永远在那等着你。

7. 每个人的付出不一样， 工人可以 8 小时之后选择不工作， 工作就找老板要加班费。 而当老板是一种责任。 我觉得不要说富人穷人， 这种提法让大家觉得不平衡。 富人和穷人这个话题， 最好慢慢消失掉。 老这么讲， 会人为造成一种差距。 我觉得应该有一种爱心， 贫富的探讨不好。 我在企业倡导爱心， 员工要爱企业， 管理层要爱员工。

案例 20

昌运复星
——郭广昌的创业故事

▌案例摘要

浙江横店因影视基地、明星云集而远近闻名，却很少人知道"横店制造"的民营企业家——郭广昌。他仅仅用了六年时间，从寒门学子一跃成为上海首富，用睿智和坚韧缔造了中国式商人传奇，为横店这个名镇又增添了一抹耀眼的光芒。他可谓是中国最具眼光的机会主义投资者。他自言身无所长，只是非常善于倾听别人的理念，倾听完之后培养自身的判断力和创造力。他自言管理秘诀为"集体英雄主义"："在团队中我们给每个人的能力只能打 70—80 分，但我们要做能力的加法和乘法。企业的发展像一条不断流淌的河，每个人正像河中的一滴水，无论是在上游、中游还是下游，都要找到自己汇入的位置。"

郭广昌自谦为一滴水，但他不是普通的一滴水。可能是第一滴落入撒哈拉沙漠的勇敢，可能是潮头浪尖跃得最高的无畏，也可能是圣贤眼中滴落的智慧。郭广昌自谦为一滴水，他也是最普通的一滴水。汇入了复星发展的河流中，也汇入了中国经济澎湃的浪潮中。他身上有着千万成功企业家的缩影，而透过他，又像是透过万花筒的镜子，看到中国经济明天的灿烂繁华。

▎案例故事

初露峥嵘：　资本积累阶段

1992 年复星开始创业，即成立 "广信科技发展有限公司"，广信成立时，全国的咨询公司不超过 10 家，上海就有 4 家。作为行业排头兵，广信以敏锐的眼光迅速掌握了上海的咨询市场，随着越来越多的企业进驻上海，对上海的需求调查成了广信得以立足的前提。有志者事竟成，破釜沉舟百二秦关终属楚，郭广昌的第一桶金就这样挖到了。在旁人看来，先入为主和专业先行是广信科技咨询公司赢得众多客户的原因，而运气更是成了郭广昌成功的一个借口。就在广信咨询干得有声有色的时候，郭广昌突然决定退出咨询行业，另谋他途。"当门庭若市的时候，差不多也就是门可罗雀的时候了。" 郭广昌的这句话意味深远。果然，咨询业在经过两年的风风火火之后，随着越来越多的咨询公司加入，这块本来就不大的蛋糕也变得越来越小了。

急流勇退：　寻觅更广阔的天空

1994 年，随着范伟和谈剑的加入，广信正式更名为复星，放弃咨询行业，主打医药，并开始涉足房地产。郭广昌摇身一变，成了上海首批房地产开发商之一。然而，谁能想到，这个声名显赫的房地产公司在刚进入房地产市场时也曾低迷过。当时，国家政策决定了一个行业的兴衰，从计划经济中复苏的市场还不成熟，房地产和所有原本由国家控制的产业一样，不可能一下子放开，总是摸着石头过河。郭广昌承认，在这件事情上犯了冲动的毛病，让他尝到了苦头。但郭广昌绝不后退，在沉浮的商海里他始终扮演着开路先锋的角色。时隔 10 年之后，复地获得了上海首批房地产开发企业诚信承诺企业标牌。这一年，复地集团在北京举行的地产峰会评比中成绩骄人，位列当年中国房地产百强企业综合实力榜第三、成长速度第一、赢利能力第五。一连串数字都在演绎着复地的传奇，被业界人士惊讶的同时，也在为郭广昌这个领跑者惊讶。

回归冷静：　笑看 "多元"

复星的多元化是相对成功的，到目前为止，其多元化业务的战略和运营指标基本健康。郭广昌相信，城市化、工业化将为综合类公司提供成长壮大的机会，而复星的努力也将重新塑造多元化企业的面貌和内核，并使之成为受到尊敬的主流企业形态。在行业选择上，郭广昌几乎没有犯过致命的错误，而且善于先人一步逢低介入。1994年进入房地产、医药产业，2002年涉足商业零售业，2003年进军钢铁业、证券业，2004年屯兵黄金产业，2007年投资矿业。如今，随着这些行业进入新一轮上升期，复星的投资收益格外抢眼。在复星2008年度大会上，郭广昌首次提炼出了"锻造三大价值链"的复星模式，三大价值链的正循环造就了复星的初步成功，布局未来时，郭广昌决意将复星模式坚持到底。经过4年的规划和重组，郭广昌终于打造出了复星集团的"一个中心，五个基本点"。其中，一个中心是复星国际。五个基本点是钢铁、医药、地产、商业流通和产业平台。在复星国际的宏观把握下，五个业务板块分别在各自领域展开了有条不紊的产业整合。

▌创业智慧

1. 信奉"集体英雄主义"

郭广昌曾经说过："在团队中我们给每个人的能力只能打70分到80分，但我们要做能力的加法和乘法。"在复星五虎中，三个学遗传学，一个学计算机，而学哲学的郭广昌总觉得自己身无长技，尽管考虑问题比较全面是他最大的"长技"。实际上，"身无长技"恰恰成了郭广昌的"特长"，那就是什么问题都要去请教人，什么事都要找专家，这就使得郭广昌十分会用人。当年复星五虎将里的另外四个，如今都在复星多元化产业里独当一面。如果没有汪群斌、范伟、谈剑和梁信军，再好的战略也等于零。他们5个人就像5根手指，哪根也不能少。5根手指攥紧，就是一只拳头。复星强调的就是团队管理，创业团队要经得起成功与失败的考验，仅靠友谊的维系是不够的。他们五个人除了在学校就建立起来的良好关系之外，浙商那种"百折不挠"的精神也在他们身上发挥得淋漓尽致，由这种共同的文化演绎而成的企业文化，是5人同心的最大基础。

2. 独到的眼光

伟大的商人有三种：靠胆量，靠大脑，靠直觉。郭广昌却是三者兼具的商人，凭着对生意的灵敏嗅觉和迅捷反应，加上破釜沉舟的勇气，每次探底出击都能功成身退。郭广昌也被称为机会主义者，因为他总在不断地提出新的目标、 追逐新的机会。 如果没有这种对于目标近乎于狂野的追求， 也就不会有复星历史上几次电光火石般精彩的产业并购了。复星集团横跨医药、 房地产、 钢铁、 商业流通乃至金融、 传媒等众多产业领域。 郭广昌没有迷失在自己设置的多元化战局中， 他在某种意义上更像是一位投资家， 而非简单的商人。 与众多热衷于专业化发展的狭窄渠道相比， 复星的这种模式无疑更加全面、 更加锐利。

3. 人的工作不是 HR 的专利

人力资源不仅仅是人力资源部门的事情。 我们管理团队应该能拿出更多的时间与人沟通。 以前公司小， 拿起电话一打就能说清楚。 现在公司大， 如果不花时间找人谈不行。 沟通多用面对面的方式， 不要 Email 来Email 去， 走极端。 东方文化中， 不喝酒也不行。 台上讲文化是很重要的， 不仅要看台上说什么， 还要看台下说什么。 更重要的是， 管理团队找人带人是非常重要的工作。 以前认为人力资源不就是找个优秀的人来就可以了， 以他们找为主。 人力资源是职能部门， 但到底找什么样的人，是经理的事情， 用人部门的事情， 他们负主要责任。 人力资源只能做辅助工作。 学会用人， 就学会管理最重要的资源了。

4. 投资秘诀

郭广昌的投资以注重价值著称。 他有一个著名的 "三七" 理论： 很多人讲， 做企业 70% 的利润是大势带来的， 30% 才跟企业基本面有关，所以只要做好那 70% 就够了。 我认为恰恰相反， 70% 很难把握， 只有企业基本面那 30% 是你能把握住的， 如果做不好这 30%， 大势红利你是享受不到的。 郭广昌坚持在投资上 "做对的事情"， 即始终关注投资对象的基本面和价值， 而不是在波动中追求利益最大化。 只有做了对的事情， 那额外的一块市场回报， 那是市场增加给你的。 "我们投资后在日常管理上一般不管， 但是也会每个礼拜、 每个月、 每季度、 每半年有一个监督体系， 我们制定的战略如果没有这个监督体系， 一年之后再来看可能就偏得太厉害了。 一方面我们放手， 另外及时的监督， 及时跟投资企业沟通， 在需要提醒的时候给予提醒， 在需要帮助的时候给予帮助。"

5. 郭式经营的 "太极文化"

动静之间， 暗藏活力。 郭广昌， 被媒体称为 "中国最可能像巴菲特的人"， 亦是老祖宗文化的爱好者。 郭广昌对太极的喜爱， 直接为太极走进上海世博会提供了一个机会。 在上海世博会上， 民企联合馆的 "活力矩阵秀" 突破了众多场馆 "看电影" 的局限， 1008 个白色浮球空中起舞、 真人表演太极拳令人耳目一新。 这是郭广昌和其他企业家的刻意设计。 在他们眼里， 世博会不再是一个商品推介的场所， 更多的是各种理念的交流之地。 郭广昌说， "太极文化中不仅 '道生一、 一生二、 二生三、 三生万物' 的理念与民营经济活力无限的现实吻合， 其强调和谐的理念也很富于启发。 我们通过民企馆就想向人们展示这样一种追求， 民营经济可以与社会和环境和谐相处， 民营经济也可以通过互补合作创造更和谐的商业生态， 寻找更广阔的发展空间。"

案例研讨

1. 角色扮演

（1） 1989 年郭广昌大学毕业， 留在复旦大学工作， 学校是一个避风港， 教师可以安心搞科研， 行政人员按部就班做学生工作， 体面而不劳累。 对于一般人来说， 这样的生活已经可以满足了。 但是郭广昌却怎么也平静不下来， 他觉得在学校里熬着实在太消磨意志了， 而郭广昌从来都不想做一个没有理想、 满足生活现状的人， 如果你是郭广昌你会辞去体面的大学教师工作， 而去辛苦地创业吗？

（2） 1992 年复星开始创业， 成立 "广信科技发展有限公司"， 当时全国的咨询公司不超过 10 家， 上海也就有 4 家。 经过千辛万苦的努力， 郭广昌终于在行业内站稳了脚步， 并收获了人生中的第一桶金， 但是他却在干得有声有色的时候， 毅然退出咨询行业。 如果你是郭广昌， 你有这样的眼界和魄力吗？

（3） 复星的五虎上将已经在业内传为佳话， 在复星多元化的产业链条中， 郭广昌成了整个企业团队的灵魂； 梁信军是副董事长兼副总裁， 成为复兴投资和信息产业的领军人物； 汪群斌是总经理， 专攻生物医药； 范伟掌管房地产； 谈剑负责体育及文化产业。 五人同舟共济 16 年， 风雨同舟， 互补互助， 一步步走向成功的巅峰。 如果你是郭广昌， 你觉得产生这样的凝聚力的重要因素是什么？

2. 案例分析

（1） 请分析， 郭广昌作为一名优秀的企业家， 最难得的品质是什么?

（2）复星进入的几大主业、控股或者合资的几大公司，这些年无论是销售收入还是净利润均获得显著增长。这是让外界十分羡慕的业绩。一些人认为他们很懂财务、很懂得资本市场的运作，你认为复星投资的秘诀是什么?

（3）世界上没有完美的个人，只有完美的团队。比尔·盖茨曾经说过："我们微软是打群架的。"猛虎难敌狼群，看一个企业的未来先看他现在的团队。请你分析复星团队的组成以及他们为何能够完美的组合。

（4）从来没有一个商人不愿意为了生意而苦心经营，也从来没有一个商人不愿意为了生意而妙计迭出。请分析在医药板块这个特殊领域中，复星经历了哪些成长历程，它受到了哪些冲击，而后又如何杀出重围走向世界的呢?

3. 选择思考

（1）郭广昌曾经多次强调他对多元化的理解：并不是只做一件事情就叫专业化，做一件事情也可以做得很业余；一家公司同时涉足多个领域，也可以在每个领域都做得很专业。你是如何理解多元化和专业化的，你赞同多元化经营就是美丽的陷阱这样的观点吗?

（2）历史总是惊人的相似。第二次世界大战后，美国高速发展的国内经济背景下，产生了像立顿、Textron 等呼风唤雨的多元控股集团。而在东亚，整体经济态势从 20 世纪 70 年代至 90 年代的崛起过程中，三星、三菱等多元化集团几乎在一夜之间成长为体型庞大的商业巨人，请分析其中的原因。

▌背景资料

郭广昌祖籍浙江省东阳市，1989 年毕业于复旦大学哲学系，后获复旦大学工商管理硕士学位。1992 年创业至今，郭广昌缔造了中国商界的一个传奇。20 年前复星创始资本仅有 38000 元人民币。如今，复星是中国最大的私企之一，截至 2012 年 6 月底，其净资产超过 516 亿元，管理资产 1580 亿元。1992 年邓小平发表南方谈话后，郭广昌受到鼓舞，从复旦大学离职下海，创立上海广信科技发展有限公司，较早地在中国内地推广科学化的市场调研方法。创业以来，郭广昌先生及梁信军、汪群斌、范伟组成的创业团队投资了保险、医药健康、房地产、钢铁、矿业、零售、服务、金融、资产管理等领域，将复星集团打造成为中国最大的民营企业之一。由于复星集团在保险业等多领域的投资经验，《纽约时报》将其比作迷你版的伯克希尔·哈撒韦公司，而英国《金融时报》更将郭广昌称作"中国自己的巴菲特"。郭广昌热心社会公益事业，他也是中国光彩基金会、友成企业家扶贫基金会、YBC青年创业基金会的副理事长。复星集团多次向扶贫助学、抗震救灾等社会事业捐赠款物累计逾人民币6亿元。2010年中国上海世博会期间，郭广昌携手15位中国民营企业家建设运营中国民营企业联合馆，开创中国民营经济亮相百年世博会的历史，为中国经济新面貌赢得国际赞誉和广泛尊重。

郭广昌的创业经

1. 我认为，第一要为社会创造财富；第二，你先把自己企业的员工弄好，让他们生活富裕起来，收入不断提高；第三，你有钱了再做点慈善事业，但是做慈善也还是得帮助人培育造血功能。（慈善的）最高境界就是你要为社会创造财富。

2. 慈善是一项长期的事业，应该让慈善精神永远传承下去。慈善不分老幼，应该成为每个人的自觉行动。现在城市里的年轻人很多都是在优越的条件下成长起来的，体会不到社会上的艰难困苦，心中自然也就缺乏慈善之念。因此，我们有责任引导下一代更多关心社会疾苦，为社会承担更多的责任。

3. 作为一名企业家，应该把金钱看得淡一些，把社会责任看得重一些。人的生命总是有限的，金钱生不带来、死不带走，现在掌握的财富最终都是全社会的。

4. 慈善不仅仅是简单的现金捐赠，而更应该在一些困难的地方做投资，带动就业，上缴税收，带动当地经济的成长，促进当地人观念的转变。不是"输血式"而是"造血式"扶贫。

5. 经济好的时候，我们常常忘了经济是有周期的。所以，搞市场经济，就必须对市场抱有敬畏之心，就必须尊重市场经济的这一规律。也只有这样，我们才能学会以平和的心态接受周期，以积极的姿态在周期下生存，与周期共成长。

6. 即使蚂蚁，本身也有一种精神。一只蚂蚁过河肯定会被水冲走，蚂蚁怎么过河呢？一群蚂蚁密密麻麻地缠绕在一起，像球一样滚过河水去。当然，最外围的蚂蚁肯定被冲走了，但是整个蚂蚁群体就过了那条河。在企业发展中，我们强调个体意志更强调群体精神。

7. 我一直觉得丛林法则是没有错的，每个人每个企业都应该为自己的权利去争取。但是，这个法则只是反映了企业和人的本能，作为一个法人，企业经营者和企业都要面对自己所处的商业生态，在这个生态中首先就应该尊重法律。

8. 如果是做小企业的人，更多的时候就要做一部分人的孙子；如果做中型企业，就做更多人的孙子；如果做大企业，就是为所有的人做孙子。

9. 我现在不断地提升管理，不断地分期授权，另外一点我认为企业内部还是要养成一个规矩，也就是像依法治国一样的，依法治企业，这样大家都养成一个习惯，该怎么做，应该做什么，不应该做什么，这样后面接班就比较容易一点。

10. "不要以为有了第一次，就理所应当还有第二次。"每个创业者的理想都很伟大，但要时刻保持清醒的自我认知，不能忘乎所以，用每一分钱都要冷静再冷静。

案例 21

精彩刚刚开始

——招商银行行长马蔚华

▌案例摘要

　　马蔚华导演了招商银行近年来 "网络化、资本市场化、国际化" 的三出大戏, 使招商银行也从当初偏居深圳蛇口一隅的区域性小银行, 坐上了国内银行界的第六把交椅。 2004 年, 著名的英国 《银行家》 杂志将他列为全球银行界 "2004 年度希望之星"。

▌案例故事

成为知青

　　1968 年 12 月, 毛泽东下达了 "知识青年到农村去, 接受贫下中农的再教育, 很有必要" 的指示, 上山下乡运动由此大规模展开。 在大时代背景中, 高中毕业后的马蔚华同千万个同龄人一样, 打起行囊来到辽宁省北镇县长兴店公社状元堡插队。

　　在一些人看来, 知青到这里来就是和社员争工分、 争口粮, 农村并不需要他们。 在节奏缓慢的农村生活里, 马蔚华凭借着自己的文笔成为一名小有名气的报道员, 初步表现了他的职业才能。 此时年少的他做了当一辈子农民的精神准备, 却并没有预料到未来历史的变革轨迹。

　　下乡四年之后, 马蔚华参加了招工考试, 随后他幸运地回城成为锦州铁路局大虎山工务段的一名工人。 当时锦州铁路局是全国 10 多个铁路局里最先上新设备的, 成为全国效率最高、 运输成本最低的铁路局, 从

20世纪60年代到80年代，锦州铁路局的职工从4万多人增加到8万多人，半个锦州市几乎成了铁路局系统的天下。作为铁路系统的一名工人，马蔚华在他最初的职业生涯里学到了精确性和系统性。铁路是个环环相扣的大系统，任何马虎和懈怠都可能酿成大祸。

大学生活

马蔚华考入吉林大学经济系国民经济管理专业，吉林大学的前身是始建于1946年的东北行政学院，1960年被列为国家重点大学。多年来这所学校一直以其经济社科领域的成就为荣。时代的印记难以磨灭，经济落后的效应首先在吃和住上体现出来。当年的吉大，食宿条件都较差。校舍破旧，一间小小的宿舍拥挤着12个人。食堂里的饮食品种单一，伙食赶不上同在长春的第一汽车制造厂的工作餐。由于十年"文革"的破坏，整个中国的教育事业百废待兴。没有系统的教学体系，正规教科书极度匮乏，是整个中国教育事业发展急需解决的难题，吉大也不例外。物质上的艰苦并不影响精神文化生活的丰富多彩。当年这些大学生身上的荣誉感和使命感极强，是真正的天之骄子。他们有过学工学农的生活经历，所以特别珍惜大学中每分每秒的时间。学校的学习氛围非常浓厚，早饭时间过后校园内很少见到悠闲散步的学生，大部分人都是一路小跑去上课。图书馆中永远是人满为患，很多学生在天还未放亮时就去图书馆占座。众多经济名家对吉林大学经济学的基础研究作出了巨大贡献，他们的敬业精神和严谨治学的态度影响了一代又一代的吉大人。每个人的大学时代都是最值得回忆的时光，后来的马蔚华在工作中仍喜欢去大学演讲、做推广，和年轻的学生们交流。他回忆说，在学校中学到的理论和做事的方法，是他一生中最为珍贵的财富。

天之骄子的历练

1982年大学毕业后，马蔚华被分配到辽宁省计委工作，很快被提升为副处长，随后再次被提升为正处级的副秘书长。

1985年6月，马蔚华被抽调到辽宁省委办公厅担任处级秘书，期间在1986年获得吉林大学经济学硕士学位。不久，辽宁省委书记李贵鲜南下任安徽省委书记，马蔚华也随之调任安徽省委办公厅秘书。在华东腹地的安徽，马蔚华忙于公务，先后去过全省60多个县。他曾感触于合肥夏日的酷暑难当，更感慨于省委错综复杂的干部关系。

1986 年夏天， 长江、 淮河发大水， 马蔚华骑着自行车奔波于政府部门之间上传下达， 时刻准备着下到一线去支持抗洪防汛工作。 正是这两年感慨良多的为官经历， 让他对社会实际有了直观的感受。

1988 年， 李贵鲜调任中国人民银行行长， 马蔚华再次随同李贵鲜调到北京， 担任中国人民银行办公厅副主任、 计划资金司副司长等职。 在中国人民银行任职期间， 他以政府经济官员的身份参与中国宏观经济运行， 见证了中国银行业的许多重大事件和变革。

20 世纪 80 年代的改革初期， 中国没有 "商业银行" 这一概念。 经济改革的重心在企业改革， 而金融业要为之提供配套服务， 所以金融改革比企业改革滞后。 直到 1984 年企业改革后具有了活力， 需要有一个合理完善、 支撑整个经济运行的金融体系， 因此分出了工、 农、 中、 建四大专业银行， 标志着中国商业银行体系雏形的出现。 中央银行与商业银行 "不分彼此"， 人民银行又监管又放贷， 运动员裁判员一起做的格局被打破。 80 年代中后期， 整个国民经济发展和经济体制改革对银行业和金融业提出了更高的要求， 专业银行运作中存在的不少弊端也逐渐暴露， 决策层开始考虑建立体制较新、 业务较全、 范围较广、 功能较多的银行， 逐渐地， 四大国有银行的业务藩篱被打破。

1988 年， 深圳发展银行率先进入资本市场， 1991 年实现上市。 通过上市， 深圳发展银行建立了正常的资本金补充机制， 为提高透明度， 发挥市场监督功能， 建立现代银行制度做了有益的探索。 同时政策规定突破了地方不能办银行的限制， 全国各地大中城市分步组建了近百家地方性商业银行。 中国银行业融入世界的脚步从此加快， 银行业对外开放地域逐步从经济特区扩展到沿海城市和中心城市。

1992 年 10 月， 马蔚华南下任中国人民银行海南省分行行长、 党组书记、 国家外汇管理局海南省分局局长， 一直到 1999 年。 在海南期间， 有两件事丰富了马蔚华的人生履历。 一是受命解决海南发展银行破产清理工作； 另一件事就是用了 4 年时间攻读西南财经大学博士学位。

"洋派思维" 与 "国际化"

虽然是一个爱吃烤土豆的东北人， 马蔚华的思维方式一直比较"洋"。 马蔚华到招商银行不久， 就提出了国际化的发展脉络。 经典电影《天堂电影院》 有句话道： "如果你不出去走走， 你就会以为这就是世界。"

马蔚华在很多方面展示着他的"洋派思维"：他曾将招行的高层管理团队送到剑桥大学去培训，并在招行重要的信用卡部门启用来自花旗的专业团队，马蔚华本人也和罗杰斯、巴菲特这些国际投资界大腕交情不浅，其中来自 JP 摩根的高层人物杰米·戴尔更是他的老朋友。而一个有意思的现象是，你会在招行的联名卡中发现很多类似于 NBA、Hello Kitty 这样的国际时尚元素，这显然也是"洋派"的典型体现。

2008 年，招商银行收购香港永隆银行；同年，招商银行纽约分行开业；2009 年，招商银行又将代表处开到了欧洲金融中心伦敦。对于收购永隆银行，马蔚华一直充满自信，他说："香港是重要的国际金融中心，拥有全球最成熟、效率最高、国际化程度最高的金融体系，香港是招商银行走向世界的第一步。并购永隆银行对于招商银行的战略意义，以及招商银行的发展国际化战略，并不会因为当前的市场股价暂时波动而有所改变。"

2008 年 10 月 8 日，招行纽约分行开业，正值金融风暴乌云密布之际。以红色为主色调的招商银行纽约分行庆典如期召开，被当地媒体称为："金葵花绽放曼哈顿"、"这个世界金融的寒冬季节，招商银行的金葵花给人们带来了希望"。在开业典礼上，马蔚华端起酒杯，充满豪情地说："当华尔街正在裁员的时候，招行在招聘员工；当许多金融机构在这里倒闭的时候，招行在这里诞生！"沧海横流，方显英雄本色。在并购永隆银行和开设招商银行纽约分行之后，马蔚华又将视角投向了英国伦敦，选择把伦敦作为开拓欧洲市场的出发站。2009 年 7 月 16 日，招商银行伦敦代表处正式在英国伦敦成立。马蔚华讲述："开纽约分行，包括设代表处，很大的意义在于去了解国际市场，了解国外的游戏规则，知道风险是怎么回事，因为你老在国内的话，始终学不会'游泳'。但现在是试水，是在游泳中探索市场，看看有哪些业务是能够给我们带来利润，这需要一个过程。我们也不能指望纽约分行能像国内的分支机构带来那么丰厚的利润，因为我们是在一个比较陌生又充满风险的市场，在一个环境、法律制度完全不一样的市场，只能先去熟悉，更多地了解外部世界。"

马蔚华一直认为："银行是为企业提供贴身服务的，企业'走出去'了，银行也要'走出去'。而中国的银行在这几年的银行业改革中发生了很大的变化，特别是国有银行的相继上市，使得银行的治理结构、发展潜力和资本充足率都发生了非常大的变化。一家国际化的银行必须有国际化的网络，这也是国内银行'走出去'的另一种动力。"

马蔚华的"洋派思维"和"国际化"理念的坚持，也使他成为最让国际人士认可和推崇的中国银行家。2009 年 3 月，马蔚华凭借在零售银行创新发展中作出的突出贡献和卓越领导力，在《亚洲银行家》杂志主办的 2008 年度"零售金融服务卓越大奖"中成为亚太区 130 多家银行中唯一被授予"年度最佳零售银行家"荣誉的银行家。马蔚华同时也成为中国内地首位获得这一称号的商业银行行长。

他 EQ（情商）很高，注重大众传播与人际传播并重。他和娱乐圈的人很熟识，手机里存有多位明星大腕的电话。而在其中，他也穿针引线地让影视作品成为招行独特的品牌形象传播渠道。

▌创业智慧

1. 敢为天下先

1987 年 4 月 8 日，诞生于深圳的招商银行是我国第一家完全由企业法人持股的股份制商业银行，没有像其他同业一样的政府背景，也没有政府给予的特殊优惠政策。正因如此，招行比国内同业更早地经受了市场的洗礼和磨砺，创新求变成为招行的立行之本。

1999 年 3 月，马蔚华担任行长后，他提出招行人的精神内核里要有"葵花向太阳"的文化理念，要因"势"而变、因"您"而变，在快速变化的经营环境中，力求变得早一点、快一点、好一点，才能不断塑造战略领先优势，赢得自身的生存发展空间。由此，招商银行的广告宣传词也采用了"因您而变"。

也正是这个"变"，马蔚华给中国银行业带来了一次强烈的冲击波。而这个冲击波的制造者就来自于厚度不过 1 毫米的"一卡通"那张小小的卡片。"一卡通"被誉为我国银行业在个人金融方面的一个创举，目前，招行"一卡通"累计发卡量接近 4000 万张，卡均存款余额是全国平均水平的 2.5 倍，居全国银行卡前列。

2002 年 12 月 3 日，招商银行的"国际化"战略走出重要一步，招行在国内率先推出"一卡双币"，成为全球通用的真正国际标准信用卡。2007 年 11 月，招商银行信用卡总发卡量突破 2000 万张，在国内双币信用卡市场上占据超过三分之一的市场份额， 在中国内地信用卡行业中具有领先优势。

2. 打造百年招行

精彩大戏的轮番上演， 马蔚华也先后获得 "最具资本市场影响力的领袖"、 "最具远见的信息化领导者奖" 和 "十大明星企业家" 等殊荣， 并被英国 《银行家》 杂志评为 "2004 年度希望之星"， 成为 18 位获选者中唯一的中国银行家。 2007 年 11 月 2 日， 马蔚华获评 "2007 亚太客户服务卓越贡献大奖"。

3. 不断提升自己

2005 年 5 月 23 日， 马蔚华获得由中华全国工商业联合会和北京大学光华管理学院等单位联合评选的 "2005 中国十大创业领袖"； 5 月 28 日， 在 "第六届 MBA 发展论坛" 组织的 "中国十大最具战略思维的企业家" 评选中， 马蔚华行长榜上有名。

当然， 马蔚华获得的荣誉远远不止这些。 这些显赫的学术身份、 这些辉煌的荣誉称号， 使马蔚华获得了 "创业领袖" 的美称。 而招商银行也正是在马蔚华这种创业智慧的带领下， 以敢为天下先的勇气， 不断开拓， 锐意创新， 连演了 "网络化、 资本市场化、 国际化" 三出好戏。

4. 创新意识不断

在金融界， 马蔚华被认为是最具创新意识的银行家， 是典型的进攻型主帅， 在他眼里不进则退， 停下来的后果， 先是落后， 最后必然被淘汰。

5. 危机意识长存

作为一个深具危机意识的领导者， 马蔚华的危机意识十分强烈。 他认为， 在战略上至少要看到未来三年。 "如果三年前不果断地进行经营战略调整， 那么面对今天的宏观调控就会很被动。 如果五年前我们不下决心发展信用卡， 那就错过最好的市场时机。 如果六年前， 招行在战略上不把中国加入世贸组织的因素考虑进去， 就无法应对开放后的金融环境。"

案例研讨

1. 角色扮演

（1） "招行又走在了国内银行的前面"， 如果你是马蔚华， 你是怎么样认为的?

（2） 马蔚华连演了 "网络化、 资本市场化、 国际化" 三出好戏，如果你是马蔚华， 接下来会做什么？

2. 案例分析

（1） 马蔚华 1999 年以前的经历一直是官员的身份， 管过钱、 管过宏观调控， 这 5 年来， 从管企业变成亲自做企业， 最大的区别是什么？

（2） 马蔚华表示： "我曾是中国企业家协会的负责人， 又作为人大代表代表中小商业银行参加人大会议， 我结交的朋友有 IT 圈的， 也有国企领导， 既有体育人士， 也有包括赵本山、 那英这样文艺界的朋友。 而我有时间也参加我们每年的校园招聘活动， 因为跟大学生交往， 会让你有很多创新的思维。" 这对他的事业会有影响吗？

3. 选择思考

（1） 就当前金融业出现负利率的情况， 是否会引发通货膨胀， 如果发生通货膨胀， 作为商业银行的经营者， 你认为该怎样应对？

（2） 银行也要 "走出去"， 你是怎样认为的？

▌背景资料

马蔚华， 男， 1949 年 6 月出生于辽宁锦州， 1982 年吉林大学经济系本科毕业， 1986 年获吉林大学经济学硕士学位， 1999 年获西南财经大学经济学博士学位， 美国南加州大学荣誉博士， 高级经济师， 曾任招商银行董事、 行长， 吉林大学董事会董事， 中国金融学会常务理事， 中国企业家协会副会长。 先后当选为第十届全国人大代表， 第十一届全国政协委员。 1999 年 1 月起任招商银行股份有限公司行长兼首席执行官， 2013 年 5 月卸任。

分别自 1999 年 9 月、 2003 年 9 月及 2007 年 11 月起兼任招银国际金融有限公司董事长、 招商信诺人寿保险有限公司董事长及招商基金管理有限公司董事长， 并自 2002 年 7 月起担任招商局集团公司董事。

同时担任中国国际商会副主席、 中国企业家协会副会长、 深圳市国内银行同业公会名誉会长、 深圳上市公司协会会长、 中国金融学会常务理事、 中国红十字会第八届理事会常务理事、 深圳市综研软科学发展基金会理事长和北京大学、 清华大学、 南开大学、 吉林大学及西南财经大学等十多所高校兼职教授等职。

马蔚华的创业经

1. 创新就是比别人多想三五年。

2. 知未来，谋当下。

3. 早一点，快一点，好一点。

4. 我虽没有四处流浪，但几十年的工作生涯中，有命运的安排，更有内心的驱动。

5. 为了寻觅前方更精彩、更瑰丽的风景，我将一路向前，永不停息。

案例 22

凭直觉千金一掷
——徐新的创业故事

▍案例摘要

在中国风险投资行业，有这样一位女性，她掌控着庞大的风投基金，曾被《商业周刊》评为"亚洲 25 位最具影响力的人"。她说："成功的企业都是相似的，失败的企业各有各的原因。面对形形色色的企业，选择是最关键的环节。投资家要有幼仔时能看出其会长成鲨鱼的潜质，沙里淘金，鱼龙明辨！选对人、给足钱、缓收益是我成功的最大秘诀！"她是一位个性鲜明的重量级人物，只要她投资的企业，必定财源滚滚。娃娃脸上，总是挂着灿烂的笑，她就是徐新。

正是这个女人，用独到的眼光和敏锐的判断，仿佛有点石成金的神功，导演了一幕幕令人惊叹的财富传奇：丁磊靠她投下的 500 万美元，将网易做成在纳斯达克上市的门户网站，市值超过 30 亿美元。她让 10 多家名不见经传的小企业搭上财富"过山车"，将包括丁磊在内的 3 位创业者推上了福布斯前 100 名的富豪榜。而她自己，更是颠覆了风险投资高回报一定高风险的传统，得风得雨，经手的项目个个大赚特赚，仅投资中华英才网的回报率就在 100 倍以上。从事风险投资工作十多年，曾主导和参与了对网易、中华英才网、京东商城、娃哈哈、长城汽车、相宜本草、真功夫快餐、德青源鸡蛋、诺亚舟、京信通讯等公司的投资。

▌案例故事

职业生涯中的关键一跳

徐新是浙江人，她的父亲是一个非常成功的企业家，管理过几万人的国有企业。父亲的教诲从孩提时代就融进了她的血液里，潜移默化中影响了她一生的追求。她说，正是父亲的影响，使得她对企业，对经营有一种与生俱来的亲切感，对于财富和商机天生敏感。

1988年当她从南京大学外语系毕业以后，便毫不犹豫地转向金融圈发展。

经过面试，她到中国银行总行的营业部上班了。由于是个新手，徐新在柜台每天重复着做三件事：复印、登记、盖章。尽管这样的工作并没有太多的挑战性，徐新还是做得很尽力。她的目标是当先进和提升当科长。不到一年，她就从2000多人中被选上当了三八红旗手，之后又被提升为副科长。中国银行对徐新进行了嘉奖。奖品不多，两个床单。不过徐新还是高兴得要命。她明白，要肯努力，就会得到回报。现在，只差机会。

在中国银行重复了三年的简单工作之后，机会来了。中英两国政府在此时欲联合培养一批注册会计师。中国政府准备从金融圈中选一些年轻的候选人去参加英国注册会计师考试，而中国银行把参加考试的机会给了徐新。从接到通知到参加考试中间的短短两个星期里，徐新夜以继日背诵会计书上的内容。虽然她没学过会计，但是她在大学时学的专业外语帮了她的忙，她幸运地以第二名的身份拿到了等待已久的机会，进入第二轮的考试。

在南京黄埔饭店里，徐新和许多来自银行和大学的候选人一起等待着来自全球知名会计师行的测试。如果这一轮的测试通过，他们就将被送往香港，在当时的六大国际会计师行进行为期三年的工作实习，而又如果在三年的时间内他们通过18门专业课程的考试，就将成为正式的英国注册会计师。

等待的时间是漫长的，当徐新走到专为考生准备的自助餐前的时候，她甚至还不知道自己从没见过的自助餐到底应该怎么拿。可是，无论是不是该归功于运气，最后她还是再一次地通过了测试。于是，徐新被送往香港，进入六大会计师行之一的普华工作。

初到香港，满耳是听不懂的广东话，这对于徐新要做的、靠整天混在本地人当中才能完成的审计工作来说，无疑是个障碍。以前在中国银行准点下班的日子一去不返，取而代之的是每天加班到晚上 10 点，回到家还要自学 18 门专业课程，周末又忙着考试的陌生生活。

世界变得小的只剩工作加考试。逼急了，徐新用三个月的时间迅速学会了广东话。在普华，徐新不停地看企业的财务状况，核对报表，寻找问题，并进行收购兼并的调研。这为她日后的职业增值过程打下了良好的基础。三年后，徐新通过所有 18 门专业课的考试，结束了实习工作。

普华的上司推荐徐新去百富勤公司的直接投资部面试。就在去面试的几个小时之后，百富勤打电话告诉徐新：录用通知已经发出，请不要再去其他公司面试！徐新进入百富勤做直接投资，一干三年。其后，由于百富勤出现了财政问题，徐新转入霸菱投资集团。

人生的增值与攀升

徐新的增值人生从她加入霸菱开始画出了一个坐标点，而促成这种攀升的催化剂来自一次危机。1998 年初。香港的天空正有亚洲金融风暴的乌云滚滚而来。对于刚刚加入霸菱投资的徐新来说，危机四伏。尽管她手上拥有一只霸菱亚洲投资基金，但在这只基金上，霸菱投资集团仅出了 2500 万美元，剩下的钱需要徐新自己去筹集。周遭的投资者此时对亚洲躲闪尚嫌太慢，家家有本难念的经，又怎会轻易掏出钱来加入风险投资基金？

徐新于是采取了另类策略。她和另一个基金管理人先是花了些力气将 2500 万美元的基金扩充到 5000 万美元，然后就停止了筹款行动，开始用这笔不太多的基金进行投资。金融危机虽然在资金募集上给徐新带来了诸多门槛，可是也并非一无是处。危机使得大多数公司身价大跌。以往的经验告诉徐新，低买高卖正是投资行业的秘诀。以最少的钱投资有价值的公司此时正是时候。

于是，徐新开始着手进行投资项目的选择。霸菱投资在印度的一个基金管理人介绍给徐新一个叫做 BFL 的印度软件外包公司。现时在印度办得火热的软件外包，在 1998 年刚刚起步，尚属冷门。不过，徐新知道， 要想低价投资就要趁一种生意还不太 "热" 的时候。 在她看来， 这是一家非常具有增值潜力的软件公司： 一大批专写程序的软件工程师为美国的客户， 诸如康柏这样的大公司开出的单子工作着。 印度人在数学和机械上的天赋让这个国家每年产出大量的工程师。 出于历史上的原因， 他们大都会讲英语， 与美国客户之间的交流也不成问题。 此外， 盗版问题在这个国家并不多见， 美国人很愿意将自己的一部分工作交给他们来做。 最重要的是， 软件公司成本低， 毛利率极高， 收入为外汇， 并且业务也很稳定。 "当一个美国公司 80% 的业务都交给你的时候， 我想它还是很依赖于你的。" 徐新与霸菱在印度的投资人一起向 BFL 公司投入了资金， 55% 绝对控股。 三年后， 徐新从这一项目中得到了 6 倍于当初投资的回报。

除了 BFL 软件外包公司， 徐新还在同一时期投资了永和大王、 中联系统集成公司、 康达公司等五个项目。 面对危机， 她的策略是低价投资， 形成小规模的实体 "展示区"。 待到先期的投资项目产生了数倍的增值之后， 再拿到投资人面前当作范例。 在后续的投资人看来， 这远比投影在屏幕上的幻灯片更具有说服力。 徐新的基金募集由此顺畅。

投资网易

1999 年， 徐新相信丁磊能把公司做大， 就向网易公司注入 500 万美元风险投资； 2000 年， 网易在纳斯达克上市， 18 个月融得 1.15 亿美元巨资， 徐新最初的投资是 5 美元一股， 网易在纳市最高值达到每股 30 多美元， 徐新却并没有套现。 但随后全球互联网出现泡沫危机， 股市狂跌， 网易的股票最低时跌到每股不到 1 美元。

那时徐新是原巴林银行旗下的霸菱投资集团中国区董事总经理， 如此惨重的亏损让霸菱的股东们对这个女人很不满， 但她顶住了压力， 并耐心等待。 随着市场的好转， 网易在纳市逐渐有了优异的表现， 2004 年， 徐新套现， 为股东们带来了 800% 的收益。

业界注意到， 不论是此前投资娃哈哈， 还是后来投资中华英才网， 徐新都表现出了女性领导者身上所特有的耐心， 而上天似乎也更青睐这个有耐心的女人， 当然， 这也得益于她在风投行业磨砺多年所具备的 "杀手" 般的直觉和敏锐。

今日资本集团

2005 年， 徐新离开霸菱投资， 创办今日资本集团， 并于次年把新公司搬到上海。此后，徐新仍一直专注于自己擅长的互联网、零售和消费品等行业，即使在始于 2008 年的金融危机影响下，今日资本仍未盲目扩大投资范围，女性特有的谨慎和耐心仍然使徐新在 2009 年看好互联网行业。2009 年初，今日资本牵头其他投资者向 3C 零售网站京东商城投资 2100 万美元，这已经是京东商城来自今日资本的第二笔融资。

▌创业智慧

1. 凭借直觉的 "风投女杀手"

入行 11 年，徐新越发自信，放言要创中国第一 VC 品牌。身为今日资本集团的总裁，她掌控着 20 亿元人民币的资金。这些资金大多来自欧美政府和企业，可老外们却全权交给她打理，这在风险投资界颇为罕见。一问原因：外国投资者相信，这个中国女人有一双慧眼。

和同行相比，徐新常常是 "温柔一刀"，笑傲投资场。女人的直觉，就是她与生俱来的撒手锏。徐新自己说过 "选人是门艺术，这么多创业者，这么多项目，动辄需要几百万上千万的资金，投给谁，除了做调研看数据，还离不开直觉。女性的直觉特准，所以我总能投对人"。

2. 选人的 "独门秘笈"

第一，看创业者的头脑，有没有对生意的直觉。比如丁磊，他第一个进入短信业务，第一个开发网络游戏。别人看不到的商机他能看到，别人放弃了他能坚持，别人都跟进他能退出。第二，业绩，徐新一般只投行业前五名，中国竞争这么激烈，能做到前五名，肯定有独到之处。她会问他们：你做过什么重大决策？你怎么做决定？第三，带队伍的能力，创业者会不会管人。很多公司规模到了 100 人，就管理不下去，创业者反倒成了瓶颈。为了考察这一点，徐新喜欢观察他的副手，如果副手能力很强，而且跟随他很多年，说明这个人的领导力不错。第四，激情不能少，具有永不放弃的性格。第五，创业者的品格应该是公开、透明、诚实可靠，这一点不能忽略，毕竟这么多钱交给他呀，能不考虑吗？

3. 为赚钱而创业易败

徐新说过 "创业非常艰辛，失败是必然的，成功是偶然的。" 根据她的经验，不少人选择创业，可能是一时冲动，可能想赚钱改善生活。

但成功的人， 往往都非常热爱他的事业， 一心想把事业做大。 创业之路是五年、 十年， 漫长而艰苦， 如果没有事业心， 创业者很难坚持， 也难以感染团队。 她一针见血地说： "你想想， 如果老板只想着赚点钱，团队也是短期考虑， 赚一票就走。 他们的行为方式就变了， 不会有长期发展的胸怀， 可能连游戏规则也不遵守了。 所以单纯为赚钱， 趁早打消创业念头， 还不如去炒房产、 卖保险。"

4. 事业心决定创业成败

很多人都说徐新靠的是女人的直觉， 但是我们都知道这种直觉是经验和智慧共同缔造的。 然而创业的成功又不仅仅是这些， 在徐新身上更大的闪光点就是她一步步的奋进与追求， 是她的那份事业心决定了她创业的成功。

▎案例研讨

1. 角色扮演

（1） 如果你是一个刚刚毕业的大学生， 面对每天重复着复印、 登记、 盖章这样枯燥的工作， 你怎样对待， 你会像徐新一样付出那么大的努力吗？

（2） 在银行工作了 3 年， 获得了多项奖励， 又当上了科长， 但是徐新仍是继续挑战自己， 考取英国注册会计师， 只身前往香港。 如果你是徐新， 会在职业生涯顺风顺水的时候去陌生的人地方开创新的事业吗？

2. 案例分析

（1） 特许加盟店在中国方兴未艾的时候， 永和大王的管理者们也一度想开展这一业务。 但是， 主意一出来， 他们就遭遇到徐新的强力劝说。 徐新认为中国关于特许加盟店的法律还不健全， 而加盟经营的合伙人素质更是参差不齐。 即使出售特许经营权可以赚快钱， 但却有毁了品牌的危险。 在发觉所投资企业出现策略偏差的时候， 徐新会毫不犹豫坚持自己的原则。 在徐新的坚持下永和大王的管理者放弃了原有的想法。如果你遇到这样的事， 你会怎么处理？

（2） 徐新的创业之路遭遇经济危机时， 她是如何让自己走出困境的， 采取了什么样的策略？

3. 选择思考

（1） 通过本案例的学习， 你认为徐新的创业精神体现在哪些地方？

（2） 如果选择风险投资行业， 你觉得要具备哪些素质？ 为什么？

①掌握经济、 金融、 会计、 财务等综合知识；

②有敏锐的市场分析力和洞察力；

③具有长远的投资眼光；

④有较好的决策能力、 领导能力和组织能力；

⑤能够快速掌握和分析国内外的行业信息；

⑥具有良好的沟通能力和谈判能力。

▌ 背景资料

徐新， 女， 1988 年毕业于南京大学外语系， 中华英才网的初始投资者和董事会主席， 中国风险投资协会理事， 中国最优秀的风险投资家之一。 拥有在中国 10 年以上的风险投资经验。 2004 年被美国 《商业周刊》 杂志评为 "亚洲25 位最具影响力的人" ——即 "亚洲之星" 奖； 2005 年被 《投资与合作》 杂志评选为中国最具影响力的十大风险投资家之一。 2005 年创立今日资本集团， 专注于扶持中国企业的成长与壮大； 致力于帮助企业家实现梦想， 打造行业第一品牌。 2006 年到 2008 年连续被 《福布斯》 评选为 "中国十大最佳创业投资人"。

▌ 徐新的创业经

1. 我不觉得你一定要是那个开创模式的人， 也可能这个人有先行者的优势， 但是有太多的因素要决定它能不能成功。

2. 伟大是熬出来的， 如果你做一个伟大的企业一定要熬得住， 另外要学会放弃， 不能什么都想做。

3. 找一个给你钱的人， 但另外还要找一个给你帮助的人。

4. 一个企业家， 特别是一个创始人， 自己又是老板， 在创业阶段是绝对不能给自己开高工资的， 因为你一开这个高工资其他人就跟你对应。 整个公司的营运成本就会很高。

5. 凡是在 2000 年互联网冬天来临没有死掉的企业， 今天日子都过得很滋润， 是靠什么熬的？ 当然是团队、 执行力， 另外一个， 钱也很重要， 冬天我活下来， 不死掉， 春天来了就会有一片新的景象。

6. 当一个新兴的行业起来的时候， 你会发现一个现象， 这个领先者如果他跑在前面，你一定要让他迅速占领市场，迅速跑起来，而且让他的市场占有率或者知名度要比第二名拉开两到三倍的距离，如果第一名到达这个境界，第二名超过他的概率是很低的。

7. 创业是一个非常艰辛的路程，作为创业者，所有的问题到你这儿都必须有答案，但并不是每一次你都有答案，有时候你非常需要人家跟你分享最困难的那种时候，或者很快乐的事是需要分享的，所以如果你做一个互联网或者一个新兴的行业，需要摸索的时候，有一两个合伙人会帮助你渡过难关。

8. 三个大学同学一起创业，三个人各占三分之一，这个模式95%肯定要失败。

案例 23

不要传奇 只要稳健

——王石的大智慧

▌案例摘要

王石，中国企业家的个性化代表，地产业大亨，中国第一房地产品牌万科的缔造者和掌门人，中国人登顶珠峰的最大年龄纪录创造者，性格鲜明，风格明快，能言善辩，好出惊人之语，具有丰富的人格魅力，在媒体有极高的曝光率。作为成功人士的代表，他管理企业标榜专业化、透明度，率领万科由一个十几人的贸易公司，做成一个年销售额四五十亿元，一年卖出一万多套住宅的房地产龙头企业，为此他屡屡获得各种优秀企业家奖励。作为万科的创始人、掌舵人，王石的很多带有创建性的工作其实已不仅属于万科，而且属于整个地产界。而入选 2000 年经济风云人物后，他的一系列社会和商业活动，又使得王石的影响远远超出地产界。除了一个成功老道的商人角色外，他又是极限运动的爱好者，登雪山成就有目共睹。他也酷爱滑翔伞运动，是内地第一个在台湾玉山飞滑翔伞的人。他还是外国品牌手机在内地的形象代言人，出席《财富》论坛，在哈佛演讲，他的业余生活和职业生涯同样动人。

▌案例故事

参军和学习

17 岁初中毕业后，他没有去农村插队，而是依照父母的意愿去参军，徐州半年和新疆吐鲁番盆地 5 年，在新疆做了 5 年的汽车兵后，复原到郑州铁路局的水电段做锅炉大修车间的工人。 当铁路局拿到两个推荐上大学的名额时， 据王石自传里的说法是 "老师傅们因为王石吃苦耐劳受人喜欢而一致推荐了他上兰州铁道学院 （现兰州交通大学）"。

1974 年， 年满 23 岁， 进兰州交通大学给排水专业， 大学本科 3 年（本该 4 年）， 坚持看完了 《政治经济学》。 1977 年毕业， 分配到广州铁路局工程段工作。 工作了 3 年， 是工程段技术员， 负责铁路沿线的土建工程项目。 在此期间结婚， 并有了子女。

第一桶金

1980 年参加某招聘考试， 进入了广东省外经委， 负责招商引资工作。 之后到深圳发展。 王石的第一桶金是靠做饲料中介商， 通过倒卖玉米得来的， 这让他赚了 300 万元， 用倒玉米赚来的钱王石开办了深圳现代科教仪器展销中心， 经营从日本进口的电器、 仪器产品， 同时还搞服装厂、 手表厂、 饮料厂、 印刷厂等等。 用王石的话来说， "就是除了黄、 赌、 毒、 军火不做之外， 基本万科都涉及到了。"

成立万科

1983 年到深圳经济特区发展公司工作， 1984 年组建 "现代科教仪器展销中心"， 任总经理。 1988 年， 企业更名为 "万科"。 那时候， 王石正忙着对 "万科" 进行股份化改造， 忙着倒腾家电、 忙着生产录像机配件、 忙着折腾遥控电气开关。 1988 年 11 月， 万科参加了深圳威登别墅地块的土地拍卖。 拍卖场上， 万科经过白热化争夺， 终于胜出。 在签订土地出让合同时， 负责拍卖的官员望着王石， 劈头就是一句： "怎么出这么高的价？ 简直是瞎胡闹。" 按照拍卖的价格计算， 楼面价格已经高于周边地块的住宅平均价格。 就在这一刻， 目前的中国房地产龙头企业—— "万科" 懵懂、 鲁莽地冲入了房地产行业。 其黑马姿态， 一点不比后来高价拿地的顺驰差， 这一年王石 37 岁。

1989 年初， 万科完成了企业发展历史上的重要一步， 完成了股份化改造， 成功募集到了 2800 万元资金， 这一步的重要性， 对于万科人来说怎样抬高也不为过， 须知没有当年敢为人先的股份化改造， 就没有今日的地产龙头。

公司上市

1991 年 1 月 29 日， 万科正式在深圳交易所挂牌上市， 代码 000002。

由此拉开了万科万亿市值的伟大征程。值得特别指出的是，在众多地产大腕的众多公司中，万科是最早完成股份化、完成上市的。在1991年的环境下，这么早能做到这一点确实具备高瞻远瞩的意味，也正是上市才保证了万科以后在发展过程中，能有一条宝贵的资金渠道，这对资金密集型的房地产企业来讲，其重要性可见一斑。但在当时，王石也未必有这样的认识。当年万科是深特发的下属公司，深特发看王石不顺眼，觉得王石不听话，王石也觉得深特发这个婆婆烦人，万科之所以这样早地股份化上市，多少存着王石计划通过股份化跳出原大股东深特发控制的意图。可喜的是，他得手了。

▌创业智慧

1. 做好迎接挑战的准备

企业家走向成熟分为三个阶段：第一阶段就是创业。为了解决生存问题的时候，更多的就是拳打脚踢的故事。当我们想到王石当年下海创业，在蛇口码头亲自和民工一起扛几十公斤的饲料包的时候，对于他今天登山下海的丰盛人生，会有更多感慨。所有伟大的商业行动，都离不开创业的起步。而所有创业者，都要做好摸爬滚打、含辛茹苦的心理准备和物质准备。

2. 部队生涯的积极作用

不管是深圳创业也好，还是至今做的许多事情，对于王石而言，最重要的一是当兵的经历，二是上大学时的自学。生长在他这个年代的人，受到的是理想主义的熏陶，五年汽车兵经历和在兰州铁道工程学院的学习，使得他养成了坚韧的性格，也有了极为坚强的心理素质。在部队艰苦生活的磨炼，后来创业时，常人看来要吃的那些苦在王石看来什么都不是。王石自己总结，给他留下深刻影响的还有部队的集体生活和团队意识的培养。虽然创业者不一定要去当兵，但是及时培养集体意识和吃苦精神，对于一个创业者来说至关重要。

3. 敢于决断的个性

王石之路是由数之不尽的岔路口铺成的。在任何一个岔路口上，行差踏错一步，走下去的路线就截然不同。1983年的王石在政府外贸部门站住脚，被上峰定为"可培养的人才"。继续下去，"20年的媳妇熬成婆"是可能的，但是王石说放弃就放弃，再也不熬了，只身从广州到深圳，从当年深圳特区发展公司的一个编外办事员开始，"下海"去也。为什么当年的王石走出这一步？无数因素凑合使然，但其中很重要的是他敢于决断的个性——靠别人"栽培"不算成功，要自己闯出来才算！

4. 全力以赴

创业的时候给自己留了后路相当于是劝自己不要全力以赴。王石曾经感慨，到了深圳，感觉自己好像到了老家一样。他的性格和深圳几乎一拍即合，那种无数的可能性，那种一定要成功的虎虎生气，那种对新兴事物的"贪婪"，都让王石在深圳这片土地上感到实在是舒筋松骨。但是，那个时候他也意识到，如果创业不成功，或者深圳特区的政策有变，他将回不到以前的生活环境之中去。因为环境已经变了，窗户已经打开了，再回到封闭的屋子是不可能的。他也不习惯给自己留后路。中国俗语有云："置之死地而后生。"虽然创业者不一定都那么悲壮，但对于当时创业肇始的王石，的确需要这样一种破釜沉舟的英雄气概。创业的时候需要义无反顾，哪怕成功几率未必很高，创业者也要有全力以赴的决心和行动。

5. 商业嗅觉、冒险精神

1983年，深圳，背靠着香港做贸易，赚钱并不难。最初到深圳，王石正愁没有头绪的时候在街头偶然发现了重大商机。在去蛇口的路上，32岁的王石看到了用白铁皮金属罐装的满满当当的玉米。玉米是深圳鸡饲料厂必不可少的原料，但东北玉米却因交通问题必须经香港才能转销内地。王石一下子看到了"出口转内销"的商机。他开通东北玉米供货深圳的商路，成为当地最早的"饲料大王"。敏锐的商业嗅觉和超前的商业眼光，使他在初入商海就占得了先机。

不料香港市场一个随机扰动，深圳养鸡场一时间谁也不买玉米。祸从天降，"饲料大王"手里突然积压了几千吨玉米，一下子要赔一百几十万元。王石面临着在当年了不得的"巨亏"，冷静分析市场，大胆反向操作，在市场随机扰动消失的第一时间，变亏为盈，也为奠定日后万科的基业，挖到了第一桶金。多少商场英雄豪杰，哪个不是曾经有雄心和梦想？可是回头看，经得起岁月蹂躏的，怎么算都是少之又少。可以说时也、运也、命也，个人控制不了的因素多到屈指难算，但当事人在每个岔路口的判断、抉择和行动，怎么打量也是非宿命论的历史的一个要件。从这个角度看，王石的故事有说服力，万科的成功离不开他决断的个性和敢于冒险的精神。

6. 领导力

企业领导或是改革开放后形成的一批创业家，其领导力表现在：一是精湛的业务能力，这种能力是一个人的素质结构、知识结构和专业结构的综合体现，而尤其以决策能力、创造能力、应变能力更为重要。二是优秀的个性品质，优秀的领导者必须在品质上具备以下条件："理智感"和"道德感"。三是健康的职业心态，作为一个出色的领导人拥有健康的职业心态是必不可少的，尤其是自知和自信、意志和胆识、宽容和忍耐、开放和追求。王石本人就具备这样的能力，在万科长期的创业过程中，领导力起到至关重要的作用。

▍案例研讨

1. 角色扮演

保持对市场的敏感并快速行动，是优秀企业家素质和能力的一种体现，也是企业家精神的核心要素。但在现实中，企业领导者的这种前瞻性决策和行动往往容易受到反对与阻拦。请你谈谈，如果遇到上述问题：

（1）你怎样依靠"敏感"进行判断？

（2）怎样坚持"超前"突破阻拦？

2. 案例分析

（1）很多时候，企业领导人不但要比别人看得远、看得准，还要有坚持到底的决心和毅力。你对环境的敏感、对决策的坚持以及对未来的信心来自哪里？

（2）很多指标中都能看到万科的"不容易"：比如获得建设部评选的"2007中国建筑节能年度代表工程"称号；作为唯一一家房地产公司，成为《华尔街日报》评选的"中国十大最受尊敬企业"之一和"质量最优企业"之一；特别是在国家税务总局公布的2007年度中国企业纳税排行榜中，以集团纳税总额53.1亿元，成为房地产集团纳税冠军……取得这么多值得"万科人"骄傲的业绩，是否也跟"懂得放弃"

有关?

3. 选择思考

（1）通过本案例的学习，你认为王石的成功取决于哪些因素?

（2）"不贪婪"涉及到企业伦理，企业经营管理过程和企业竞争策略中应顾及社会伦理、道德规范。企业价值，或者说企业存在的意义是什么?

背景资料

王石原籍安徽金寨，1951 年 1 月出生于广西壮族自治区柳州市，兰州交通大学给排水专业毕业。1984 年组建深圳现代科教仪器展销中心（万科企业股份有限公司前身），1991 年公司在深圳证券交易所正式挂牌上市交易，王石历任公司董事长兼总经理，1999 年 2 月辞去总经理职务，任深圳万科企业股份有限公司董事长。2011 年 3 月，万科公司确认王石已赴美游学。

王石的创业经

1. 坚持做自己认为对的事。

2. 作为行业的领军者，要带头反思和履行企业社会责任。

3. 之所以有对市场的敏感和快速行动力，并不是我们比别人聪明，只是跟有些同行相比，我们不那么贪婪。

4. 保持对市场的敏感并快速行动，是优秀企业家素质和能力的一种体现，也是企业家精神的核心要素。

5. 很多时候，我们宁可放弃伟大成功的机会，也要确保不做出致命的错误决定。

案例 24

险阻同路，风雨携程

——携程四君子的创业故事

▌案例摘要

有这样一家公司，它上市后连续 4 年 16 个季度总收入保持 50% 以上的增长。目前在中国任何一家互联网公司都做不到。其创始人先后辞去了这家公司的职务，且基本套现了自己手中的股票，保留最多的一个人也只有 1.5%。但即使这样，这家公司仍然在公司几个创始人的掌控之中。公司最大的对手，同样在纳斯达克上市，却连续四年亏损，总亏损达 1300 万美元，两家公司在市值上的差距曾一度达到 15 倍。公司的核心创始人之一不仅辞去了职务，还远离了商界和江湖，去了美国在一所大学定居下来，悉心教书、读书，这更是在中国互联网界前无古人的事情。这家公司就是携程，一个由四位创业奇才缔造的奇迹。

▌案例故事

四君子前传

季琦，1966 年出生在江苏南通的一个农民家庭，1985 年，他考入上海交通大学。大学四年，季琦都泡在了图书馆，读哲学、读历史、读毛泽东传记。1989 年，季琦大学毕业了，回到南通第二设计院读研究生，研究生毕业后，季琦到上海计算机服务公司工作。1994 年他成功地开拓了证券市场，职位也不断上升，这时季琦已经是单位的骨干，公司还给他分了一套房子。1994 年时，季琦去过一趟美国，说是去寻找自己新的事业起点。 而此行他最大的收获就是平生第一次接触到了互联网。 那是在 1994 年 9 月 17 日， 一个平常的周末， 当他查询的信息一行行从屏幕上显现出来的时候， 季琦无法想象眼前的事实， "这东西太神奇了！" 当时他所在的 Oracle 总部是三栋气势雄伟的大楼， 而雅虎公司则在不远处与 Oracle 隔街相望。 那天下午， 季琦望着街对面的雅虎公司发呆， 他模糊地意识到， 一个能够改变许多人命运的新技术时代马上就要到来。 "当时我对这个东西就有种特殊的、 痴迷的感觉。" 季琦说道： "我觉得跟它可能有种缘分， 而且我将来的生活很可能与这个东西有关。" 1995 年， 季琦从美国回到上海， 加入了中化英华， 任华东区总经理。 1997 年 9 月成立了上海协成科技有限公司， 到年底时已经盈利 100 多万元了， 季琦已经挖到了人生的第一桶金。 为了让公司更加赚钱， 季琦在 1997 年到 1999 年做过很多尽可能做的生意， 综合布线、 系统集成， 甚至软件开发。 直到 1999 年， 季琦才找到进入互联网的 "切入点"， 那就是让季琦获得了巨大成功的携程。

梁建章， 上海人， 生于 1969 年， 少年时代绰号 "大头神童"。 他的智商无须测试， 自有明证： 13 岁接触计算机， 半年后开发了一个可以辅助写出格律诗的程序， 获得第一届全国中学生计算机程序设计大赛金奖。 在 1984 年上海电视台采访梁建章的新闻片中， 他演示了这个功能强大的作诗程序， 在 DOS 系统屏幕上， 只要输入诗题、 格律、 每句第一个字和韵脚， 古体诗就出现了。 这背后的语言学基础是： 《唐诗三百首》、 《千家诗新注》、 《学诗百法》、 《唐诗鉴赏词典》、 《中华诗韵》、 等等。 15 岁时， 初中没毕业的梁建章直升复旦大学计算机本科少年班。 一年后， 他考取美国佐治亚州理工大学。

沈南鹏， 1967 年出生于浙江海宁。 青少年时期几乎是在数学题堆里长大的， 他得过全国中学生数学竞赛一等奖。 梁建章得过的那个程序设计奖， 沈南鹏也在同一年拿到过。 1989 年从上海交大应用数学系毕业后， 他考取了美国哥伦比亚大学数学系， 一年后， 转入耶鲁大学 MBA。 到 1999 年时， 他已在华尔街游走多年， 从花旗银行到雷曼兄弟， 当时已是德意志摩根建富董事。

范敏， 1965 年生人。 在上海交大校园里整整生活了 7 年， 本硕连读后进入上海新亚集团。 他为自己重新设置了起点： 从办公室助理的位置上下来，到海仑宾馆当见习管理生；此后一步步稳升。到 1999 年时，他已有旅游系统 10 年的从业经验，位居国企总经理，有单位分房，有专配司机。

四个校友擦出创业火花

1999 年的春天，3 个上海交通大学校友在徐家汇鹭鹭酒家坐定，他们是：甲骨文中国区咨询总监梁建章、上海协成高科技公司 CEO 季琦、德意志银行亚太区总裁（董事兼中国资本市场主管）沈南鹏。他们在等另一位校友，上海旅行社总经理兼新亚酒店管理公司副总经理范敏。这是四个资质优秀、天生具备创业 DNA 的工科男，当时都在各自的领域表现出不寻常的潜力。

在四个人坐下来之前，客户兼朋友的梁建章对季琦说："最近美国的互联网很火，不如我们也做个网站吧。"季琦说："好啊！"

当时，新浪、网易、搜狐等门户网站正热，复制就不必了，从哪里切入呢？网上书店、建材超市都是可行方向，梁建章忽然说起有一回跟女友旅行迷路，半天找不到出路，"办个旅游网站吧。"他们找到沈南鹏说出想法时，后者的耳膜正被"互联网"这三个字频繁撞击，沈南鹏毫不犹豫答应加入。新公司很快搭建，名叫游狐。梁建章和季琦各出 20 万元，各占 30％的股份；沈南鹏出 60 万元，占 40％的股份。他们很快发现，版图上还缺重要的一块：一个熟悉旅游业的人。

于是国企经理、曾在瑞士洛桑酒店管理学校进修过的范敏被他们约来了。第一次游说，范敏面容纹丝不动。席散，梁建章、沈南鹏觉得没戏，"再多找几个合适人选吧。"季琦说："自己的校友都请不动，其他人更难搞定。"

这之后，季琦常去找范敏谈梦想、谈未来。每次去，秘书都会让季琦在办公室外面等，就算领导不忙，也得等。"国企领导都这样，很正常。开始要等 10 分钟，后来逐渐熟悉了，就变成 5 分钟。"最终，"范经理"答应一起参与创业。

在最初创业的日子里，季琦是全职，其他三位利用工作之余一起开会讨论，一道走过创业之初的艰难时光，地点就在徐家汇教堂南侧气象大楼 17 层的半层楼面，200 平方米，与季琦的公司协成共用。

10 月 28 日，网站名称由"游狐"改为"携程"，正式上线。给了携程第一笔风投的 IDG 章苏阳后来说： "这四个人有点像一组啮合，各个齿轮之间咬得非常好。团队成员的背景和素质，都足够执掌他们将要操作的公司。"

四君子为创业风雨携程

携程的创始团队，一直是人们津津乐道的话题，他们的故事我们可以用四句话来概括：开拓创业看季琦，资本运作看南鹏，管理领先看建章，老道懂行看范敏。

开拓创业看季琦

季琦，一位永不停歇的创业者，曾先后创业 7 次，从 1995 年回国之后，平均 2—3 年就新创建一家企业，罕有败绩。1999 年，携程网络联合创始人、原 CEO，携程于 2003 年 12 月在美国纳斯达克上市；2002 年，如家连锁联合创始人、原 CEO，如家于 2006 年 10 月在美国纳斯达克上市；2005 年，汉庭连锁创始人、董事长兼 CEO，汉庭于 2010 年 3 月在美国纳斯达克上市。季琦创造了每隔三年创办一个上市公司的奇迹。风风火火、锐意开拓的季琦，擅长把一个公司从无做到有。1999 年 5 月携程刚开始创业的时候，季琦以外的另外三位创始人都还在自己的工作岗位上，还是"业余创业"，直到了第二轮融资结束后，梁建章、沈南鹏和范敏才开始"全职创业"。那个时候，沈南鹏是德意志摩根建富的董事；梁建章还在甲骨文，拿着几十万的年薪和期权；范敏则是一家上海国有公司的总经理。作为一个已经有过 3 次创业经历的人，季琦非常清楚怎么把公司从无到有做起来，非常懂得如何在中国的游戏规则下生存。尽管互联网进入中国算起来也已经有 10 年的时间，但季琦认为，互联网在中国"还只是刚刚开始"。他强调，互联网为创业者带来的机会不仅仅是体现在技术和商业模式上，"体会互联网的精神，用这种精神去整合传统产业非常有用"。网上的机票和酒店预订业务，可以让全国各地的旅行者统一起来向酒店和航空公司下单，让每一个人通过网络享受同等的待遇，而这是被行政区划人为割裂的传统旅行社无法做到的。1999 年春节刚过，季琦将一帮好友招至家中聚会。在尚未褪尽的节日气氛中，几个充满激情的年轻人热烈地讨论起携手创业的理想计划。当时他们就互联网、互联网经济、美国的网络公司、纳斯达克和 IPO 等话题热烈地讨论了一夜，最后的结论是：决定一起在中国做一个向大众提供旅游服务的电子商务网站。携程旅行网的蓝图由此诞生。可以说，没有季琦，就没有携程。

资本运作看南鹏

沈南鹏，一位不知疲倦的投资者。丰富的海外留学和投资银行工作经历，使他十分熟悉风险投资和资本市场。关于沈南鹏对携程的贡献，最令人传颂的是他帮助携程完成融资并上市。1999年10月，IDG投资50万美元，占携程20%的股份。10月28日，网站名字由原来的游狐改为携程。携程旅行网正式上线了，并在《上海微型计算机》周刊上刊登广告软文。1999—2000年，全球互联网热潮已经达到了顶点，这段时间内互联网公司为了得到可观的点击率，都开始进行"烧钱"比赛，毫不吝啬地投放广告。携程也不例外，在点击率上下功夫，也在广告上"烧钱"。很快，携程又没钱了。在1999年年底，携程进行第二轮融资，软银中国的代表石明春不但自己决定投资，还拉来上海实业、美国兰花基金和香港晨兴集团，以及IDG一共5家投资公司，一起投资450万美元，占了携程29%的股权。携程在2000年11月并购北京现代运通订房中心，在2002年3月并购北京海岸航空服务有限公司之后，成为国内酒店预订和机票订购的领头羊。终于在2003年12月9日，携程在美国纳斯达克交易所上市。诚然，融资是沈南鹏在携程的一大亮点，但同时有一点也不可忽略，那就是用投资人的眼光来做企业。沈南鹏的确是携程的创始人之一，但他对把一个企业做一辈子似乎并没有那么多的兴趣，对企业的日常管理更加提不起劲来，在一定程度上来说，携程只是沈南鹏的一个投资项目，一个在当时最最重要的投资项目。所以，沈南鹏能够站在更加客观的角度，以更加广阔的视野来看待公司的发展。可以说，没有沈南鹏，携程不会那么顺利地融资上市。

管理领先看建章

梁建章，"大头神童"、少年天才，曾任甲骨文中国区咨询总监。在IT行业，他是少数几个在美国工作过几年，在中国工作过几年，有IT方面的经验，又有管理方面的经验的人。在携程创始初期，梁建章在搭建整个系统架构方面贡献重大。然而，不得不承认，携程所在的行业，是一个技术壁垒很低的行业，重点不在于技术，而在于商业模式和管理，尤其是管理。梁建章带给携程最大的，就是他在管理上的经验。从一开始，携程就非常注重规范内部业务流程和管理，而这是很多初创型企业所无法做到的。从 2002 年开始，携程在内部推行六西格玛管理、360°考评、平衡记分卡等在制造业领域实行的模式，梁建章提出的"像制造业一样生产服务"的概念在携程深入人心。仅就呼叫中心来说，通过实行六西格玛，服务时间由 240 秒降到了 180 秒，每个月节省成本几十万元。一线服务人员有 34 项定性定量项目，50% 以上的服务规范都可以量化到分值，每个分值都有相应的权重，服务部门每个月、每个季度都有定性、定量的考评值。这样的例子还有很多，而这大多拜梁建章所赐。所以，管理，是携程最大的核心竞争力，也是在这个技术壁垒低、模式易模仿的行业中始终一骑绝尘的最重要原因。可以说没有梁建章，也就没有携程在行业内龙头老大的地位。

老道懂行看范敏

作为创始四人中年纪最大（范敏 1965 年，季琦 1966 年，沈南鹏 1967 年，梁建章 1969 年）、最低调、最不"性感"的范敏，却拥有着 10 余年的旅游行业经验和丰富的行业内资源，并曾经在著名的瑞士洛桑酒店管理学院学习。范敏曾经多次作出"拯救"携程的努力，总体说来，"范式救赎"分为三招。第一是价格战，携程曾宣布 5 亿美元进行酒店业务的价格战，大量现金返还，还有宣布订机票返现活动，消费者在线预订北京、上海、广州、深圳、杭州、成都六地始发的超过 3000 个航班，可获得最高 715 元的现金返回，预算金额同样为 5 亿美元。第二招便是广撒网，2012 年携程新品开发费用为 9.12 亿元人民币，"新产品"密集问世，点评返现功能、"百元出境游"、自驾租车平台以及基于 Andriod 系统的酒店预订应用。另外通过与捷星航空、首都航空的合作，客户可直接在携程平台上预订捷星机票，并团购首都航空的机票等等。在移动互联网方面，携程推出包含携程无线、携程特价酒店、携程旅游、驴评网、铁友在内的无线应用群。携程还收购与投资了一大批公司，包括订餐小秘书、松果网、飞常准、永安旅游和太美旅行等。第三个举措就是裁员，除保留北京、上海、广州、深圳四大城市七大机场渠道外，其他二三线城市的机场、高铁、火车站、汽车站等地面销售员工将全部撤销，裁员 500 多人。范敏表示"裁员是正常的销售业务调整"。同时，携程还组建了两家新公司：一是投资公司，进行产业链业务投资或者并购；二是旅游目的地营销公司，打造旅游度假产品，与既有 OTA 业务组建"三驾马车"。他让携程在行业经验和资源这方面的受益非常之多，更可贵的是他最终留了下来！一个年轻的公司，必须有一个把这个公司当做身家性命、把一生的事业贡献给这家公司的人来执掌帅印才能更好地发展。季琦后来去创办了如家和汉庭，沈南鹏继续做他的投资去了，梁建章最终也去了美国，开始了闲云野鹤般的生活。还好，携程还有范敏——这位从职业生涯一开始就与旅游行业结缘的人，这位把旅游打造成"崇高的行业"，把携程打造成"崇高的公司"的人。有了范敏，携程未来的路大有可盼。

▌创业智慧

1. 团队合作非常重要

看完携程四君子的创业故事，我们可以用几个关键词总结一下这个团队：知识丰富，能力互补，眼光长远，心态开放。更难能可贵的是，这四个人都没有做皇帝思想，而只有做事业的决心，且问，当今还有没有第二个公司是由类似的团队打造的？恐怕没有。中国的创业者不甘团队所限，宁愿自己单干者多，携程的四君子给了我们一个很好的团队创业成功的典范。

2. 各自分工，取长补短

携程四君子能够很好地分析和运用各自的特长：季琦善于最初的创业，梁建章善于企业管理，沈南鹏善于融资管理，范敏善于分析行业信息。他们四人分别发挥各自的能力，取长补短，使得携程在短期内利润翻倍，顺利获得融资上市，并迅速成为行业中的老大。

3. 个人积淀决定自身潜力

范敏曾是新亚集团最年轻的经理级人物。谈起这个，他笑着说："好汉不提当年勇。"问他怎么有勇气放弃曾经拥有的东西，而在 2000 年去一个名不见经传的旅游网时，他表示，做事业，要有想法，同时要懂得抓住机会，"随波逐流就不好了"。当记者问到如何判断适合自己的机会时，他表示，这是长期工作经验的积累和沉淀。对他个人而言，机会更是种感觉。当有一天，你遇到了一个人，或者一个公司，你会感觉激情澎湃，"就是这个人，就是这个公司"，这时候，"感觉对了，就义无反顾地投入进去，就像谈恋爱一样的"。谈起当初加盟只有几十个人的携程，范敏表示，这是因为在此之前在本土大型旅游企业里积累的丰富经验和管理能力，另一方面也熟悉这个行业，"我们是一点点攒够这个天时、地利、人和，然后一举上市成功的。"范敏的经历，无疑是对"机会只给有准备的人"的最好诠释。

4. 理想留在血液里，只会更珍贵

季琦曾经说过：以前受过的那些苦，让我对物质上的困难比较容易克服。我的自由就是拍照片、听古典音乐、一周看三四部 DVD（最好是二战题材）、和太太一起去海边、一个人的时候就去登山。我对财富不是很敏感，它只是做事的副产品。我只关注树是否长高，是否能变成森林，至于结出什么样的果子，什么时候能摘下来吃，我没怎么想过，到现在我还是中产阶级消费水平。季琦说自己是个理想主义者，那时候新创业的团队也是非常理想主义的，这个理想会在他的血液里留下来，不会因为挣到钱了，挣了 1000 万或一个亿就没有了，反而是做得越久，理想显得越珍贵。季琦的话给了我们很多的启示，他的言行、他的理念，都是源自于最初的理想，其实这对于年轻的创业者们尤为重要。

案例研讨

1. 角色扮演

（1）如果你是一个已经拥有自己事业的成功人士，你是否还会像携程四君子一样作出再次创业的选择吗？

（2）季琦后来去创办了如家和汉庭，沈南鹏继续做他的投资去了，梁建章最终也去了美国，开始了闲云野鹤般的生活，而范敏却坚持留在了携程，如果你是范敏，你会这样做吗？

2. 案例分析

（1）2013 年 2 月 21 日，携程任命公司董事长梁建章兼任 CEO，任命原 CEO 范敏为董事会副主席兼总裁。对于梁建章的回归，业内人士也有不同的看法。天灏资本首席分析师侯晓天认为梁建章出任 CEO 的最大理由是"比范敏更懂 IT"：范敏是传统酒店业务出身，技术不是他的长项，在线旅游的订单正在快速向互联网、移动互联网迁移，需要更多的技术背景。对于这一说法，你怎么看？

（2） 沈南鹏是怎样帮助携程顺利融资上市的？

3. 选择思考

（1） 通过本案例的学习， 你认为携程四君子是怎样相互合作的？

（2） 对于六西格玛管理， 你的理解有哪些？

①是一种质量尺度和追求的目标；

②运用 DMAIC （改善） 或 DFSS （设计） 的过程进行流程的设计和改善；

③是在提高顾客满意程度的同时降低经营成本和周期的过程革新方法；

④可以针对顾客需求评估当前行为绩效；

⑤是一种经营管理策略。

背景资料

1999 年 4 月， 季琦与沈南鹏、 梁建章、 范敏等人共同创建了国内第一家面向大众提供旅游服务的电子商务网站——携程旅行网， 历任首席执行官、 总裁等职。 2000 年， 携程网成为中国最大的旅游网站， 并拥有全球最大的旅游服务类预订中心。 2003 年 12 月 10 日， 携程旅行网在美国纳斯达克初始股市场上市交易， 初始发行价位 18 美元， 开盘价为24.01 美元； 截至收盘， 该只股票成交量达 5602472 股； 其股价较发行价上涨 15.94 美元， 涨幅 88.6%， 开创 2000 年以来纳斯达克开盘当日涨幅最新纪录。 如今， 携程旅行网是中国最主要的旅行服务提供商。

携程系的创业经

1. 放眼宇宙， 看看它的过去和未来， 无尽的空间、 时间和物质， 再回头看看我们自己， 所谓功、 名、 利、 禄， 何堪。

2. 人总是在追求长久： 亘古的爱情、 财富的传承、 朝代权力的延续、 企业的永续经营等， 连地球的命运都是不确定的， 还有什么是可以永远的啊？

3. 我们每个人都在追求某些东西： 财富、 名气、 尊重、 成就、 升官、 学问、 爱情， 甚至幸福， 这些追求反过来成为我们的包袱和焦虑。

4. 人一定要想清三个问题： 第一你有什么， 第二你要什么， 第三你能放弃什么。 对于多数人而言， 有什么， 很容易评价自己的现状；要什么， 内心也有明确的想法；最难的是， 不知道或不敢放弃什么——这点恰能决定你想要的东西能否真正实现， 没有人可以不放弃就得到一切。

5. 千万不要太在意别人的看法和说法， 每个人生活的经历不一样，价值观不一样。 尤其是当下的中国， 价值观尤其多元， 这是好事啊！价值观的多元说明这个社会的开放和活力。

6. 不管眼前的道路如何， 有时候生活让我们没得选择， 只要我们心里有信念和理想， 生命中的每一件事情、 每一个人都有可能成为我们生命中重要的一个点， 这些点连起来， 就是我们每个人独特的人生。

7. 对于平常生活中的人们， 世界上最幸运的事情就是能够将工作和自己的所爱结合在一起。

8. 要近处看看， 也要远处望望； 既不要无所顾忌， 急功近利； 也不要浑浑噩噩， 虚度年华。

9. 速度和稳定永远是一对矛盾， 把握好这对平衡是艺术， 更需要力量。

10. 在逆境中迅速调整， 恢复应有的理性。

第三篇
国外创业案例
—— 他山之石，可以攻玉

案例 25

百富榜爷

——胡润的创业故事

案例摘要

胡润，这个当年几乎是 "单枪匹马" 闯入中国财富人物世界的外国人，一直在用他的方式给中国富人们戴上不同的 "光环" ——慈善首富、地产首富等，不管这些富豪们是否情愿。十一年前，胡润抓住了人们 "喜欢听富豪故事" 的心理，制造出了中国首个财富排行榜，开创出了一种新的商业模式，从而大胆打开了一扇窥视富人、窥视中国的 "天窗"。随着富豪榜的成名，胡润也从一个当年居无定所的青年，摇身成为游走在中国富豪俱乐部的 "财富专家"，在成就百富榜的同时，也成就了他自己。

案例故事

结缘中国

1988 年，18 岁的胡润将要从伊顿公学毕业，5 月的一天，他很偶然地发现学校的公告栏里张贴了一张告示，说是提供一个去日本留学一年的名额。要知道 6 月份就是学期结束的时候了，他正筹划着应该怎样去旅游。对于一个年轻人来说，有什么比到外面精彩的世界去逛逛更令人兴奋的呢，何况还是免费的，他二话不说就报名了。

没想到，全校仅有他一个人申请，这真令人意外！要知道，对方学校开出的条件相当优厚——不仅提供一年的学费、生活费，还有来回的头等舱机票。拿到头等舱的机票后，胡润就把它换成了经济舱，机票的差价是一笔不小的"横财"，这笔钱让胡润在欧洲痛快地玩了一阵子。两个月后，一句日文都听不懂的胡润独自背上行囊兴高采烈地到了日本。在当时亚洲经济中心的日本，胡润第一次感受到亚洲这片土地的神奇。有趣的是，就是这次在日本的旅行，使胡润喜欢上汉字，并开始对中国产生兴趣。

1989 年，胡润结束在日本一年的学习后，回到了英国，就读于杜伦大学，专业中文。于是，胡润1990 年以"交换生"的身份来到中国人民大学就读一年，那段时间，他游遍大江南北，"大多数的城市我都去过。"

1993 年，胡润大学毕业后，第一份工作选择了安达信。选择与所学专业毫不相干的安达信，初衷只是"希望有一份好的工作"。他耗费了3 年时间通过了培训考试，并拿到了注册会计师执照。1997 年，胡润被安达信派到上海工作，再次来到中国。此时的胡润并不知道，中国将是他的第二故乡。

1999 年，胡润这时候已经在上海待了两年，安达信上海的工作合同将要结束。外国人都喜欢听有钱人的故事，他们也有本国富豪排行榜的榜单，而当时中国还没有。"于是我想，那我就来做这件事情吧！"这个突发的灵感让胡润兴奋不已。他找来两个帮手，利用业余时间开始了"中国内地富豪排行榜"的编排工作。然而，统计中国富豪们的财富，谈何容易呀，连哪些人是富豪都不知道。况且，当时的中国根本没有快捷的互联网，也很难找到中国上市公司的信息。

没有办法，胡润最后窝在上海图书馆，通过阅读党报、晚报及上市公司的公告报表，去捕捉有关中国最有钱的人的一切信息。经历了几个月的折腾后，1999 年下半年，终于排出了中国历史上第一份和国际接轨的财富排行榜。

然而，如何让更多的人都知道这个榜单，并让他们知道是谁制作的这份榜单呢？在媒体上做广告，需要一笔不菲的费用不说，更何况自己没有知名度，谁相信呢？胡润认识到，必须借助外力。随后，胡润很快找到了《福布斯》杂志。对方对胡润的排行榜也很感兴趣，于是双方一拍即合。

此后, 胡润摇身一变, 成为 "福布斯中国地区首席调研员", 开始正式为 《福布斯》 编写中国富豪榜。 借助 《福布斯》 的巨大影响力, 胡润逐渐成为在中国名气最大的老外之一。

榜单生意

在双方一口气合作制作出四届排行榜后, 胡润名气大涨, 福布斯方面发觉, 胡润是个精明桀骜的人, 并对胡润开始单独出书赚钱产生了不满。 2003 年 1 月, 双方终因 《胡润制造》 一书的版权 "翻脸", 《福布斯》 决定自行调查编制排行榜, 胡润则与 《福布斯》 分道扬镳。

此时, 胡润已经形成了自己的品牌, 他的财富之门业已打开。 "这没什么可担心的, 百富榜一直就是自己一手创造出来的。" 与 《福布斯》 "离异" 后, 胡润很快又攀上了 "高枝", 与 "欧洲货币机构投资" 亚洲区总裁史托尼进行合作, 这次他不仅从史托尼那儿借得了大量资金, 更重要的是还获得了大量有价值的有关中国经济以及中国企业家的资讯。 合作进行得顺风顺水, 双方共同推出了 《中国大陆百富榜》。

据介绍, "欧洲货币机构投资" 一向以一流的媒体和论坛著称。 这个本部位于伦敦的上市公司, 在全球拥有 160 多份出版物, 其中最著名的包括 《欧洲货币》、 《亚洲货币》 和在美国发行的 《机构投资者》。 但好景不长, 因为胡润过多进行自我宣传, 没有把 "欧洲货币机构投资" 推向中国市场, 2005 年 1 月胡润与 "欧洲货币机构投资" 分手。 而事实上, 早在香港注册公司之后, 胡润就力图在内地成立自己的公司, 并着手准备来做 "胡润制造" 这个品牌了, 之前他只不过是在等待良机。

胡润在制作第一张排行榜时, 仅从福布斯获得了几千美元的稿费, 然而今天, 胡润有了一个近百人的团队, 创立了属于自己的品牌, 富豪榜每年都能为他带来数千万元的收入。 并且在百富榜的基础上, 胡润又推出了行业子榜、 慈善榜、 地区富豪榜、 女性创业榜、 全球百富榜。 百富榜也从之前的一个, 分化成了多个。

对于胡润的赢利模式, 业内人士告诉记者: "通过编制排行榜, 胡润将各行业大小富豪一网打尽, 然后通过慈善榜帮助富豪们树立形象, 进而围绕他们的衣食住行, 再给各大奢侈品牌进行排名。"

与富豪的 "战争"

1999 年, 作为新鲜事物的富豪榜刚一出炉, 便带来了一连串令胡润始料不及的连锁反应。一个又一个上榜富豪被捕入狱，一时间，"杀猪榜"成了富豪榜的代名词。

对此，胡润却不以为然。他的理由是，富豪榜发布12年来，先后有2300多位富豪上榜，其中出问题的富豪有24位，占总人数的1.2%，反过来看也就是说98.8%的富豪是没有问题的，"'杀猪榜'的称号，纯粹是媒体炒作的结果。""其实，中国作为一个快速发展的经济体，富豪个人出现各种问题，这在其他国家也是常有的，外界对此应该理性看待。"胡润说。顶着"一上富豪榜就落马"的恶名，胡润索性自己盘点了一下"杀猪榜"落马富豪。

据胡润研究院此前发布的《中国富豪特别报告》披露，问题富豪平均40岁出问题。其中20名已被判刑的企业家的罪名共有52条，平均每人2.6条。行贿是上榜富豪入狱的最主要原因，其次是资本市场相关问题、诈骗和挪用资金等。地产、基础设施建设、家电和零售行业依次是问题富豪最多的行业。其中地产行业有9人，基础设施建设行业有4人，家电和零售行业分别有两人。20名被判刑的问题富豪中，牟其中和明伦集团的周益明被判处无期徒刑，其他18名被判刑的平均期限为11年。他们平均40岁出问题，43岁被发现，45岁被判刑，56岁被释放。目前尚有17名富豪仍在狱中。此外，除了24名问题富豪，有8名登上百富榜的企业家已经去世，其中5人病逝，2人自杀，1人被枪杀。

胡润否认自己在制作榜单时，对落马的富豪会有所预感，"我曾工作的安达信，当时是全球排名第四的会计师事务所，现在也倒闭了，当时谁会知道？即便经验再多，今年也无法推测明年要发生的事情。"

▎创业智慧

1. 眼光独到

整合的是资源，打造的是平台。和中国富豪打了十几年交道后，年过40岁的胡润已不再是当年那个从安达信出来的毛头小伙。这个英国人通过榜单立名，然后凭借由此积累的名声和资源，快速转化为一种商业模式。

2. 敢想敢做

胡润设立榜单的想法是在一次培训课上走神产生的。1999年已经在亚洲工作了4年的他每次回英国，朋友问起中国怎么样时，他都不知道怎样具体表述。

一次培训课上，走神的胡润突然想到一个好玩的话题：应该把这个概念折射到个体，人或多或少都有一些窥私的欲望，如果具体的人的故事足够精彩，一定会吸引公众的兴趣。拿什么指标来反映具体的人呢？通过"个人资产"最直接也最容易获取资料。

"培训课一结束，我给自己布置下了一份家庭作业——谁是中国最富有的人？"胡润说。当这个问题抛给安达信的中国同事时，尽管他们在会计、审计行业算得上是精英，可没有人能给出一个答案。

"要是在英国，别说是金融专业人士，就算普通人也能报出十大富翁的名字。如果他们都不知道，那么几乎没有人能知道了，看来调查非常有必要，这让我打定主意要做一份榜单。"

独到的视角让胡润找到了这个特殊的产品：富豪排行榜。这是打破平静湖面的石子，在击中湖面的那一刻，产生层层涟漪。

3. 成功推介自己

酒香也怕巷子深。经过几个月的折腾后，胡润终于排出了中国历史上第一份和国际接轨的财富排行榜。他清楚地明白，要想让人们知道这样一份榜单，必须找到有影响力的传播途径。

最终，《福布斯》与胡润共进这第一遭"螃蟹餐"。胡润从一开始就知道，与《福布斯》合作，自己只是体制外的自由撰稿人，是《福布斯》进军中国市场的一个过渡。但对胡润来说，一份代表中国财富排名的调查结果被具有全球影响力的《福布斯》承认，才是至关重要的。

果然，随着榜单的发布，首次以"胡润"冠名的中国富豪榜，在意料中引起了《福布斯》读者群的兴趣。胡润也一举成名。

4. 选择时机放大自身价值

随着《福布斯》中国富豪排行榜日益受到社会关注，胡润的知名度也迅速提高。胡润开始以《福布斯》杂志中国首席调研员的身份频频亮相于媒体。媒体的热捧、知名度的提升，使得一直认为在《福布斯》"没有赚到什么钱"的胡润开始考虑"胡润"这两个字的商业潜能。

5. 空手套白狼

胡润是个外表青涩、满脑主意的人，是个成功的推销者和报料者。

他将公众的免费信息， 用自己的方法梳理、 整理， 打造出一个排行榜， 使出的是商界顶级的武林秘笈 "空手套白狼"。

胡润成功地销售了自己， 他对中国富豪圈里的人排座次， 也为自己赢得了无限商机。 榜单的发布是不赚钱的， 胡润的主要收入来源包括发布榜单的冠名以及举办的各种项目活动。 早在 2006 年， 百富榜每年的冠名费就达 8 位数。 胡润也曾坦言年收入已超过千万。

▌案例研讨

1. 角色扮演

（1） 胡润财富榜在中国已有 13 年的历史了， 你认为它给中国带来了哪些影响？

（2） 假如你是胡润， 你会以怎样的方式衡量贫富？

2. 案例分析

（1） 由于特殊的背景， 当初大多富豪对排行榜很抵触， 你是怎样看待这张榜单的？

（2） 1999 年， 作为新鲜事物的富豪榜单一出炉， 便带来了一连串令胡润始料不及的连锁反应。 一个又一个上榜富豪被捕入狱， 一时间， "杀猪榜" 成了富豪榜的代名词。 如果你是胡润的话， 你会经受住这些压力吗？

3. 选择思考

（1） 通过本案例的学习， 你认为胡润的成功取决于哪些因素？

（2） 假如你会建立排行榜， 那么， 你和你的团队还会发布哪些榜单？

▌背景资料

胡润（Rupert Hoogewerf）， 1970 年出生于卢森堡， 英国注册会计师， 著名的 《胡润百富》 创刊人。 1993 年毕业于英国杜伦大学（Durham University）， 曾留学中国人民大学学习汉语， 留学日本学习日语， 通晓德语、 法语、 卢森堡语、 葡萄牙语等七种语言。 在会计师行业拥有七年安达信伦敦和上海的工作经验。 1999 年推出中国第一份财富排行榜 "百富榜"， 被公称为是研究中国民营经济的 "教父级" 人物。

胡润的创业经

1. 如果能做到执著， 有这样的品质， 会帮助你成功， 你不要放弃， 继续做。

2. 要是在英国， 别说是金融专业人士， 就算普通人也能报出十大富翁的名字。 如果他们 （安达信上海工作人员） 都不知道， 那么几乎没有人能知道了， 看来调查非常有必要， 这让我打定主意要做一份榜单。

3. 一个企业家如果把钱作为最终目的， 那这个人其实是没有多少财富的。

4. 对于我的百富榜， 只不过我做了没有人做， 或不敢去做的事， 成功不仅需要你能找到市场空白， 有时还靠一点眼光， 当然了， 运气也是不可缺少的。

5. 我曾工作的安达信， 当时是全球排名第四的会计师事务所， 现在也倒闭了， 当时谁会知道？ 即便经验再多， 今年也无法推测明年要发生的事情。

案例 26

沉着造就伟人
——巴菲特的创业故事

案例摘要

一位优秀的投资人不一定是赚钱赚得最多的人，而是那些能够赚相对确定和安全的钱的人。在商界中敢闯敢拼固然重要，然而在商界中选择一个适合自己的位置才是明智之举。巴菲特就是这样的一位成功者，在对于风险和收益的取舍中，巴菲特会有一个匹配的比例来从最小的风险中获取最大的利润。通常，只有平心静气，耐心等待，创业者才会越来越靠近胜利的彼岸。

巴菲特作为投资界的佼佼者，大多数·人只看到了他的财富之多、投资回报之大，却很少能看到他在创业过程中所养成的种种优秀的品质，正是这些优秀的品质才使巴菲特奠定投资界中的"股神"地位。本案例中巴菲特从摆地摊到成为"股神"的传奇经历中，在他公司的股票一路飙升的时候，巴菲特没有被成功冲昏头脑，而是冷静地清算了公司几乎所有股票，从而成功避开了 1969 年的"股灾"。之后，巴菲特又投资可口可乐、通用动力公司等，创造了很多投资神话，使他的伯克希尔·哈撒韦公司成为庞大的投资金融集团。本案例中，巴菲特的沉着冷静、努力拼搏、不好高骛远、诚信经营等创业品质都是创业者需要研究借鉴的。

案例故事

从摆地摊到投身股市

沃伦·巴菲特，1930年8月30日生于美国，被称为华尔街的"股神"，他是靠股市暴富的世界第二大富豪，在2008年的福布斯排行榜上，他的财富超过比尔·盖茨，成为世界首富。因为巴菲特的父亲霍华德曾从事证券经纪业务，所以巴菲特从小就受到熏陶，具有投资意识。巴菲特小时候很喜欢《赚到100美元的1000招》一书，他还参照书中的建议，和好友一起实践。五岁时巴菲特就知道在家门口摆地摊兜售口香糖，稍大后他又带领小伙伴到球场捡大款用过的高尔夫球，然后转手倒卖。

11岁时，他鼓动姐姐与自己共同购买股票，他们合资买了3股每股38美元的"城市服务公司"股票，他自信心满满地等待赚钱。然而不遂人愿，该股不断下跌，姐姐很气愤，埋怨他选错了股。但该股价格很快就反弹了，上涨到每股40美元，小巴菲特没能沉住气，将股票全部出手，赚了6美元。正当他得意的时候，该股价格狂升，姐姐又埋怨他卖早了。这是他第一次涉足股市，虽然赚得不多，但他从中吸取了经验，那就是：在股市中一定要不为震荡所动，相信自己的判断。

巴菲特在成长过程中不断地学习投资技巧，泡在费城交易所里研究股票走势图和打听内幕。然而如果巴菲特只是一直研究走势图和打听内幕消息，也许现在已经破产，或仍是一名散户而已。可贵的是他没有因为具有投资意识而停下学习的脚步，他申请到本杰明·格雷厄姆执教的哥伦比亚大学就读的资格。在哥伦比亚大学的学习过程中巴菲特获益良多。他开始逐步形成自己的投资体系。1962年，他将几个合伙人企业合并成一个"巴菲特合伙人有限公司"，成立一家私人投资公司：

创业之初，纽约证券市场处于熊市，巴菲特将主要精力用来开了一家制衣公司，小有积累。一段时间后，他毅然地回到股市中，因为他的兴趣是金融投资。他密切关注股市的动态，精心剔除"垃圾"股，与此同时还进行实地考察与分析比较。巴菲特有敏锐的市场眼光，比其他人先看到炒作的题材。虽然巴菲特对于投资总是有很高的敏感度，但他仍总是不断地提醒自己要谨慎。20世纪60年代后期，华尔街出现了前所未有的牛市。 在一些大公司的推动下， 出现了兼并浪潮。 而一些公司处心积虑地利用兼并一些低市盈率的公司来制造每股盈利大幅增长的假象。大众被这些假象所蒙蔽， 股价不断地被抬高。 在这种情况下巴菲特在自己办公室的墙上贴满了有关 1929 年危机的剪报以时时提醒自己。 巴菲特曾说过： "我工作时不思考其他任何东西。 我并不试图超过七英尺高的栏杆； 我到处找的是我能跨过的一英尺高的栏杆。" 从中可以看出巴菲特是个现实主义者， 他不奢求最好的， 只追求那些自己能力范围内的。

成为 "股神"

1968 年巴菲特公司的股票取得了它历史上最好的成绩， 其中巴菲特的个人资产已经达到 2500 万美元。 可一路飙升的股价并没有使巴菲特冲昏头脑， 巴菲特坚信别被收益蒙骗， 1968 年 5 月巴菲特宣布清算巴菲特公司几乎所有的股票， 1969 年美国的股市就直线下降， 最终演变成股灾，美国的经济进入了滞胀时期， 巴菲特在庆幸与失落双重矛盾心情的夹杂中又看到了新的商机——太多便宜的股票。 巴菲特的投资哲学中首要的一点就是： 记住股市大崩溃。 就是要通过稳健的策略来进行投资， 确保自己的资金不受损失， 并且要永远记住这一点。

在这次股灾中， 巴菲特虽然无法预测股市， 但他知道要控制自己。20 世纪 60 年代， 电子股风靡华尔街。 时势造英雄， 当时确实有些基金经理因投资电子股而使得成绩远胜于巴菲特。 但巴菲特却置身于这种投机之外。 他认为： "如果对于投资决策来说， 某种我不了解的技术是至关重要的话， 我们就不进入这场交易之中。 我对半导体和集成电路的了解并不多。" 所以在当时巴菲特没有卷入电子股的投机浪潮； 正像多年后的今天， 巴菲特也没有卷入互联网的狂热之中一样。

在商界打拼的巴菲特总结了一套自己的投资经营理念， 并始终坚持着自己的信念， 创造出了许多投资神话。 其中包括 1980 年巴菲特买进可口可乐股份， 投资 13 亿美元， 盈利 70 亿美元； 政府雇员保险公司， 投资0.45 亿美元， 盈利 70 亿美元； 投资吉列 6 亿美元， 盈利 37 亿美元。

1992 年巴菲特的投资目标进一步扩大， 他以每股 74 美元购下了 435 万股美国高技术国防工业公司——通用动力公司的股票。 半年后巴菲特在半年前拥有的 32200 万美元的股票已值 49100 万美元了。

1994 年底巴菲特的伯克希尔工业王国不再是一家纺纱厂， 它已发展成拥有 230 亿美元的庞大的投资金融集团。 1965—1998 年, 巴菲特的股票平均每年增值 20.2% 。 也就是说, 谁若选择了巴菲特, 谁就坐上了发财的火箭。

2007 年 3 月 1 日, 被称为 "股神" 的沃伦·巴菲特的投资公司——伯克希尔·哈撒韦公司公布了其 2006 财政年度的业绩。 从数据中可以看出, 伯克希尔公司利润增长了 29.2% , 盈利达 110.2 亿美元 (高于 2005年同期的 85.3 亿美元); 每股盈利 7144 美元 (2005 年为 5338 美元)。 这组数据让人看后不禁咋舌, 是什么样的投资头脑、 投资理念使得巴菲特如此成功。

2011 年, 沃伦·巴菲特以净资产 500 亿美元列 "福布斯全球富豪排行榜" 第三位。

▌创业智慧

1. 选择适合自己的

巴菲特在投资理念中有个堪称精华的 "三不要": 不要跟风, 不要贪婪, 不要投机。 如果巴菲特一味跟风, 那么他就无法逃避 2000 年出现的高科技网络股股灾, 巴菲特在当时称自己不懂高科技, 没法投资, 坚持自己的信念才成功躲避股灾。 不要贪婪在巴菲特的投资理念中也体现出来, 1969 年整个华尔街进入了投机的疯狂阶段, 面对连创新高的股市, 巴菲特却非常冷静地悉数全抛。 不要投机体现了巴菲特常说的一句口头禅: "拥有一只股票, 期待它下个早晨就上涨是十分愚蠢的。"

巴菲特的 "三不要" 理财法使他选择了适合自己的投资项目, 在投资中不盲目, 占据主导地位从而创造出投资神话。

2. 利益与诚信之间选择诚信

巴菲特主张要投资那些始终把股东放在首位的企业。 巴菲特认为对那些经营稳健、 讲究诚信、 分红回报高的企业, 能够确保投资的保值和增值。 而对于那些总想利用卑鄙途径榨取投资者血汗的企业一概拒之门外。 因为诚信不仅仅是一个人的做人原则, 同时也是开办企业的基本准则。

3. 要耐心等待

巴菲特的投资原则是: 不要频频换手, 直到有好的投资对象才出手。

巴菲特常引用传奇棒球击球手特德威廉斯的话: "要做一个好的击球

手，你必须有好球可打。"如果没有好的投资对象，那么他宁可等待。对于股票的投资，有人统计过巴菲特对每一只股票的投资没有少过 8 年的。巴菲特耐心的等待换来的是长远的利益。

4. 要看未来

人们把巴菲特称为"奥马哈的先知"，因为他总是能辨别出公司的发展前途是否光明，能不能在今后继续保持成功。巴菲特常说，要透过窗户向前看，不能看后视镜。巴菲特的这种长远的目光，使他在投资界中立于不败之地。

5. 把鸡蛋放在一个篮子里

传统的投资观念认为"不要把所有鸡蛋放在同一个篮子里"，这样即使金融界发生再大风险，也能留有缓和的余地。但巴菲特却认为，投资者应该像马克·吐温建议的那样，把所有鸡蛋放在同一个篮子里，然后小心地看好它。

这是巴菲特的集中投资原则，基于集中调研、集中决策而建立。他认为在时间和资源有限的情况下，决策次数多使成功率自然就降低了，就好像独生子女总比多子女所受的照顾多一些，长得也壮一些一样。

6. 热爱自己的事业

"股神"巴菲特曾说过："每天早上去办公室，我感觉我正要去教堂，去画壁画！"由此可见巴菲特对于自己事业的热爱，正因为热爱，所以才有不竭的动力，而不竭的动力又会反过来促进工作效率的提高，循环往复，形成良性循环。

7. 懂得节俭

巴菲特总是把钱捂得很紧，在增添房舍这样的事情上很少，在他的车库和大门入口处，他堆放了许多箱可口可乐，因为他喜欢喝可口可乐，但他却很少跑到商店去喝。他总是以满意的折扣价亲自购买，每次购买50箱，每箱12罐。这种习惯使他每喝一次可口可乐就对伯克希尔公司的利润作出大约1/10美分的贡献。

8. 简单和永恒

巴菲特说："我们喜欢简单的企业"。在伯克希尔公司下属那些获取巨额利润的企业中，没有哪个企业是从事研究和开发工作的。关于简单企业的解释就是"我们公司生产浓缩糖浆，在某些情况下直接制成饮料，我们把它卖给那些获得授权的批发商和少数零售商进行瓶装和罐装"。这就是可口可乐公司 1999 年年报中关于公司主营业务的解说词，一个多世纪以来，这句解说词一直出现在它的每份年报当中。简单和永恒正是巴菲特从一家企业里挖掘出来并珍藏的东西。作为一名矢志不渝的公司收购者，巴菲特喜欢收购企业，不喜欢出售企业，对那些拥有大型工厂、技术变化很快的企业通常退避三舍。

▌案例研讨

1. 角色扮演

（1）如果你是一名企业家，在面对一项并不熟悉投资时，你会坚持投资还是放弃？如果这项投资风险很高，但是利润也相当可观时呢？

（2）1968 年，在公司股票一路飙升的时候巴菲特毅然清算了公司所有股票而转投其他。如果你是巴菲特，会在股票蒸蒸日上时选择抽身吗？

（3）巴菲特认为要把鸡蛋放在同一个篮子里，这样能方便集中地看好它？你怎样看待此策略？

2. 案例分析

（1）巴菲特是有名的"抠老头"，他住在奥马哈市一个被当地政府宣布为"有损市容"的地区，买打折的可乐，有人认为巴菲特已足够富有，没必要如此吝啬，如果是你的话你会选择有身份地位的穿着、住所还是随性就好？

（2）巴菲特是怎样让自己在股市中保持清醒的头脑的？

3. 选择思考

（1）通过本案例的学习，你认为巴菲特的成功取决于哪些因素？

（2）你认为以下哪些条件是创业成功的充分条件，哪些是创业成功的必要条件？为什么？

①我的企业员工都具有高学历；

②我熟悉企业的管理；

③我的企业涉及其他企业所没有涉及的行业；

④我有激情，永不言败；

⑤我的企业规模在此地区数一数二；

⑥我的企业与几个大企业合作。

（3） Marcus Tallhamn 是来自瑞典的一位企业家， 他现在是 Otelic. com 的 CEO， 他列出了创业者们必须问自己的一些问题， 你怎样看待这些问题？

①创业的原因是什么？ 而促使你对抗所有阻碍困难的动力又是什么？

②你有什么自身方面的约束条件？

③对于风险投资你最大的担心是什么？

④什么事情会真正对你造成干扰？

⑤什么原因会促使你关闭或者离开公司？

⑥你的性格优势和性格缺陷分别是什么？

⑦什么类型的人是你最想或者最不想与之共事的？

⑧通过创业， 你想成为什么样的人， 想学到什么？

⑨你希望从联合创始人那里得到什么样的支持？

背景资料

沃伦·巴菲特，1930 年 8 月 30 日出生于美国内布拉斯加州的一个证券推销员家庭。 1941 年， 刚刚跨入 11 周岁， 他便购买了平生第一张股票。 1951 年， 21 周岁的巴菲特获得了哥伦比亚大学经济学硕士学位。 毕业后他与妻子开了一家 "巴菲特投资有限公司"， 资产是炒股得来的 4 万美元。 创业 2 年后， 他对不被世人看好的报刊与广播公司进行投资， 使其投资公司市值达到 2200 万美元。 1965 年巴菲特力排众议， 购下伯克希尔·哈撒韦公司， 自此巴菲特拥有了一家独立的投资公司。 1980 年买进可口可乐的股份， 股票单价翻了 5 倍， 赚的数目让全世界的投资家咋舌。 1994 年底已发展成拥有 230 亿美元的伯克希尔工业王国， 它已变成巴菲特庞大的投资金融集团。 2003 年 《财富》 杂志资料显示， 沃伦·巴菲特个人资产 280 亿美元， 是世界 10 位亿万富翁之一。 2011 年沃伦·巴菲特以净资产 500 亿美元列 "福布斯全球富豪排行榜" 第三位。

巴菲特的创业经

1. 我是个现实主义者， 我喜欢目前自己所从事的一切， 并对此始终深信不疑。 作为一个彻底的实用现实主义者， 我只对现实感兴趣， 从不抱任何幻想， 尤其是对自己。

2. 吸引我从事工作的原因之一是，它可以让你过你自己想过的生活。你没有必要为成功而打扮。

3. 我工作时不思考其他任何东西。我并不试图超过七英尺高的栏杆，我到处找的是我能跨过的一英尺高的栏杆。

4. 要赢得好的声誉需要20年，而要毁掉它，5分钟就够。如果明白了这一点，你做起事来就会不同了。

5. 习惯的链条在重到断裂之前，总是轻到难以察觉！

6. 如果你是池塘里的一只鸭子，由于暴雨的缘故水面上升，你开始在水的世界之中上浮，但此时你却以为上浮的是你自己，而不是池塘。

7. 人不是天生就具有这种才能的，即始终能知道一切。但是那些努力工作的人有这样的才能。他们寻找和精选世界上被错误定价的赌注。当世界提供这种机会时，聪明人会敏锐地看到这种赌注。当他们有机会时，他们就投下大赌注，其余时间不下注。事情就这么简单。

8. 要量力而行。你要发现你生活与投资的优势所在。每当偶尔的机会降临，即你的这种优势有充分的把握，你就全力以赴，孤注一掷。

9. 别人赞成也罢，反对也罢，都不应该成为你做对事或做错事的理由。我们不因大人物，或大多数人的赞同而心安理得，也不因他们的反对而担心。如果你发现了一个你明了的局势，其中各种关系你都一清二楚，那你就行动，不管这种行动是符合常规，还是反常的，也不管别人赞成还是反对。

10. 投资者应考虑企业的长期发展，而不是股票市场的短期前景。价格最终将取决于未来的收益。在投资过程中如同棒球运动中那样，要想让记分牌不断翻滚，你就必须盯着球场而不是记分牌。

案例 27

节俭中积累财富

——沃尔顿的创业故事

▎案例摘要

犹太民族可以说是世界上最会赚钱的民族，他们当中至今仍流传着这样一句话："简朴让人接近上帝，奢侈让人招致惩罚。"从中我们可以看出虽然节俭并不一定能使人变得富有，但是浪费却一定能让人变得贫困。山姆·沃尔顿作为沃尔玛的创始人，就是这样一位懂得节俭的亿万富翁。

沃尔顿家族虽然已经连续数年占据着福布斯富豪榜前 10 名的位置，但是人们常常看到老沃尔顿开一辆旧车，穿着工作服像一名普通工人，还时不时亲自给自己的超市送一下货，生活如此节俭的亿万富翁让我们不禁为之动容。本案例中山姆·沃尔顿从卖报郎到创办沃尔玛，之后又建立了山姆俱乐部这一大仓储式货物连锁店。在经营公司的同时，沃尔顿又发明了条形码、无线扫描枪、计算机跟踪存货等给沃尔顿连锁业带来不计其数的改革创举。迄今，山姆·沃尔顿虽然去世，但他创下的财富仍遥遥领先。本案例中，山姆·沃尔顿通过自身的努力拼搏、勤劳节俭、勇于创新、善于用人等创业智慧，把自己从农村子弟变成世界首富的经历值得创业者研究与学习。

案例故事

从卖报郎到创办沃尔玛

山姆·沃尔顿出生于1918年美国阿肯色州的金菲舍镇，他的家境不富裕，但是沃尔顿的父亲和母亲对他影响很大。父亲做过银行职员、农场贷款评估人、保险代理等职务，是个讨价还价的好手，并总是能和交易的对方成为朋友。母亲虽然是家庭妇女，但是很爱读书，为人热情并且重要一点是懂得节俭，沃尔顿继承了父母这些优良的品质，为他以后的成功奠定了基础。

1918年沃尔顿7岁的时候，他就开始靠送牛奶和报纸赚零花钱，另外还饲养兔子和鸽子出售。1936年沃尔顿在密苏里大学攻读经济学学士学位时期担任学生会主席。1940年沃尔顿大学毕业，当时第二次世界大战刚刚爆发，沃尔顿便报名参军，在美国陆军情报部门服役。二战结束后，沃尔顿便回到故乡和妻子开了一家小店，在经营小店期间沃尔顿学会了采购、定价、销售。后来沃尔顿又了解到了连锁、零售的好处和实惠。直到1960年沃尔顿已有15家商店分布在各个地区，年营业额高达140万美元。

沃尔顿在创业之初，商界中已经有了大批颇具规模的零售业公司，这些公司将目标市场盯在大城市而认为小城镇消费能力不高，没必要投资。但是山姆看准了这一商机，他认为随着城市的发展，大城市中的人口趋向饱和后便会向小城镇迁移，这样零售业在小城镇是颇具商业价值的。而且随着汽车的普及，其增加了消费者的流动能力，并且打破了人口的地区性限制。沃尔顿曾说过："如果他们（消费者）想购买大件，只要能便宜100美元，他们就会毫不犹豫地驱车到50公里以外的商店去购买。"

1962年沃尔顿在罗杰斯城创办了第一家沃尔玛（WalMart）折扣百货店，第一年的营业额就达到70万美元。为了吸引小城镇的消费者，沃尔顿将"低价销售、保证满意"作为企业的经营宗旨，并且将其写在沃尔玛的招牌两边。他坚持每一种商品都要比其他商店便宜。为了实现这个目标，沃尔顿开始提倡低成本、低费用结构、低价格、让利给消费者的经营思想。这与他早期受母亲节约品质的影响是分不开的。当然，沃尔顿的这条原则的实现不以商品质量或服务上存在任何偷工减料的情况为前提，低价高质就是沃尔顿做事的基本核心。随着沃尔玛的规模逐渐扩大，营业额逐渐增加，沃尔顿没有改变最初的策略，坚持即使少于5000人的小镇也照开不误。这就为以后沃尔玛的扩展提供了更多的机会。

提到沃尔顿的节约，那就不能不提到女裤理论。沃尔顿的"女裤理论"能很好地说明沃尔玛的营销策略：假如女裤的进价是0.8美元，售价是1.2美元。如果降价到1美元，那么他会少赚一半的钱，但却能卖出3倍的货。这样算下来企业既收得了效益，又收获了顾客。

在70年代，沃尔玛的销售收入和纯收入以每年40%的速度增长着。这使沃尔玛一跃成为美国年销售收入超10亿美元的区域零售公司中最年轻的也是成长最快的、最领先的百货公司。80年代是沃尔玛走向巨人的10年，在这10年内不断的节约和创新使得它保持了35%以上的年增长速度却又同时使经营成本不断下降，使它在全国零售行业中成为佼佼者，成为巨人。

沃尔顿在1983年时又开办了山姆俱乐部，每个顾客只要交纳25美元就可以拥有会员资格，而后可以以批发价格获得大批高质量的商品。山姆俱乐部的商品销售利润是微乎其微的，仅为5%—7%，但这一超低价的实施却带来了巨大的销售额。2000年，沃尔玛全球销售总额达到1913亿美元，甚至超过了美国通用汽车公司，仅次于埃克森—美孚石油，位居世界第二。沃尔顿家族五人的资产总额达到931亿美元，比世界首富比尔·盖茨高出344亿美元。在2001年时包揽了"福布斯全球富豪排行榜"的第7至11位，沃尔顿家族成为世界上最富有的家族。

一个成功的商人改变的不仅仅是自己的命运，而且对社会的进步产生翻天覆地的变化。沃尔顿给连锁业带来的改革是不计其数的，他发明了条形码、无线扫描枪、计算机跟踪存货等，而且他改变了传统的进货方式，他拥有最大的私人卫星网络，当人们在跟着他的脚步刚刚开始的时候，沃尔顿已经开始了下一步的创新。他带领着企业不断地创新同时也带领了人类不断地接触新鲜事物。

创始人的品质

沃尔顿的成功与他自身的努力是不可分割的，沃尔顿一生都在勤勉地工作。在他60多岁的时候，仍然坚持每天早上4:30就开始工作，一直到深夜。偶尔还会凌晨4:00访问配送中心并与员工一起吃早点。他常从一家分店跑到另一家分店，每周至少有4天花在这类访问上，有时甚至6天。通过不断的访问了解员工的需求，熟知顾客的要求，并以此调整改进经营策略。直到70年代时，沃尔顿仍保持一年至少对每家分店访问两次。后来随着公司遍布世界各地，不可能遍访每家分店了，但他仍尽可能多地访问。

当山姆·沃尔顿在1985年第一次被《福布斯》杂志列为全美富豪排行榜的首位时，沃尔顿以及他的沃尔玛商店一夜之间万众瞩目，大批记者拥向沃尔顿的住地。然而，他们看到却是一位过着简朴生活的美国富豪，完全跟他的个人资产不相匹配。这位美国第一富豪穿着一套来自自己商店的廉价服装，戴着一顶打折的棒球帽，而且开着一辆破旧不堪的小货运卡车上下班，车后还安装着狗笼子。人们不禁被眼前的一景所震撼，作为一名出身农民家庭的孩子，沃尔顿所取得的成就令人钦佩。

沃尔顿创造了沃尔玛，而且一直亲自领导着它的日常业务，决定着它的发展方向，并把自己的品质、个性、理念融入它，使沃尔玛不仅成为二战后美国零售业中的佼佼者，并且成为美国零售巨型公司中最有个性的公司。布什总统给沃尔顿颁奖时在嘉奖状中写道："山姆·沃尔顿，地道的美国人，具体展现了创业精神，是美国梦的缩影……"

▌创业智慧

1. 崇尚节俭

沃尔顿崇尚节俭的经营之道，给消费者带来了最大的利益。从5分至1角钱商店开始，他始终坚持采用大众化、低加价的零售经营方式。而要想实现这一目标就要通过日常管理中节省每一分钱来达到。例如，公司很少在装饰门面上花钱，也很少登广告，对供应商也是尽可能讨价还价。

并且不只在公司上节俭，沃尔顿的生活也保持着节俭的习惯。沃尔顿没购置过豪宅，而且经常开着自己的旧货车。镇上的人都知道，沃尔顿是个"抠门"的老头儿，每次理发都只花5美元——当地理发的最低价。然而这个"小气鬼"不仅给美国的5所大学捐出了数亿美元，而且

第三篇 国外创业案例 ——他山之石，可以攻玉

215

还设立了很多奖学金。

不仅沃尔顿如此，沃尔顿的几个儿子也都继承了父亲节俭的性格。大公司的老板都会有豪华的办公室并以此来突显自己的身份地位，而现任公司总裁吉姆·沃尔顿的办公室却只有 20 平方米，公司董事会主席罗宾逊·沃尔顿的办公室也仅仅只有 12 平方米，他们办公室内的陈设也都很简朴，以至于很多人把沃尔玛形容成 "穷人" 开店穷人买。

无论公司以多么低的价格购进商品，沃尔顿坚持加价率绝不超过 30%，即使比竞争者同样商品的价格低得多，也要坚持将此利益让给顾客，且决不放弃对顾客许下的任何商品都比竞争者价格低的诺言。

2. 释放每一个人的潜力

沃尔顿在用人上不会注重员工的学历，他的很多员工甚至经理都只有高中学历。沃尔顿挑选的是那些精力充沛、乐于工作并忠于公司的人。沃尔顿相信一个人的努力和诚意，一个员工脚踏实地地工作，肯定会有回报。沃尔顿不会高高在上而是与员工多多接触，这可能造就了他在沃尔玛的员工中很高的个人威望。沃尔顿的工作精神通过与员工的接触影响了沃尔玛中的每一位成员，为他们作出了榜样。

沃尔顿在管理员工方面有个人的一套方法，他一方面对经理员布置高标准的工作任务，另一方面赋予其最大的权限和责任。鼓励员工在工作中保持激情和活力，他认为只有这样才能最大限度地释放每一个人的潜力，由此才能让每一个人为沃尔玛做到最好，沃尔玛才能蒸蒸日上。

3. 让顾客满意

"让顾客满意" 是沃尔玛公司的首要目标。沃尔顿曾说过："请对顾客露出你的八颗牙。" 他认为只有微笑到露出八颗牙的程度，才能说是合格的 "微笑服务"。沃尔顿还有一条著名的 "十英尺态度" 那就是："当顾客走到距离你 10 英尺的范围内时，你要温和地看着顾客的眼睛，鼓励他向你咨询和求助。" 这个 "十英尺态度" 成为沃尔玛的员工准则。还有沃尔玛企业文化中 "不要把今天的工作拖到明天"、"永远提供超出顾客预期的服务" 等规则，甚至已经被写进了美国的营销教科书。

沃尔顿在经营公司的过程中坚守着一个信念，"只要商店能够提供最全的商品、最好的服务，顾客就会蜂拥而至。" 所以他向员工提出了两点要求，总结来说叫做"日落原则"和"三米微笑"。"日落原则"就是指每个员工都必须在太阳下山之前完成自己当天的任务，并且如果顾客提出问题要求，也必须在太阳下山之前给予顾客答复；"三米微笑"是指当顾客走进员工三米的范围内时，员工就必须主动地询问顾客有什么要求，而且说话时必须注视顾客的眼睛。

沃尔顿的这些服务顾客的原则使顾客得到了全面的照顾，从而奠定了日后零售商的地位。

4. 独特的企业文化

山姆·沃尔顿的儿子——罗伯逊·沃尔顿是现任的沃尔玛公司董事会主席，罗伯逊认为沃尔玛之所以能取得成功，与其独特的企业文化是密不可分的。这种企业文化就是让每个消费者都会觉得在自己家里一样。不管什么时候，你只要走进任何一家沃尔玛连锁店，你肯定会找到价格最低的商品和你希望得到的真正的服务。

尽管有些人认为沃尔玛是由一群疯疯癫癫的人组成的，但是沃尔玛的文化却鼓励人们打破陈规和单调的生活，去努力创新。

▌案例研讨

1. 角色扮演

（1）沃尔玛的经营理念是让消费者每天得到低价格商品，并保持优质服务，同时与供货商和员工共享利润。这意味着沃尔玛公司必须把成本保持在最低限度，你怎样看待这个理念？

（2）沃尔顿在创业之初没有将目光盯向消费能力高的大城市，反而转向相对较弱的小城镇，如果你遇到这种情况你将如何选择？

（3）沃尔顿的员工普遍没有很高的学历，在注重学历的今天，你会注重选择高学历的人才，还是选择具备其他条件的人才呢？

2. 案例分析

（1）沃尔顿年轻的时候收到耶鲁大学的录取通知书，却因为当时家里贫穷而交不起学费，于是他利用假期去做油漆工。沃尔顿接到了为一大栋房子刷油漆的业务，虽然房子的主人很挑剔，但给的报酬很高。沃尔顿工作起来非常认真，但在即将完工时却不小心绊倒弄脏了墙面，沃尔顿修补后觉得仍不满意，就又重新刷了一遍。第二天沃尔顿觉得整个墙面仍不协调，虽然重新再刷会增加一倍的成本，沃尔顿因此也就挣不了多少钱，但是他仍决定重新刷。还没来得及重新刷房主就来验收，在听完事情的原委后，房主不但没有生气反而赞扬了沃尔顿，并愿意赞助他读完大学。如果你是沃尔顿，你会在增加成本的情况下也要将事情做到完美、履行承诺吗？

（2）沃尔顿在经营公司的过程中对员工提出了哪些要求？

3. 选择思考

（1）通过本案例的学习，你认为沃尔顿的成功取决于哪些因素？

（2）企业拟定采购策略的时候，应考虑哪些因素？

①所采购产品或服务的形态；

②年需求量与年采购总额；

③与供应商之间的关系；

④产品所处的生命周期阶段；

⑤市场上急缺的。

（3）每个企业都有不同的品牌与定位，不同的领导风格领导出的员工也不相同，根据戈尔曼的研究，存在六种不同的领导风格，请对照自己属于哪种领导风格。

①远见型：远见型领导动员大家为了一个共同的想法而努力。同时，对每个个体采用什么手段来实现该目标往往会留出充分的余地。

②关系型：这种领导风格以人为中心，关系型领导人努力在员工之间营造一种和谐的氛围。

③民主型：这种领导方式通过大家的参与而达成一致意见。

④教练型：教练型领导非常擅长给大家分配任务，为了给员工提供长期学习的机会，往往不惜忍受短期的失败。

⑤示范型：示范型领导人会树立极高的绩效标准并且自己会带头做榜样。这种领导人在做事情时总是强迫自己又快又好，而且他们还要求周围的每一个人也能够像他们一样。

⑥命令型：命令型的领导需要别人的立即服从。

背景资料

山姆·沃尔顿1918年出生在美国阿肯色州的一个小镇上。1936年沃尔顿进入密苏里大学攻读经济学学士学位， 1951 年 7 月和妻子海伦在阿肯色州本顿威尔开了一家商店。 1960 年沃尔顿已有 15 家商店分布在本顿威尔周围地区， 年营业额达到 140 万美元。 1962 年沃尔顿在罗杰斯城创办了第一家沃尔玛 （WalMart） 折扣百货店， 沃尔玛折扣百货店第一年的营业额就达到 70 万美元。 沃尔顿于 1969 年 10 月 31 日成立沃尔玛百货有限公司。 1985 年 10 月山姆·沃尔顿被 《福布斯》 杂志列为全美富豪排行榜的首位。 1990 年沃尔玛成为全美最大的零售商。 1992 年沃尔顿获得美国自由勋章， 同年 4 月 5 日辞世。 在 2003 年 9 月公布的 "福布斯全球富豪排行榜" 上， 沃尔玛公司的五个沃尔顿以 205 亿美元的身家并列第四，是名副其实的世界第一财富家族。 沃尔顿家族已经连续数年占据着 "福布斯全球富豪排行榜" 前 10 名的位置。 在 2003 年的 《财富》 "美国 2003 年最受尊敬的十大公司排行榜" 中， 沃尔玛荣登榜首。

▌山姆·沃尔顿的创业经

1. 专注于你的企业，你要比任何人都更加相信它。

2. 和你的同事们分享利益， 把他们当成合伙人来看待。 反过来，他们也会将你当成他们的合伙人，大家齐心合作产生的效益将大大出乎你的意料。

3. 激励你的投资者， 光是股份和现金还远远不够。 不断地用新奇有趣的方法激励、 挑战你的同事们， 设定高目标， 鼓励竞争， 然后为他们打分。 和员工打赌， 赌注要比较夸张。

4. 尽可能多地跟你的合伙人交流， 他们知道得更多， 也就更能理解你； 他们更理解你， 对公司的事务也就更上心； 他们一旦真正开始上心， 以后就会坚持不懈地做下去。

5. 感谢员工对公司所做的贡献。 一张支票和一份股份往往可以买来他们的忠诚， 但每个人都希望被别人感谢， 尤其当我们做了些引以为豪的事情。 一句真诚合适的表扬所起的作用往往是别的东西所无法替代的，而且完全免费。

6. 成功时庆功， 失败时也不忘幽默感。 你不要表现过于严肃， 放松一些， 你周围的人也都会感觉放松。

7. 认真听取公司里每个人的意见， 并想办法鼓励他们多说， 和顾客交谈过的员工往往能发现许多真实存在的问题。 你最好能和他们多交流，这样才能保证产品品质， 让公司上下都感觉自己对公司有种责任感， 使好想法像气泡一样不断从公司里冒上来， 对员工的任何意见都要认真对待。

案例28

习惯决定命运

——洛克菲勒的创业故事

▌案例摘要

中国有条铁律叫 "富不过三代", 不过这条铁律在洛克菲勒家族面前显得无比苍白, 洛克菲勒家族至今已延续六代, 在商界、政界都有杰出的表现。这与洛克菲勒自身的教育理念和做人的原则是息息相关的, 洛克菲勒的精神影响着这个家族的后人。

约翰·戴维森·洛克菲勒是有史以来第一位亿万富翁、美国最著名的企业王朝的创建人。洛克菲勒虽然出生在贫民窟, 但他的才华没有就此埋没, 他从来都认为自己的成功完全在于自己。洛克菲勒的内心非常强大, 很小的时候就懂得理财, 具有经商的头脑, 甚至可以堪称是一个商业奇才。在成长的过程中, 一次次对商机的准确判断为他带来大量的财富。他曾经说过, 即使把他放在沙漠身无分文, 有个驼队经过, 他也能东山再起。本案例将讲述洛克菲勒从贫民窟的孩子走到第一位亿万富翁的经历, 洛克菲勒即使在平凡的岗位上也能作出不平凡的贡献, 因为他勤奋务实, 稳扎稳打, 但又不乏创新冒险的精神, 充分展现了这位商界奇才的经商智慧以及个人修养, 也为广大读者提供了如何追求财富、如何经营自己人生的绝佳范本。

案例故事

从贫民窟小商贩到赢得第一份工作

1839 年约翰·戴维森·洛克菲勒出生在美国纽约州的一个小镇上，他的父亲是个假药贩子，而且又犯有重婚罪，这使得年幼的洛克菲勒跟着父母不得不一次次地搬家，日子过得非常不安定，然而父亲精打细算的商业头脑对年幼的他产生了影响。洛克菲勒的母亲是个虔诚的浸信会教徒，从小对洛克菲勒灌输节俭、勤奋等观念。

洛克菲勒的家教很严，从小就靠给父亲做 "雇工" 挣零花钱。他清晨便到田里干农活或者帮母亲挤牛奶。他有一个专用于记账的小本子，当进行完工作后就与父亲结算工资。小洛克菲勒做得很认真，他感到既神圣又有趣。这个习惯更有意味的是，洛克菲勒的第二代、第三代乃至第四代，都严格照此办理，并定期接受检查，否则，谁也别想得到一分钱的零花钱。

洛克菲勒和贫民窟许多其他的孩子一样喜欢逃学，喜欢争强好胜，但与其他人不同的是，洛克菲勒从小就具有发现财富的非凡眼光。小时候他曾把一辆从街上捡回来的玩具车修好，然后以每人收取 0.5 美分的价格租借给同学玩，在一个星期后，小洛克菲勒竟然挣回来一辆新的玩具车。洛克菲勒的老师曾经充满惋惜地对他说："如果你出生在富人的家庭，你会成为一名出色的商人。但对你来说，已经是不可能的了，你能成为街头商贩就不错了。" 恰好被他的老师所言中，中学毕业的洛克菲勒真的成了一名小商贩，他卖过电池、柠檬水等，虽然摊位不大，但是每一项都被洛克菲勒经营得很好。

16 岁时，洛克菲勒便开始打工挣钱贴补家用。洛克菲勒从全城工商企业名录中寻找那些知名度最高的公司去面试。每天早晨 8 点，他身穿黑色西裤，高高的硬领西服，扎上黑色领带，去做预约的面试。虽然在面试后他一再被人拒之门外，但是他一直在坚持。六个星期后，他又将这些选中的公司重走一遍，甚至有些公司已经拜访了两三次，但依然没有结果。值得借鉴的是洛克菲勒越是遭遇挫折，决心就越是坚定。1855 年 9 月，在经过六个星期的面试后，16 岁的洛克菲勒终于在 Hewitt & Tuttle 公司找到了他人生的第一份工作：簿记员。三个月后，洛克菲勒才收到第一笔微薄的报酬 17 美元。 洛克菲勒精于计算的财富生涯序幕也是从他的第一份簿记员工作开始的。 在领到第一份薪水时， 他对自己说： 未来毕生都要捐出十分之一的财产于慈善事业。 后来洛克菲勒果真如他承诺的那样， 捐款建立芝加哥大学以及一些慈善机构。 洛克菲勒对商业与生俱来的感觉和出色的组织实施能力， 使得他对公司作出了贡献。有一次休伊特·卡特尔公司高价做了一笔大理石生意， 承担运输业务的有三家公司， 到货后却发现大理石有瑕疵。 这时， 洛克菲勒建议老板把责任推到运输公司身上， 洛克菲勒分别向三家公司提出赔偿损失的要求，这样公司得到的赔款就比原来多出两倍之多。 休伊特·卡特尔公司借此机会发了一笔横财。

投身石油

3 年后， 19 岁的洛克菲勒离职与克拉克（Maurice B. Clark）合伙开始独立经营农产品转售的生意。 这时洛克菲勒的第一家公司， 由于经营顺利， 他第一年就做成了 4.5 万美元的生意， 净赚 4000 美元。 1859 年，宾州挖出了世界的第一口油井， 无数人们疯狂涌进此地， 无数的油井被胡乱开挖出来。 这时洛克菲勒没有像其他人一样蜂拥到西北， 而是判断"原油价格必将大跌， 真正能赚到钱的是炼油， 而非钻油"。 事实证明了他的想法是正确的。 几年的时间内， 原油的价格暴跌， 而炼油的速度远不如钻油速度快， 许多钻油商必须以低廉的价格抛售原油以此来避免破产。 1863 年， 洛克菲勒与克拉克成立 Clark& Rockefeller 公司， 转向对石油提炼的投资。 同时另一位合伙人加入了他们， 化学家——安德鲁斯。

1865 年， 洛克菲勒和克拉克在经营方针上却出现了严重的分歧。 后来洛克菲勒大量借债筹集现金， 以 72500 美元的价格在拍卖会上将克拉克的股权全数买下， 此时公司也改名为 Rockefeller & Andrews。 该拍卖经常被后人看做洛克菲勒甚至整个石油历史上极为重要的一战。 最初的合作伙伴克拉克对洛克菲勒的评价非常高， 他描述说： "他有条不紊到极点，留心细节， 不差分毫。 如果有一分钱该给我们， 他必需取来。 如果少给客户一分钱， 他也要客户拿走。"

成为石油大王

1866 年， 由于当时的石油业秩序还非常混乱， 质量较差， 价格混乱， 激烈的角逐已逐渐暴露。 洛克菲勒的公司就像汪洋大海中的一叶小舟，随时都有沉没的危险。此时的洛克菲勒清醒地认识到，必须把自己的企业扩大规模，只有"船"大了，才可能抵御惊涛骇浪的冲击。于是洛克菲勒把自己弟弟 William Rockefeller 揽为生意伙伴，开拓欧洲市场。1867 年，揽入 Henry M. Flagler 为另一合伙人，Rockefeller、Andrews、Flagler 三人为核心的炼油公司 Rockefeller，Andrews & Flagler 正是成立了，这就是日后标准石油的前身。高瞻远瞩的洛克菲勒从一开始就把目光转向国际市场并在纽约开设办事处，专门向东海岸和国外出售产品。他尽可能削减各种成本，从小跟随母亲养成的节约的好习惯被洛克菲勒用到了生产中，并发挥出巨大的作用。比如自制油桶，自制炼油用的硫酸；为了免付铁路运输费用，他还购买了油船和输油管。

后来，洛克菲勒选择高风险而又极端方法，大量举债增资，大量转投资，大量开发副产品，这些举措虽然冒险但却是极为成功的。1868 年，Rockefeller，Andrews & Flagler 公司已在克利夫兰拥有两块炼油区，这时的洛克菲勒已是世界上最大炼油商。

1870 年洛克菲勒与人合办成立埃克森—美孚石油公司，到 1880 年为止他几乎垄断了整个石油业，并且形成了美国第一个大托拉斯，在这个托拉斯结构下，洛克菲勒合并了 40 多家厂商，垄断了全国 80% 的炼油工业和 90% 的油管生意。不久，托拉斯在全美的各行业迅速蔓延开来，这种垄断组织形式就占了美国经济的 90%。洛克菲勒成功地造就了美国历史上一个独特的时代——垄断时代。

1892 年由于法院裁定美孚石油托拉斯为非法的垄断企业，虽然他被迫将财产转到各分公司名下，但是仍由原董事会集中经营。1899 年洛克菲勒又将分公司联合成立新泽西美孚石油公司。

专注慈善事业

1896 年，57 岁的洛克菲勒退休后，几乎将全部的精力放到了慈善事业上。从 19 世纪 90 年代开始，他每年都捐款超过 100 万美元。1913 年，他成立了"洛克菲勒基金会"，专门负责捐款工作。洛克菲勒捐款总额高达 5 亿美元之多。洛克菲勒的后代也沿袭他的做法，到 1950 年，洛克菲勒家族共捐赠 25 亿美元。洛克菲勒的慈善事业造就了很多成功人士，以他名字命名的基金会培养了 3 个国务卿、12 个诺贝尔医学奖获得者和众多的科学家。甚至被称为"亚洲第一流的医学院"的中国北京协和医院即是洛克菲勒基金会捐款修建的。

如果把洛克菲勒的身价折合成今天的美元约有 2000 亿美元，这比 2003 年 "福布斯全球富豪排行榜" 当时首富比尔·盖茨的身价 407 亿美元还要高出几倍。如今虽然洛克菲勒已经离世，但在纽约的街头，随处可以体味到洛克菲勒家族过往的辉煌：摩根大通银行、洛克菲勒中心、洛克菲勒基金会、现代艺术博物馆、洛克菲勒大学。甚至青霉素的普及也同洛克菲勒及其家族大有渊源。

▍创业智慧

1. 永远抱着向上的态度

"如果你视工作是一种乐趣，人生就是天堂；如果你视工作是一种义务，人生就是地狱。" 这是洛克菲勒的至理名言，这是他对工作、对人生的一种执著的态度，但更是他不懈奋斗追求卓越的优秀品质。

年轻的洛克菲勒的第一份工作既简单又枯燥。因为洛克菲勒学历不高，所以在当时很难找到一份像样的工作。摆在洛克菲勒面前有两条路：要么浑浑噩噩打发日子，心情郁闷地被迫工作；要么在看似平庸的工作中愉快地工作，寻求发展机会，把简单的工作也同样做得出色。洛克菲勒选择了后者，在日复一日的工作中总结规律并研发创新。洛克菲勒的付出没有白费，他得到了丰厚回报，并从此走上管理岗位，最终成为美国标准石油公司的董事长。

洛克菲勒的执著告诉我们，在平凡的岗位上也可以把平凡的工作做得不平凡，从而迈向成功。

2. 循序渐进、稳扎稳打

洛克菲勒认为凡事都需要看得远一点。你在迈出第一步的时候，心中必须装着第二步。而且做事不需要抢时间，不求数量，稳稳当当地做，循序渐进地做，就能做许多事情，并且有质量。他把做事比作高尔夫比赛，你需要一杆一杆地打下去，每打出一杆的目的，就是离球洞越近越好，直到把球打进。

3. 勤奋务实

洛克菲勒认为凡事都要从最底层干起，一点一点地获得成功，这是搞清楚一门生意的基础，也是最好的途径。没有不劳而获的财富，财富是勤奋工作的副产品。 在工作中每个目标的达成都来自于勤奋的思考与勤奋的行动， 实现财富的梦想也依然如此。 积累得越多， 成功的希望就越大。

4. 做生活的强者

洛克菲勒认为与其生活在既不胜利也不失败的黯淡阴郁的心情里， 成为既不知欢乐也不知悲伤的懦夫， 倒不如不惜失败， 大胆地向目标挑战！ 这也是洛克菲勒能在很多风险投资中大胆决策， 取得成功的重要原因。 他说越是认为自己行， 你就会变得越高明， 因为积极的心态会创造成功。 可以看出洛克菲勒主张如果你能主宰生活， 那么离成功也就近了一步。

5. 以人为本

往上爬的时候要对别人好一点， 因为你走下坡的时候会碰到他们。 洛克菲勒曾这样说过。 他不会无视雇员的存在， 反而会认真看待他们， 在他的脑子里， 始终把为他卖命的雇员摆在第一位。 而且洛克菲勒认为， 即使是一位领导， 也是不能完全主宰一个集体的， 要有员工的支持与爱戴。 要想别人怎么对待你， 你就怎么对待别人， 洛克菲勒对待员工和同事都是用温和的态度， 正是这种态度， 使得洛克菲勒能成为一位优秀的领导者， 这正符合这句话： 正确的态度将我们引向致富之路， 错误的态度却可能导致人财两空。

6. 积少成多

有一次， 洛克菲勒下班想搭公车回家， 差一毛钱， 就向秘书借并说： "你一定得提醒我， 免得我忘了。" 秘书说： "请别介意， 一毛钱算不了什么。" 他却正色地说： "你怎能说算不了什么， 把一块钱存在银行里， 要整整两年才有一毛钱的利息啊！" 这就是积少成多的故事， 洛克菲勒认为一分钱也可以积少成多， 也可以积沙成塔。 一位能够懂得其价值的主人， 也能让一枚金币带来成千上万的财富。

▍案例研讨

1. 角色扮演

（1） 如果你的口袋里有一百美元， 你将怎样分配它们使它们获得最大的价值？

（2） 洛克菲勒在大多数人都蜂拥向开挖石油时， 他却看到了炼油的前景， 如果你是洛克菲勒， 有这样的眼光这样做吗？ 你怎样看待洛克菲勒的 "与众不同"？

（3） 洛克菲勒的第一份工作简单而枯燥， 如果换做是你， 在没有别的出路的前提下你是选择在工作中总结经验， 开发创新呢， 还是会辞掉工作提升学历从而找到更好的工作呢？

2. 案例分析

（1） 有一次洛克菲勒和克拉克的公司订了一批黄豆， 然而在运输的过程中才发现船上的黄豆被掺了一半的石头和垃圾， 如果你遇到这样的事， 你会怎么处理？

（2） 洛克菲勒是怎样扩大企业规模的？ 他采取了哪些策略？

3. 选择思考

（1） 通过本案例的学习， 你认为洛克菲勒的成功取决于哪些因素？

（2） 假如你现在要创办一家企业， 你要怎样打出企业的品牌和作出市场定位？

①为企业设定广告语；

②比较同类企业， 确立自己的优势；

③筹集更多的资金， 为企业宣传；

④与其他企业合作营销；

⑤招聘经验丰富的员工， 为企业出谋划策。

（3） 美国的唐·多曼在 《事业革命》 一书中提出了创业者的五种人格特征：

①愿意冒风险；

②能分辨出好的商业点子；

③信心和决心；

④壮士断腕的勇气；

⑤愿意为成功延长工作时间。

请对照自己符合哪些特征？

▌背景资料

约翰·戴维森·洛克菲勒 1839 年出生在美国纽约州的一个小镇上，

他是美国著名的实业家、慈善家，以带领石油工业与塑造现代慈善的企业化结构而闻名。1855 年 9 月，16 岁的洛克菲勒在 Hewitt & Tuttle 公司开始了第一份工作：簿记员。三年后洛克菲勒离职与克拉克（Maurice B. Clark）合伙开始独立经营农产品转售的生意，开了他们的第一家公司。1863 年，两人转向石油提炼的投资并成立了 Clark & Rockefeller，并揽入另一位合伙人化学家安德鲁斯。1865 年，由于洛克菲勒与老合伙人克拉克出现经营分歧，洛克菲勒买下克拉克的股权，并将公司改名为 Rockefeller & Andrews。1866 年，洛克菲勒想扩大规模，于是揽入自己弟弟 William Rockefeller 为生意伙伴，让其发展欧洲市场。1867 年，又揽入 Henry M. Flagler 为另一合伙人，以 Rockefeller、Andrews、Flagler 三人为核心的炼油公司 Rockefeller, Andrews & Flagler 公司正式成立，这即是日后标准石油公司的前身。1868 年，Rockefeller, Andrews & Flagler 公司已是世界上最大的炼油商。1870 年洛克菲勒与人合办的石油公司到 1880 年为止几乎垄断整个石油业，形成美国第一个大托拉斯。1884 年，洛克菲勒把标准石油公司的总部由克利夫兰迁往纽约，成为全世界最大的石油集团企业。约翰·洛克菲勒成了名副其实的 "石油大王"。标准石油公司几经更名，最后定名为美孚石油公司

▎洛克菲勒的创业经

1. 我不靠天赐的运气活着，但我靠策划运气发达。

2. 永远不能让自己的个人偏见妨碍自己的成功。

3. 往上爬的时候要对别人好一点，因为你走下坡的时候会碰到他们。

4. 即使输了，唯一该去做的就是光明磊落地去输。

5. 一旦避免失败变成你做事的动机，你就走上了怠惰无力的路。

6. 不论是要赢得财富，还是要赢得人生，优秀的人在竞技中想的不是输了我会怎么样，而是要成为胜利者我应该做什么。

7. 智慧之书的第一章，也是最后一章，就是天下没有白吃的午餐。

8. 只要不变成习惯，失败是件好事。

9. 我就是我最大的资本！我唯一的信念就是相信自己。

10. 在我眼里金钱像粪便一样，如果你把它散出去，就可以做很多的事，要是把它藏起来，它就会变得臭不可闻。

案例 29

创新与改变
——乔布斯的创业故事

▌案例摘要

　　提起史蒂夫·乔布斯（Steve Jobs），关于他的一组震撼性的数字就会浮现在我们眼前：2 次手术，3 个孩子，8 年抗病，11 款经典产品，100 倍股价涨幅，1000 万台 iPad，1 亿部 iPhone，2.7 亿台 iPod，带动全球超过万亿产值，使其成为当今社会追梦者的偶像和精神领袖。但创业是一种创新活动，充满了机遇，也充满了挑战和变数，成功、竞争和风险与创业形影相随。与其说乔布斯创造苹果是一部成功的经典，不如说他和苹果公司都经历了常人所不能经历的挫折。世上本无天才，成功必有艰辛。在本案例中，我们将一起探讨乔布斯如何白手起家、黯然离开、另起炉灶、艰难回归，到再创辉煌，顽强抗战病魔，打造了庞大的苹果帝国，最终成为全世界数亿人顶礼膜拜的传奇人物。

▌案例故事

苹果出世

　　1955 年 2 月 24 日，斯蒂夫·乔布斯出生在美国旧金山，刚刚出生，就被心狠无情的父母遗弃了。幸运的是，一对好心的夫妻收留了这位可怜的私生子。虽然是养子，但养父母却对他很好，如同亲子。学生时代的乔布斯聪明、顽皮，肆无忌惮，常常喜欢别出心裁地搞出一些令人啼笑皆非的恶作剧。不过，他的学习成绩倒是十分出众。

当时，乔布斯就生活在著名的"硅谷"附近，邻居都是"硅谷"元老——惠普公司的职员，在这些人的影响下，乔布斯从小就很迷恋电子学。一个惠普的工程师看他如此痴迷，就推荐他参加惠普公司的"发现者俱乐部"。这是个专门为年轻工程师举办的聚会，每星期二晚上在公司的餐厅中举行。就在一次聚会中，乔布斯第一次见到了电脑，他开始对计算机有了一个朦胧的认识。

在上初中时，乔布斯在一次同学聚会上，与比他年长5岁的沃兹见面。沃兹是学校电子俱乐部的会长，对电子也有很大的兴趣。两个人一见如故，8年后他们创办了苹果电脑公司。

19岁那年，刚念大学一年级的乔布斯突发奇想，辍学成为雅达利电视游戏机公司的一名职员，之后成为该公司的一名工程师。安定下来之后，乔布斯常常与沃兹在自家的小车库里琢磨电脑。他们梦想着能够拥有一台自己的计算机，可是当时市面上卖的都是商用的，且体积庞大，极其昂贵，于是，他们准备自己开发。制造个人电脑必需的就是微处理器，可是当时的8080芯片零售价要270美元，并且还不出售给未注册公司的人。两个人不灰心，仍继续寻找，终于在1976年度旧金山威斯康星计算机产品展销会上买到了摩托罗拉公司出品的6502芯片，功能与英特尔公司的8080相差无几，但价格却只要20美元。

带着6502芯片，两个狂喜的年轻人回到乔布斯的车库，开始了自己伟大的创新。他们设计了一个电路板，将6502微处理器和接口及其他一些部件安装在上面，通过接口将微处理机与键盘、视频显示器连接在一起，仅仅几个星期，电脑就装好了。乔布斯的朋友都被震动了，但他们都没意识到，这个其貌不扬的东西就是世界上第一台个人电脑，会给以后的世界带来多大的影响。但是精明的乔布斯立即估量出这种自制电脑的市场价值所在。为筹集批量生产的资金，他卖掉了自己的大众牌小汽车，同时劝说沃兹也卖掉了他珍爱的惠普65型计算器。就这样，他们有了奠基伟业的1300美元。

1976年愚人节那天，乔布斯、沃兹及乔布斯的朋友龙·韦恩做了一件影响后世的事情：他们三人签署了一份合同，决定成立一家电脑公司。公司的名称由偏爱苹果的乔布斯一锤定音——称为苹果。后来流传开来的就是那个著名的商标———只被人咬了一口的苹果。而他们的自制电脑则被顺理成章地追认为 "苹果 I 号" 电脑了。

黯然离开

一个偶然的机遇给 "苹果" 公司带来了转机。 1976 年 7 月的一天，零售商保罗·特雷尔来到了乔布斯的车库， 当看完乔布斯熟练地演示电脑后， 他认为 "苹果" 机大有前途， 决意冒一次风险——订购 50 台整机， 但要求一个月内交货， 乔布斯喜出望外， 立即签约， 拍板成交， 这可是做成的第一笔 "大生意"。

50 台整机在特雷尔手里很快销售一空， 有了良好的开始， "苹果" 公司名声大振， 开始了小批量生产。 乔布斯和沃兹开始意识到， 他们的小资本根本不足以应付这急速的发展。 乔布斯后来回忆道： "大约是在 1976 年秋， 我发现市场的增长比我们想象的还快， 我们需要更多的钱。" 为此， 他们分头去找资金支持， 包括沃兹就职的公司惠普。 但遗憾的是， 这些公司都没意识到这其中蕴藏的商机和市场。

机遇往往垂青努力的人。 1976 年 10 月， 百万富翁马尔库拉慕名前来拜访沃兹和他们的车库工场。 马尔库拉是位训练有素的电气工程师， 且十分擅长推销工作， 被人们称为推销奇才。 由于在股票生意上发了财， 他很早就选择了退休的生活。 但看到这两个年轻人的新产品， 马尔库拉决心重操旧业， 帮助他们把公司大张旗鼓地办起来。 他主动帮助他们制定一份商业计划， 给他们贷款 69 万美元， 将自己的命运与两个年轻人联系在一起。 有了马尔库拉这样行家里手的指导， 有了这笔巨资， "苹果" 公司的发展速度大大加快了。

1980 年， 《华尔街日报》 的全页广告写着 "苹果电脑就是 21 世纪人类的自行车"， 并登有乔布斯的巨幅照片。 1980 年 12 月 12 日， 苹果公司股票公开上市， 在不到一个小时内， 460 万股被抢购一空， 当日以每股 29 美元收市。 按这个收盘价计算， 苹果公司高层产生了 4 名亿万富翁和 40 名以上的百万富翁。 乔布斯作为公司创办人当然是排名第一。

因为巨大的成功， 乔布斯在 1985 年获得了由里根总统授予的国家级技术勋章。 然而， 成功来得太快， 过多的荣誉背后是强烈的危机。 由于乔布斯经营理念与当时大多数管理人员不同， 加上蓝色巨人 IBM 公司也开始醒悟过来， 也推出了个人电脑， 抢占大片市场， 使得乔布斯新开发出的电脑节节惨败， 总经理和董事们便把这一失败归罪于董事长乔布斯，于 1985 年 4 月经由董事会决议撤销了他的经营大权。 乔布斯几次想夺回权力均未成功， 便在 1985 年 9 月 17 日愤而辞去苹果公司董事长职务。

1996 年 12 月 17 日， 全球各大计算机报刊几乎都在头版刊出了 "苹果收购 Next， 乔布斯重回苹果" 的消息。 此时的乔布斯， 正因其公司（现皮克斯）成功制作第一部电脑动画片 《玩具总动员》 而名声大振， 个人身价已暴涨逾 10 亿美元。 而相形之下， 苹果公司却已濒临绝境。 乔布斯于苹果危难之中重新归来， 苹果公司上下皆十分欢欣鼓舞。 就连前 CEO 阿梅利奥也在迎接乔布斯的欢迎词中说： "我们以最隆重的仪式欢迎我们最伟大的天才归来， 我们相信， 他会让世人相信苹果电脑是信息业中永远的创新者。" 乔布斯重归故里， 心中牵系 "大事业" 的梦想。他向苹果电脑的追随者们说： "我始终对苹果一往情深， 能再次为苹果的未来设计蓝图， 我感到莫大荣幸。" 这个曾经的英雄终于在众望所归下重新归来了！

受命于危难之际， 乔布斯果敢地发挥了首席执行官的权威， 大刀阔斧地进行改革。 他首先改组了董事会， 然后又作出一件令人们瞠目结舌的大事： 抛弃旧怨， 与苹果公司的宿敌微软公司握手言欢， 缔结了举世瞩目的 "世纪之盟"， 达成战略性的全面交叉授权协议。 乔布斯因此再度成为 《时代》 周刊的封面人物。

接着， 他开始推出了新的电脑。 1998 年， iMac 背负着苹果公司的希望， 凝结着员工的汗水， 寄托着乔布斯振兴苹果的梦想， 呈现在世人面前。 它是一个全新的电脑， 代表着一种未来的理念。 半透明的外装， 一扫电脑灰褐色的千篇一律的单调， 似太空时代的产物， 加上发光的鼠标， 以及 1299 美元的价格标签， 令人赏心悦目……不愧是苹果设计， 标新立异， 非同凡响。 为了宣传， 乔布斯把笛卡尔的名言 "我思故我在"变成了 iMac 的广告文案 I think, therefore iMac！ 由此成了广告业的经典案例。

新产品重新点燃了苹果机拥戴者们的希望。 三年来他们一直在等待的东西出现了， iMac 成了当年最热门的话题。 1998 年 12 月， iMac 荣获 《时代》 杂志 "1998 最佳电脑" 称号， 并名列 "1998 年度全球十大工业设计" 第三名。

接着， 1999 年乔布斯又推出了第二代 iMac， 有着红、 黄、 蓝、绿、紫五种水果颜色的款式供选择，一面市就受到用户的热烈欢迎。1999年7月推出的外形蓝黄相间，像漂亮玩具一样的笔记本电脑 iBook 在市场上迅即受到用户追捧。iBook 融合了 iMac 独特的时尚风格、最新无线网络功能与苹果电脑在便携电脑领域的全部优势，是专为家庭和学校用户设计的"可移动 iMac"。1999年10月 iBook 夺得"美国消费类便携电脑"市场第一名，还在《时代》杂志举行的"1999年度世界之最"评选中，荣获"年度最佳设计奖"。

终成奇迹

1997年，乔布斯被评为"最成功的管理者"。越来越多的业界同仁认同了此观点。甚至连当初将乔布斯挤出苹果公司的斯卡利也情不自禁地赞叹："苹果的逆转不是骗局，乔布斯干得绝对出色。苹果又开始回到原来的轨道。"

乔布斯成为一个奇迹，但这个奇迹还将继续进行下去。他总是给人以不断的惊喜，无论是开始还是后来，他天才的电脑天赋，绝妙的创意脑筋，伟大的目标，处变不惊的领导风范筑就了苹果企业文化的核心内容，苹果公司的雇员对他的崇敬简直就是一种宗教般的狂热。雇员甚至对外面的人说：我为乔布斯工作！

▌创业智慧

1. 最永久的发明创造都是艺术与科学的嫁接

史蒂夫经常指出，苹果和其他所有计算机公司的最大区别在于苹果一直设法嫁接艺术与科学。乔布斯指出，研究 Mac 的初始团队拥有人类学、艺术、历史和诗歌等学科的教育背景。这对苹果产品脱颖而出一直很重要。这是 iPad 与它之前或之后所有平板电脑的区别。这是一种产品的外观和触觉，是它的灵魂。但计算机科学家或工程师很难看出这种重要性，因此任何公司都必须有一个领袖认识到这种重要性。

2. 要创造未来，你不能靠销售讨论组

有一种管理理论认为，你必须倾听顾客的意见。史蒂夫·乔布斯是第一个说这是浪费时间的商人之一。今天的顾客并不总知道自己想要什么，尤其如果是他们从未见过、听过或接触过的东西。当苹果要推出平板电脑的消息已经很明确时，很多人持怀疑态度。当人们听到那个名字

第三篇 国外创业案例
——他山之石，可以攻玉

233

（iPad）， 它成了微博上的笑料。 但是， 当人们拿着它使用它的时候， 它成了 "必不可少的东西"。 他们不知道之前没有它是怎么过的。 iPad 成为有史以来发展最快的苹果产品。 乔布斯 （和苹果团队 ） 信任自己胜过信任任何人。 几百年来， 毕加索和其他伟大的艺术家都是如此。 乔布斯是第一个这么做的商界人士。

3. 绝不要害怕失败

乔布斯被自己挑选的继任者解雇， 这是商界 30 年来最著名的尴尬事之一。 但是， 他没有从此成为一个默默无闻的风险资本家。 他没有创办一家制片公司， 整天出去应酬。 他振作起来， 回到自己热爱的工作。 8 年前， 他被诊断为胰腺癌， 并被告知只有几周生命。 如同塞缪尔·约翰逊说的， 没有什么比垂死更能让人集中精神。 以下是乔布斯 2005 年在斯坦福大学的演讲片段：

"没有人愿意死。 就算想上天堂的人也不希望通过死去那个地方。但是， 死亡是我们共同的终点， 没有人逃得过。 而且， 本该如此， 因为死亡很可能是生命最好的发明。 它是生命的变革促进者。 它清理掉旧的， 让位给新的。"

"你的时间是有限的， 所以不要浪费在过别人的生活上。 不要受困于教条， 也就是按照别人思考的结果生活。 不要让他人的意见淹没你内心的声音。 最重要的是， 有勇气遵从你的内心和直觉， 它们知道你真正想成为什么， 其他的都是次要的。"

4. 你无法把还没有画出的点连起来， 只能把已经画出的点连起来

这是乔布斯 2005 年斯坦福演讲中的另一句名言。 这背后的想法是，无论我们如何试图规划生活， 生活永远会有完全无法预料的东西。 当下的痛苦和失败——被女朋友甩了， 没得到麦肯锡的工作， 在一家没有如你所愿取得成功的新兴公司上 "浪费" 4 年——这一切或许都为你数年之后的辉煌成功播下种子。

5. 倾听心底的声音， 它告诉你是否在正确的道路上

大多数人听不到心底的声音。 我们只是认定我们打算在金融部门工作， 或者当医生， 因为父母告诉我们要这样做， 或者因为我们想赚很多钱。 当我们有意或无意作出这样的决定时， 我们就扼杀了心底那个微弱的声音。 从那以后， 我们大多数人就打开了 "自动驾驶"， 我们随波逐

流。你遇见过这样的人，他们都是好人，但他们不会改变世界。乔布斯有一颗不安分的心，总是匆匆忙忙，怀着计划，他想做计算机。一些人心底有个声音，让他们为民主而战。一些人心底的声音让他们成为小汤匙专家。当乔布斯最初看见图形用户界面（GUI）的例子，他知道这是计算的未来，他必须把它造出来。这后来成为 Mackintosh。无论心底的声音告诉你什么，倾听它都是明智的。

6. 对自己和他人期待很高

我们听说过史蒂夫·乔布斯大喊大叫、训斥雇员的事情。我们听说，他是控制狂，是完美主义者。关键在于，他倾听自己的激情和心底的声音。他在乎，他希望自己做到最好，也希望所有为他工作的人都做到最好。如果他们不在乎，他就不想用他们。但是，他却不断地把人才吸引到身边。为什么？因为人才也在乎。有一种说法：如果你是二流人才，你就会雇用三流人才，因为你不希望他们看起来比你聪明。如果你是一流人才，你就会雇用超一流人才，因为你希望得到最佳的结果。

7. 别关注正确，关注成功

乔布斯在被苹果解雇后接受一次采访时这样说：如果你必须得偷别人的好主意才能使自己的主意变得更好，那就偷吧。你不能执著于自己对某种产品的设想而忘掉当下的现实。苹果 3 出台后，如果乔布斯继续做 Lisa，苹果日后绝对开发不出 Mac。

8. 在身边聚拢一批最有才华的人

有一种误解：苹果就是史蒂夫·乔布斯。公司里的其他人都是姓名不详的属下，努力讨好这位无所不知无所不闻的乔布斯。事实上，乔布斯在身边聚拢了一批人才：菲尔·席勒、约尼·艾夫、彼得·奥本海默、蒂姆·库克，还有前零售负责人罗恩·约翰逊。他们才华过人，但没有得到该得的赞誉。自从乔布斯卸任 CEO 后，苹果股价依旧如此强劲，这是整个团队力量的证明。乔布斯曾经雇用过糟糕的管理人才。约翰－斯卡利最后就解雇了乔布斯，而且按照乔布斯的说法，他差一点让公司灭亡。乔布斯从自己的错误中总结经验，意识到身边没有人才就什么也做不成，这一点值得称赞。

9. 求知若饥，虚心若愚

还是来自乔布斯令人难忘的斯坦福演讲：

"我年轻的时候， 有一本令人惊叹的杂志叫作 《全球概览》， 是我们那一代人的圣经之一。 它的创立者叫斯图尔特·布兰德， 就住在离这儿不远的门洛帕克， 他给这份杂志诗意的生命。 那是在 60 年代末， 个人电脑和桌面排版系统还没出现， 所以一切都靠打字机、 剪刀和宝丽来照相机。 这有点像平装本的谷歌， 产生在谷歌出现 35 年以前。 它是理想主义的， 里面有很多极棒的工具和伟大的想法。"

斯图尔特和他的团队发行了几期 《全球概览》。 当这本杂志走完了自己的旅程， 他们出版了最后一期。 那是 70 年代中， 我正处在你们这个年龄。 最后一期的封底是清晨一条乡村小路的照片， 如果你喜欢冒险，你可能会去那样的地方远足。 下面是一行字： 保持饥饿， 保持愚蠢（Stay Hungry， Stay Foolish.）。 这是他们离开时的告别。 求知若饥， 虚心若愚。 我一直希望自己是这样。 今天， 你们要离开校门开始新的生活， 我希望你们也这样。

10. 如果有努力、 决心和远见， 凡事皆有可能

尽管史蒂夫·乔布斯是有史以来最伟大的 CEO， 是现代计算机之父，说到底， 他只是一个凡人。 他是丈夫、 父亲、 朋友， 就像你我一样。我们可以像他那样特别——如果我们学到他的经验并把这些经验用于自己的生活。 当乔布斯 20 世纪 90 年代回到苹果时， 苹果距离破产只有几周之遥， 但它现在是世界最大的公司。 如果你继续遵守以上这些简单的教训， 生活中一切皆有可能。

案例研讨

1. 角色扮演

（1） 如果你是一家公司的经营者， 对这样一句话 "苹果公司开除我， 是我人生中最好的经验。 从头开始的轻松释放了成功的沉重， 让我进入了这辈子最有创意的时代"， 你怎样理解？

（2） 今天我们能够拥有如此人性化的电脑和手机， 全依靠乔布斯充满王者霸气的工作态度。 乔布斯几乎成了全民的偶像， 但这些杰作的产生， 是苹果员工的血泪史， 他们要忍受乔布斯暴虐的脾气、 狂妄的性格、 苛刻的标准、 强烈的控制欲……如果你的上司是乔布斯， 你会如何？

2. 案例分析

（1）1997 年，苹果公司一切都糟糕透了。公司股价从 1992 年的每股 60 美元跌至 1996 年底的每股 17 美元，市场份额更是从原本领先的 12% 跌至 4%。1997 年底，乔布斯离职 5 年后重返苹果董事会，挽救危机，使这家公司再度崛起，创造了前所未有的辉煌。他如何让苹果公司在一年半后即峰回路转、起死回生？

（2）从 iMac 到 iPod，从 iPhone 到 iPad，每次苹果的新闻发布会都能引来媒体的追逐与 "果粉" 的狂热，苹果的旗舰店门口会挤满不分昼夜排队购买的人群。随着产品种类的极大丰富，一款产品成为一种社会现象的情形已不多见。为什么大多数企业做不到的事情，苹果和乔布斯可以做到？他的产品营销理念是什么？

3. 选择思考

（1）苹果旋风体现了 21 世纪管理的哪些特点？

（2）你认为乔布斯是苹果品牌的生命力吗？随着乔布斯的离世，苹果公司会发生哪些变化？请列举并说出理由。

（3）苹果文化对中国企业的文化建设有哪些示范和借鉴作用？

▌背景资料

史蒂夫·乔布斯（1955—2011 年），发明家、企业家、美国苹果公司联合创办人、前行政总裁。1976 年乔布斯和朋友成立苹果电脑公司，他陪伴了苹果公司数十年的起落与复兴，先后领导和推出了麦金塔计算机、iMac、iPod、iPhone 等风靡全球亿万人的电子产品，深刻地改变了现代通讯、娱乐乃至生活的方式。2011 年 10 月 5 日他因病逝世，享年56 岁。乔布斯是改变时间的天才，他凭敏锐的触觉和过人的智慧，勇于变革，不断创新，引领全球资讯科技和电子产品的潮流，把电脑和电子产品变得简约化、平民化，让曾经昂贵稀罕的电子产品变成现代人生活的一部分。

▌乔布斯的创业经

1. 每天早晨，我都会在镜子中间看自己，并且问自己："如果今天是我生命中的最后一天，你会不会完成你今天想做的事情呢？" 当答案

连续很多次是 "NO" 的时候， 我知道我需要改变某些事情了。

2. 你的生死存亡掌握在消费者的手中， 他们才是我们关注的对象。我们的工作就是对整个用户体验负责。 如果表现不及格， 那就是我们的错。 错就一个字。

3. 我的工作不是对人表现得和蔼可亲。 我的工作就是把我们手下这些 "牛人" 们召集起来然后督促他们， 让他们做得好上加好。 对付 "牛人" 有什么招数呢？ 那就只好采取更为极端的思路和手段。

4. 很多公司选择缩减， 那可能对于他们来说是对的。 我们选择了另外一条道路。 我们的信仰是： 如果我们继续把伟大的产品推广到他们眼前， 他们会继续打开他们的钱包。

5. 设计不仅仅是视觉和感觉上如何， 设计也是它运行起来如何。

6. 领导者和追随者的区别在于创新。

7. 有时当你创新时， 你会犯错误。 最好赶快承认它们， 并在其他创新中改进。

8. 你不应该为了当老板而开公司， 你必须真心喜欢某样东西。 我了解的每家成功公司的创业都是由于没人相信他们的想法会成功， 最后只好自己开公司。 苹果就是这样， Pixar 和 Intel 也是如此。 你必须热爱自己的想法并愿意为它冒险。 开公司很难， 如果没有热情， 你早晚会放弃。我做的最难的事情就是创业开公司， 但也是最有意思的事情。

9. 我相信最终是工作在激发人们的能力， 有时我希望是我来推动它，但其实不是， 而是工作本身。 我的工作是使工作尽可能显现美好， 并激发出人们的最大潜能。

10. 如果你想自己创业而且你还年轻， 最好的办法是找有经验并想投资的人， 他不一定要是风险资本家， 关键不在于他的身份， 而在于他是不是有经验。

11. 我跟着我的直觉和好奇心走， 遇到的很多东西， 在后来被证明是无价之宝。

12. 你们的时间很有限， 所以不要浪费在过其他人的生活上， 不要被其他人的观点的噪声掩盖你真正的内心的声音。

13. 治愈苹果之法并不在于降低成本， 而是通过创新摆脱现在的困境。

14. 你的时间有限， 所以不要为别人而活， 不要被教条所限， 不要活在别人的观念里， 不要让别人的意见左右自己内心的声音。 最重要的是， 勇敢地去追随自己的心灵和直觉， 只有自己的心灵和直觉才知道你自己的真实想法， 其他一切都是次要。

案例 30

隐形的巨额财富

——罗斯柴尔德家族的创业故事

▌案例摘要

财富是什么？对于大多数人来说，财富也许等同于数字、可以交换的物质享受或者登堂入室的资本。但对于隐秘的一小群人来说，财富像是一个密码，锁住传承、品位和人生的走向。而漫长岁月之后，他们通常以家族的面目出现，其富庶程度、生活方式等，却往往已然被有意无意地掩盖。面对猜想，只会一笑置之。

当国际媒体成天炒作身家 500 亿美元的比尔·盖茨蝉联世界首富宝座的时候，你也不要太当真。因为在人们耳熟能详的所谓富豪排行榜上，你根本找不到"大道无形"的超级富豪们的身影。所谓"大隐隐于朝"。有这样一个家族，如果一个从事金融行业的人从来没有听说过他的名字，就如同一个军人不知道拿破仑一样，这就是罗斯柴尔德家族。这个名字对绝大多数中国人来说是非常陌生的，但它对中国人民乃至世界人民的过去、现在和未来的影响力是如此巨大，而其知名度却是如此之低，其隐身能力让人叹为观止。这个家族在金融界非常出名，但在外却鲜为人知。罗斯柴尔德家族究竟拥有多少财富？这是一个世界之谜。据估计，1850 年左右，罗斯柴尔德家族总共积累了相当于 60 亿美元的财富。如果罗斯柴尔德家族后来没有衰落的话，以 6% 的回报率计算，在 150 多年后的今天，他们家族的资产至少超过了 50 万亿美元。如果那样他们的财富在今天即使身家 500 亿美元蝉联世界富豪之首的比尔·盖茨也无法比拟。 本案例就带你走进罗斯柴尔德家族的辉煌世界。

▌案例故事

老罗斯柴尔德的第一桶金

梅耶·罗斯柴尔德 （老罗斯柴尔德）， 1744 年 2 月 23 日出生在法兰克福的犹太人聚居区。 他的父亲摩西是一个流浪的金匠和放贷人， 常年在东欧一带谋生。 梅耶自幼就展示了惊人的智力， 父亲对他也倾注了大量心血， 悉心调教， 系统地教授他关于金钱和借贷的商业知识。 几年后， 摩西去世了， 年仅 13 岁的梅耶在亲戚的鼓励下， 来到汉诺威的奥本海默家族银行当银行学徒。

当时， 收藏古钱币是欧洲各国的王公贵族们的普遍雅好。 因此， 梅耶亲自编辑 《古钱手册》， 并附上详细的解说， 然后邮寄给各地的王公贵族们， 希望自己的店能够成为皇家指定店， 以期获得丰富的利润。

虽然大部分的信件都石沉大海， 但梅耶的投寄行动依然没有停止。最终， 黑森公爵同意了他的要求。 公爵是当时欧洲的巨富之一， 拥有 2 亿美元的身家， 他所做的生意是贩卖军火。 梅耶以近乎赠送的价格向黑森公爵卖出了他收藏的珍贵古代徽章和钱币。 同时， 他还极力帮助公爵收集古币， 并经常为公爵介绍一些顾客， 不遗余力地帮他赚钱， 使其获得了数倍的利润。 日后， 这种把金钱、 心血和精力彻底投注于某特定人物的做法， 便成为罗斯柴尔德家族的一种基本战略。 如若遇到了诸如贵族、 领主、 大金融家等具有巨大潜在利益的人物， 他们会甘愿作出巨大的牺牲与之打交道， 为之提供情报， 献上热忱的服务， 等双方建立起深厚的关系后， 再从这类强权者身上获得更大的利益。

1769 年 9 月 21 日， 梅耶又成了威廉王子指定的代理人。 梅耶在自己的招牌上镶上皇室盾徽， 旁边用金字写上： "M. A. 罗斯柴尔德， 威廉王子殿下指定代理人"。 一时间， 梅耶的信誉大涨， 生意越来越红火。

拿破仑当政以后， 王公贵族们都逃离丹麦， 到底是威廉王子还是黑森公爵为梅耶留下 300 万美元让其保管， 答案众口不一， 但是就是这一笔钱为梅耶带来了前所未有的权力和财富， 成为梅耶通往他的金融帝国的第一桶金。

罗氏五虎打造金融帝国

老罗斯柴尔德有五个儿子， 被称为 "罗氏五虎"。 当梅耶得到了这笔巨款以后，便把五个儿子分别派驻到欧洲的五个心脏地区。老大阿姆斯洛镇守法兰克福总部，老二所罗门到维也纳开辟新战场，老三内森被派往英国主持大局，老四卡尔奔赴意大利的那不勒斯建立根据地并作为兄弟之间的信使往来穿梭，老五詹姆斯执掌巴黎业务。

　　1804 年，罗斯柴尔德家族三儿子内森受父亲指派，只身来到英国伦敦，开始时做一些棉布生意，他也是该家族中向国外发展的第一人。当时欧洲正值拿破仑战争，一些德国贵族流亡到了英国，其中包括法兰克福的威廉伯爵。为了保护自己的财产，威廉伯爵委托内森购买了大批英国的债券，内森便借机自己也做起了债券和股票生意。他凭借自己的精明和才干，不久便发了财，成为伦敦金融证券界的巨头。后来，他又不失时机向英国政府提供巨额军费，与伦敦军政要人建立了密切的联系。到 1815 年，内森已成为伦敦首屈一指的银行巨头，正与其他兄弟一起密切地注视着欧洲战况。早在战前，罗斯柴尔德家族就非常具有远见地建立了自己的战略情报收集和快递系统。他们构建起数量庞大的秘密代理人网络，这些类似战略情报间谍的人被称为"孩子们"。这些人被派驻欧洲所有的首都、各大城市、重要的交易中心和商业中心，各种商业、政治和其他情报在伦敦、巴黎、法兰克福、维也纳和那不勒斯之间往来穿梭。这个情报系统的效率、速度和准确度都达到令人叹为观止的程度，远远超过了任何官方信息网络的速度，其他商业竞争对手更是难以望其项背。这一切使得罗斯柴尔德银行在几乎所有的国际竞争中处于明显的优势。1815 年 6 月 18 日，在比利时布鲁塞尔近郊展开的滑铁卢战役，罗斯柴尔德的间谍们也在紧张地从两军内部收集着尽可能准确的各种战况进展的情报。6 月 19 日清晨，内森·罗斯柴尔德知道拿破仑败局已定的消息后策马直奔伦敦的股票交易所。内森先暗示家族的交易员，抛售英国公债，误导交易所的其他投资者以为是英国将军威灵顿战败，跟风大量抛售，几小时的狂抛后英国公债的票面价值仅剩下 5%。而此时，内森又立刻示意交易员买进市场上能见到的每一张英国公债。由于拿破仑战败的消息公布于众，比内森获得情报时整整晚了一天，从而使得内森于这一天之内，便在公债投机上狂赚了 20 倍的金钱，一举成为英国政府最大的债权人，甚至超过了拿破仑和威灵顿在几十年战争中所得到的财富的总和。

老五詹姆斯在拿破仑执政时期，主要来往于伦敦和巴黎之间，建立家族运输网络来走私英国货。在帮助威灵顿运送黄金和英国国债收购战之后，詹姆斯在法国名声大噪。他建立了罗斯柴尔德巴黎银行，并暗地里资助西班牙革命。从1818年的10月开始，罗斯柴尔德家族开始以其雄厚的财力做后盾，在欧洲各大城市悄悄吃进法国债券，法国债券渐渐升值。然后，从11月5日开始，突然在欧洲各地同时放量抛售法国债券，造成了市场的极大恐慌。

当眼看着自己的债券价格像自由落体一般滑向深渊，路易十八觉得自己的王冠也随之而去了。此时，宫廷里罗斯柴尔德家族的代理人向国王进言，试图让富甲天下的罗斯柴尔德银行挽救局面。原本瞧不起罗斯柴尔德家族的路易十八，此时再也不讲皇家的身份地位，马上召见了詹姆斯兄弟。而后者也不负他的期望，一出手就制止住了债券的崩溃，成了法国上下瞩目的中心。在法国军事战败之后，詹姆斯兄弟从经济危机中拯救了法国，他们的银行也成了人们竞相求贷的地方。至此，罗斯柴尔德家族完全控制了法国金融。

所罗门是梅耶的次子，在几个兄弟中具有过人的外交才能，他说话用词考究，巧于恭维。正是因为这个原因，所罗门常年穿梭于欧洲各大城市之间，担任家族各个银行之间的协调角色，进而被弟兄们公推到维也纳开拓欧洲心脏地区的银行业务。所罗门和他的弟弟卡尔都参加了1818年的亚琛会议，这是讨论拿破仑战争之后欧洲未来的一次重要会议，来自英、俄、奥、普、法等国代表决定了法国的战争赔款和同盟国撤军等问题。正是在这次会议上，经奥地利外长梅特涅的左右手金斯引荐，所罗门结识了梅特涅，并很快地与梅特涅成为无话不谈的密友。在所罗门的大力资助之下，梅特涅开始扩张奥地利的影响力，四处派出军队去问题多发地区"保卫和平"。这使得原本国力日衰的奥地利陷入了更深的债务泥潭，从而更加依赖所罗门的银箱。1814年到1848年的欧洲被称为"梅特涅"的时代，而实际上控制着梅特涅的是背后的罗斯柴尔德银行。1822年，梅特涅、金斯与所罗门、詹姆斯和卡尔三兄弟代表的家族，参加了重要的维罗讷会议，会后得到了利益丰厚的项目——资助第一条中欧铁路。奥地利人越来越感受到罗斯柴尔德的影响力，人们开始说"奥地利有一个费迪南皇帝和一个所罗门国王。"1843年，所罗门收购了

Vitkovice 联合矿业公司和奥地利—匈牙利冶炼公司，这两家公司都名列当时世界 10 家最大的重工业公司。到 1848 年，所罗门和其家族已成为奥地利金融和经济的主宰者。

自从拿破仑从德国撤军之后，德国由过去 300 多个松散的封建小国合并成 30 多个较大的国家，并成立了德意志邦联。留守法兰克福的老大阿姆斯洛被任命为德意志的首届财政部长，1822 年被奥地利皇帝加封为男爵。法兰克福的罗斯柴尔德银行成为德国金融的中心。

老四卡尔是家族的主要信使，往来欧洲各地传递信息和协助其他兄弟。在帮助五弟在法国 1818 年国债战役取得辉煌胜利之后，被执掌家门的三哥内森派往意大利的那不勒斯建立银行。卡尔在意大利发挥了超出其他兄弟预期的水平，不仅资助了梅特涅派往意大利镇压革命的军队，同时以出色的政治手腕迫使意大利当地政府承担了占领军的费用。他还帮朋友麦迪其策划并夺回了那不勒斯财政大臣的要职。卡尔逐渐地成为意大利宫廷的财政支柱，影响力遍及意大利半岛。他还与梵蒂冈教廷建立了商业往来，当教皇格里高利十六世见到他时，破例伸出手让卡尔亲吻，而不是惯常地伸出脚来。

从此，整个欧洲金融帝国都属于罗斯柴尔德家族。

曾经的衰落

迫于战争和国内混乱而严重依赖于国债发行的英国，把自己的金融主导权拱手送给通过制造流通虚假有价证券而积蓄巨量财富的罗斯柴尔德家族。与此同时，洛克菲勒家族、杜邦家族和梅隆家族也相继崛起，和罗斯柴尔德家族不同的是，他们把大部分财富转移到新生国家美国，选择在那个新大陆的国家继续发展。

罗斯柴尔德家族不仅在欧洲金融界占据了绝对主导地位，而且通过扶植摩根财团发展壮大来牵制影响美国，并且力图全面控制美国。当时的洛克菲勒家族、杜邦家族和梅隆家族没有实力对抗过分强大的罗斯柴尔德家族，于是采用了妥协的方法。当时，花旗、摩根、美国第一、美国第二国民银行都处于罗斯柴尔德家族的间接控制下。但是，由于过分抽调资金控制新大陆，导致了罗斯柴尔德家族在旧大陆的控制力急速下降。

1865 年，罗斯柴尔德家族认为美国经济不会大幅度发展，于是把它在美国的分行都撤销了, 事实证明, 这是一个致命失误, 也直接导致了摩根家族的兴起。

俾斯麦首相抓住了这个天赐良机, 通过普法战争赔款组建了德意志银行, 并且通过工业化和一系列眼花缭乱的并购, 迅速组建了新的容克财团: 德意志四大银行团。 欧洲崛起了新的金融集团。

第一次世界大战时, 洛克菲勒家族、 杜邦家族、 摩根家族和梅隆家族抓住罗斯柴尔德家族的影响力由于战争而下降的机会, 在美国发起了反攻, 力图摆脱受到控制的命运。 这个企图在一战结束的时候似乎是成功了, 美国摆脱了长期债务。 但是随着战后罗斯柴尔德家族的反攻, 美国四大家族发现自己的力量还是无法对抗罗斯柴尔德家族。 容克财团在大战中损失惨重, 德意志四大银行组成的德意志财团也屈服于罗斯柴尔德家族的意志。 罗斯柴尔德家族达到了自己的第二次顶峰, 也是最高峰: 控制全球金融命脉。 第二次世界大战时, 罗斯柴尔德家族几乎到了崩溃的边缘。 大量家族成员被杀害, 资产被侵吞, 超过 2/3 的旗下金融机构完全不存在了。 位于德国、 法国和意大利的许多资产被战火摧毁了, 仅依赖在英国和瑞士幸存的少量金融机构艰难恢复, 并在战后逐步恢复元气。

现今依然在台上的罗斯柴尔德家族

现在, 罗斯柴尔德家族也仍然在效仿先祖的做法。 在美国总统竞选的背后, 永远不缺少罗斯柴尔德家族人的身影。 前任共和党参议员, 竞选总统失败的麦凯恩就曾被发现于竞选前和罗斯柴尔德家族成员吃饭, 而德国前总理施罗德至今仍是罗斯柴尔德集团的重要顾问, 法国总统萨科齐自称是罗斯柴尔德家族的老朋友, 家族继承人之一伊芙琳·罗斯柴尔德的婚礼是在白宫举行的, 原因是 "希拉里是她的朋友"。 在英国, 罗斯柴尔德家族为英国政府提供资金, 帮助其在金融危机中保证国内金融市场稳定, 同时注资汽车业。 在荷兰, 家族与政府合作, 实施了价值 100 亿欧元的荷兰国际集团下属安银银行 (ING) 的资本重整计划。 而罗斯柴尔德家族在各地的代理人, 几乎毫无例外, 都与当地政要有着非同一般的关系。

与此同时, 家族也在反思过去多年来所犯下的错误。 2004 年, 罗斯柴尔德家族宣布退出黄金定价体系, 舆论一片哗然, 认定罗斯柴尔德家族已经不复往昔。 事实上, 罗氏金融机构只是开始转型, 不像其他的现代投行或商业银行一样， 而是将主要精力集中于并购重组， 其客户主要是在当地具有垄断性地位的大型企业， 许多企业背后都不乏国家资本力量。 罗斯柴尔德的并购重组业务主要在欧洲， 在 2006 年世界并购排行榜上排到第 13 位。

而这还只是罗斯柴尔德家族如今庞大投资中的一小部分。 如家族掌门人所言， 现在罗氏家族的投资重点有三： 金融、 艺术品与葡萄酒。 目前， 罗斯柴尔德家族在中国的直接投资并不是很多， 其中包括： 持有青岛银行 4.98% 的股份， 及与中信华东集团有限公司于山东省蓬莱市合资成立的罗斯柴尔德男爵中信酒业公司。 法国罗斯柴尔德男爵拉菲集团旗下拉菲红酒为世界最顶尖红酒品牌， 家族旗下还有与拉菲庄齐名的木桐庄以及玛颂庄。

2010 年 3 月 30 日， 吉利宣布成功收购沃尔沃， 在吉利 200 人收购团队中， 在欧洲有着逾百年历史的罗斯柴尔德银行团队帮助吉利成就了中国最大一宗海外汽车业收购案。

虽然罗斯柴尔德家族已不像过去那样辉煌， 但是他背后到底还有多么惊人的实力， 至今仍然隐形于媒体之后。 有人曾经这样评价罗斯柴尔德家族的成功秘笈： 通过放弃来聚焦， 通过聚焦来沉淀， 通过沉淀来造就辉煌。

▍创业智慧

1. 大隐隐于朝

直到现在， 罗斯柴尔德家族的银行都拒绝上市， 这意味着它根本不用公布年报。 二百多年来， 他们一共在地球上投资了多少生意， 赚了多少钱， 只有家族核心成员才清楚。 它对世界经济界的影响， 也只有极少数细心的专业人士才能发现。 罗斯柴尔德家族早已成为金融业的象征，经历了 250 年的风雨变迁， 这个家族依然兴旺发达， 和财富为伴， 与权贵为伍。 物换星移并没有令它的成功之道发生丝毫改变。 对此， 德国诗人海涅说过一句很经典的话： 金钱是我们这个时代的上帝，而罗斯柴尔德则是它的先知。

2. 像变形虫般适应环境

第二次世界大战结束也意味着 "冷战" 的开始。 此时的罗斯柴尔德家族已经传到第六代，其金融王朝的建立也有 200 多年。经历了无数次惊涛骇浪，每当时代变迁的时候，罗斯柴尔德家族总能依靠强劲的适应能力而得以生存、壮大。一个有趣的现象是，每当时代发生重大转折的时候，媒体总是对罗斯柴尔德家族冷嘲热讽，认为这个古老的家族很快就会像恐龙一样走下历史舞台，但每次都会猜错。这正是因为它们低估了罗斯柴尔德家族变形虫般适应环境的能力。凭借着"弹性"和"英勇"这两件世传的精神武器，家族很快融入了战后的时代潮流，继续在商海中如鱼得水。

3. 远见与坚韧

新浪网财经中心总监邓庆旭曾经用四个字总结罗斯柴尔德家族，前两个字是"远见"，就像是第一代罗斯柴尔德家族，梅耶·罗斯柴尔德说的"我们无论是蹲下、跪着，都是为了更好地站起。"反映了这个家族的远见。第二个"坚韧"。因为历经这么多代，罗斯柴尔德家族仍然屹立不倒，中间的波折其实已经有很多都见诸媒体了，其中很重要的一点，就是有一种犹太人坚韧的特质。

4. 低调行事，却无所不在

经过 250 多年的变迁，罗斯柴尔德家族表面上看是变小了，实际上却变得更大了。与张扬的美国资本主义不同，罗斯柴尔德家族行事低调，一般人现在只是在读历史书的时候才能碰见它。但实际情况是，它无所不在，并且走上了多元化经营的道路。

5. 善于掌握大量的信息和情报

罗斯柴尔德家族的成功，是这个家族对从事的领域拥有很好的判断力，而前提是能够掌握大量的信息和情报，如果是自我封闭，然后闭门造车的话，那肯定是不能成功的。所以对罗斯柴尔德家族来说，他们有一个传统会一直保持，那就是跟政府靠得很近，所以他们知道政府想什么，也知道公众在想什么，公众害怕什么，同时他们也和那些大公司很接近，所以他们对于他人的战略都了解得很清楚，而且他们也是一个历史悠久的家族，虽然他们也变得比较保守，但是他们积累了很多的财富和其他的东西，几代人的努力积累下来，那么他们的判断力肯定就更加敏锐了。

案例研讨

1. 角色扮演

（1）如果你是老罗斯柴尔德，你会不会让你的五个儿子分别去不同的国家打天下？你会选择家族企业的传承吗？

（2）"金钱一旦作响，坏话随之戛然而止。"这是梅耶·罗斯柴尔德留给儿子们的一句话。如果你是梅耶的儿子，你会怎样理解这句话？

2. 案例分析

（1）有一次，内森拿着他哥哥阿姆斯洛从法兰克福罗斯柴尔德银行开的支票到英格兰银行要求兑换现金，银行以只兑换本银行支票为由加以拒绝。内森勃然大怒，第二天一早，就领着自己的9名银行职员，带着大批英格兰银行的支票要求兑现黄金，当天就使英格兰银行的黄金储备明显下降。第二天，内森带来更多的支票，一名银行高级主管颤声问还要兑换几天，内森冷冷地回答："英格兰银行拒绝接受我的支票，我干嘛要它的？"英格兰银行立即召开紧急会议，然后宣布，英格兰银行今后将兑换所有罗斯柴尔德银行的支票。内森能够如此呼风唤雨，你认为原因是什么？

（2）罗斯柴尔德能够在迅速崛起的竞争对手面前反败为胜，你认为取胜的原因是什么？

3. 选择思考

（1）通过本案例的学习，你怎样看待家族企业？

（2）你认为以下创业心理的阐述是否正确？为什么？

①诚信是创业之本；

②自信是创业的动力；

③创业无须具有领袖精神；

④创业要把爱心作为一种催化剂；

⑤创业要具有创新精神和协作能力；

⑥识时务者为俊杰。

背景资料

罗斯柴尔德家族，从梅耶和他的五个儿子打造的欧洲金融帝国开始，至今已有 200 多年的历史。从拿破仑当政之后，梅耶得到了他的第一桶金，随后，五个儿子开始在英国、法国、德国和奥地利开辟金融市场。1850 年，莫顿波尔多葡萄园和拉菲被罗斯柴尔德家族收购。之后开始为英国修造苏伊士运河进行股权融资，出资筹建钻石经营公司。在第二次世界大战的时候，罗斯柴尔德家族惨遭迫害，曾经一度衰落，战后才渐渐恢复。现今的罗斯柴尔德家族开始发展 3G 牌照业务，在 40 多个国家均拥有金融业务分支，主要从事并购事业。2011 年，罗斯柴尔德家族放弃投资银行业务，转型为"全球金融顾问"。

▎罗斯柴尔德家族的创业经

1. 我们无论是蹲下、跪着，都是为了更好地站起。

2. 那些经常被媒体曝光的人会变得会非常傲慢，而且人们要是在媒体上经常地看见，会觉得很烦，而我并不想给人这样的印象。

3. 就我们这个家族来说，我们有自己的原则，我们的原则就是团结、正直和勤劳。

4. 其实我们平时走的路离悬崖也就一步之遥，但我们家族秉承的谨慎的理念能够让我们从历次的危机中化险为夷。

5. 如果你整天都想着赚钱，或者你总是过于在意的话，你经常会犯错误，但是如果你愿意坐下来，去想一想，平静一下的话，你会辨别出很好的机会。

6. 如果你要掌控你的命运的话，你所能做的其实是有限的，你可以让你的业务越做越大，越来越繁荣兴旺，但是做得太大，你可能会丧失掉你的灵魂。

7. 不要过度频繁地投资，而是把握住关键的机会，去做你真正了解的和你能够做得好的，我们应该去做一个冷静的旁观者，而不是成为一个积极的演员。

8. 企业的长久生存，最重要的是量力而行，充分地自我。

9. 若想长期发展，就要有远见的眼光和坚韧的品质。

10. 通过放弃来聚焦，通过聚焦来沉淀，通过沉淀来造就辉煌。

案例 31

金融天才

——索罗斯的投资秘笈

▌案例摘要

乔治·索罗斯号称 "金融天才"， 从 1969 年建立 "量子基金" 至今， 他创下了令人难以置信的业绩， 以平均每年 35％的综合成长率令华尔街同行望尘莫及。 他好像具有一种超能的力量左右着世界金融市场。他的一句话就可以使某种商品或货币的交易行情突变， 市场的价格随着他的言论上升或下跌。 一名电视台的记者曾对此作了如此形象的描述： 索罗斯投资黄金， 正因为他投资黄金， 所以大家都认为应该投资黄金， 于是黄金价格上涨； 索罗斯写文章质疑德国马克的价值， 于是马克汇价下跌； 索罗斯投资伦敦的房地产， 那里房产价格颓势在一夜之间得以扭转。 索罗斯成功的秘密是许多人都急切地想知道的， 但由于索罗斯对其投资方面的事守口如瓶， 这更给他蒙上了一层神秘的色彩。

▌案例故事

从交易员做起

乔治·索罗斯 1930 年生于匈牙利的布达佩斯， 一个中上等级的犹太人家庭， 出生时的匈牙利名字叫捷尔吉·施瓦茨， 后英语化为乔治·索罗斯。 乔治·索罗斯的父亲是一名律师， 性格坚强， 极其精明， 他对幼时的索罗斯的影响是极其深远的。 他不仅教会了索罗斯要自尊自重、 坚强自信， 而且向索罗斯灌输了财富太多对人是一种负担的观点。 索罗斯在以后的生活中，不太重视积累财富，而是将亿万家财投入慈善事业，这不能不说是得益于其父亲的影响。

索罗斯在少年时代就尽力显出自己的与众不同，他个性坚强。在运动方面比较擅长，尤其是游泳、航海和网球。他还是各种游戏的常胜将军。索罗斯的童年是在父母悉心关爱下度过的，非常幸福。

1947年秋天，17岁的索罗斯只身离开匈牙利，准备前往西方国家寻求发展。他先去了瑞士的伯尔尼，而后马上又去了伦敦。他原以为在伦敦会有很好的发展，但很快他就发现这种想法是多么的错误。他在伦敦不名一文，只能靠打一些零工维持生计，生活毫无乐趣可言。索罗斯再也无法忍受处于社会底层的生活，一年以后，他决定通过求学来改变自己的境况。索罗斯于1949年开始进入伦敦经济学院学习。

在伦敦经济学院，索罗斯虽然选修了1977年诺贝尔经济学奖获得者约翰·米德的课程，但他本人却认为并未从中学到什么东西。在索罗斯的求学期间，对他影响最大的要数英国哲学家卡尔·波普，卡尔·波普鼓励他严肃地思考世界运作的方式，并且尽可能地从哲学的角度解释这个问题。这对于索罗斯建立金融市场运作的新理论打下了坚实的基础。

1953年春，索罗斯从伦敦经济学院学成毕业，他立刻面临着如何谋生的问题。一开始，他选择了手袋推销的职业，但他很快发现买卖十分难做，于是他就又开始寻找新的赚钱机会，当索罗斯发现参与投资业有可能挣到大钱时，他就给城里的各家投资银行发了一封自荐信，最后Siflger& Friedlandr公司聘他做了一名见习生，他的金融生涯从此揭开了序幕。

黄金搭档

1967年，索罗斯凭借他的才能晋升到公司研究部的主管。索罗斯现在已是一个比较优秀的投资分析师，他在不断地创造自己新的业绩。索罗斯的长处就在于他能从宏观的角度来把握全球不同金融市场的动态。他通过对全球局势的了解，来判断各种金融和政治事件将对全球各金融市场产生何种影响。为了更好地施展自己的才华，索罗斯说服 Arilhold& S. Bleiehlneoer 公司的老板建立两家离岸基金——老鹰基金和双鹰基金，全部交给他进行操作。这两只基金运作得相当好，索罗斯为公司赚了不少钱。但真正给索罗斯以后的投资生涯带来重大转折的是他遇到了耶鲁大学毕业的吉姆·罗杰斯。在他们联手的 10 年间，成为华尔街上的最佳黄金搭档。

1979 年，索罗斯决定将公司更名为量子基金，来源于海森伯格量子力学的测不准定律。因为索罗斯认为市场总是处于不确定的状态，总是在波动。在不确定状态上下注，才能赚钱。

随着基金规模的扩大，索罗斯的事业蒸蒸日上，特别是 1980 年，更是一个特别值得骄傲的年度，该年度基金增长102.6%，这是索罗斯和罗杰斯合作成绩最好的一年。此时，基金已增加到 3.81 亿美元，索罗斯个人也已跻身到亿万富翁的行列。但令人遗憾的是，罗杰斯此时却决定离开。这对合作达 10 年之久的华尔街最佳搭档的分手，多少有点令索罗斯失落。在随后的一年，索罗斯遭受到了他金融生涯的一次大失败。索罗斯判断美国公债市场会出现一个较大的上升行情，于是用所借的银行短期贷款大量购入长期公债。但形势并未像索罗斯所预料的那样发展，相反，由于美国经济保持强势发展，银行利率在不断地快速攀升，已远远超过公债利率。这一年，索罗斯所持有的公债每股损失了 3—5 个百分点，总计大约损失了约几百万美元，量子基金的利润首次下降，下降程度达22.9%。大批的投资者弃他而去，带走了公司近一半的资产，约1.93 亿美元。索罗斯有一种被抛弃的感觉，他甚至曾想过要退出市场，去过一种平淡的生活。

索氏投资理论的诞生

索罗斯最终还是选择了留下来。他开始从哲学的角度思考金融市场的运作。思考得越多、越深入，索罗斯越感到自己被以往的经济学理论所愚弄。

索罗斯经过对华尔街的考察，发现以往的那些经济理论是多么的不切实际。他认为金融市场是动荡的、混乱的，市场中买入卖出决策并不是建立在理想的假设基础之上，而是基于投资者的预期，数学公式是不能控制金融市场的。而人们对任何事物能实际获得的认知都并不是非常完美的，投资者对某一股票的偏见，不论其肯定或否定，都将导致股票价格的上升或下跌，因此市场价格也并非总是正确的、总能反映市场未来的发展趋势的，它常常因投资者以偏概全的推测而忽略某些未来因素可能产生的影响。实际上，并非目前的预测与未来的事件吻合，而是目前的预测造就了未来的事件。所以，投资者在获得相关信息之后作出的反应并不能决定股票价格。其决定因素与其说是投资者根据客观数据作出的预期，还不如说是根据他们自己心里的感觉作出的预期。投资者付出的价格已不仅仅是股票自身价值的被动反映，还成为决定股票价值的积极因素。同时，索罗斯还认为，由于市场的运作是从事实到观念，再从观念到事实，一旦投资者的观念与事实之间的差距太大，无法得到自我纠正，市场就会处于剧烈的波动和不稳定的状态，这时市场就易出现"盛——衰"序列。投资者的赢利之道就在于推断出即将发生的预料之外的情况，判断盛衰过程的出现，逆潮流而动。但同时，索罗斯也提出，投资者的偏见会导致市场跟风行为，而不均衡的跟风行为会因过度投机而最终导致市场崩溃。

索罗斯在形成自己独特的投资理论后，毫不犹豫地摒弃了传统的投资理论，决定在风云变幻的金融市场上用实践去检验他的投资理论。

打垮英格兰银行

索罗斯犹如华尔街上的一头金钱豹，行动极其敏捷，善于捕捉投资良机。一旦时机成熟，他将有备而战，反应神速。1992年，索罗斯抓住时机，成功地狙击英镑。这一石破天惊之举，使得惯于隐于幕后的他突然聚焦于世界公众面前，成为世界闻名的投资大师。

随后，意大利和西班牙也纷纷宣布退出欧洲汇率体系。意大利里拉和西班牙比塞塔开始大幅度贬值。

但作为与英国政府较量的另一方面——索罗斯却是这场袭击英镑行动中最大的赢家，曾被《经济学家》杂志评为"打垮了英格兰银行的人"。在两周时间里，索罗斯从英镑空头交易中获利已接近10亿美元，在英国、法国和德国的利率期货上的多头和意大利里拉上的空头交易使他的总利润高达20亿美元，其中索罗斯个人收入占1/3。在这一年，索罗斯的基金增长了67.5%。他个人也因净赚6.5亿美元而荣登《金融世界》杂志的华尔街收入排名表的榜首。

▍创业智慧

1. 先投资再调查

索罗斯在投资实践中，总是根据研究先假设一种发展趋势，然后建立小仓位来试探市场，若假设有效，则继续投入巨资；若假设是错误的，就毫不犹豫地撤资。

2. 预测趋势

索罗斯善于从宏观的社会、经济和政治因素来分析行业和股票，以期发现预期和实际股票价格之间的巨大差距从而获利。

3. 兼听则明

索罗斯认为，除了凭借专业知识进行分析之外，直觉在投资方面的作用也很重要。而他的直觉常常来自对国际贸易状况的宏观考虑以及从身边诸多国际金融权威人士了解到的他们对宏观经济发展趋势的看法和策略。

4. 求生自保

尽管用信用杠杆进行投资可以扩大盈利，但一旦出现错误将会损失惨重。索罗斯成功的原因之一即是他擅长于绝处求生，发现错误时趁早平仓，及时撤退，以避免更大损失。

5. 接受错误

索罗斯认为，虽然犯错误不是什么光彩的事情，但这毕竟是游戏的一部分。因此他在投资一开始常常假设自己建立的投资仓位可能有错，并提高警觉，如此一来，就能比大多数人更为及时地发现和矫正错误。

6. 切忌赌徒心态

在索罗斯看来，承担风险本身无可厚非，但那种孤注一掷的赌博式冒险应该及时制止。

7. 思考和自省

索罗斯对待金融市场有一种超然物外的耐心，他认为利率和汇率变动的效果需要时间，因而整个投资往往是一场持久战。花时间去思考、学习和自省往往是等待过程中重要的一个环节。

8. 忍受痛苦

索罗斯曾说过，如果你未准备好忍受痛苦，那就不要再玩这种游戏。投资者必须懂得如何保持冷静、承受亏损。

9. 保持低调

索罗斯在投资方面大开杀戒的同时，对自身常常保持低调，他对自己的投资策略总是讳莫如深，也很少将自己的秘密公布于众。

案例研讨

1. 角色扮演

（1）索罗斯认为，除了凭借专业知识进行分析之外，直觉在投资方面的作用也很重要。你是怎样认为的？

（2）索罗斯在投资实践中，总是根据研究先假设一种发展趋势，然后建立小仓位来试探市场，若假设有效，则继续投入巨资；若假设是错误的，就毫不犹豫地撤资。你是怎样看待投资的？

2. 案例分析

（1）通过以上案例，请你总结一下索罗斯能够成功的决定因素有哪些？

（2）有人将索罗斯称为"金融杀手"、"魔鬼"。他所率领的投机资金在金融市场上兴风作浪，翻江倒海，刮去了许多国家的财富。掏空了成千上万人的腰包，使他们一夜之间变得一贫如洗，故而成为众矢之的。但索罗斯从不隐瞒他作为投资家以追求利润最大化为目标，他曾为自己辩解说，他投机货币只是为了赚钱。在交易中，有些人获利，有些人损失，这是非常正常的事，他并不是损害谁。他对在交易中遭受损失的任何人都不存在负罪感，因为他也可能遭受损失。

不管是被称为金融奇才，还是被称为金融杀手，索罗斯的金融才能是公认的。他的薪水至少要比联合国中42个成员国的国内生产总值还要高，富可敌42国，这是对他金融才能的充分肯定。你是怎样评价索罗斯的？

3. 选择思考

对于一个创业者来说，你认为：

（1）是思考难还是行动难？

（2）解决问题难？还是发现问题难？

背景资料

乔治·索罗斯（George Soros），本名是捷尔吉·施瓦茨（Gyoumlrgy Schwartz），匈牙利出生的美国籍犹太裔商人；著名的货币投机家，股票投资者，慈善家和政治行动主义分子。现在他是索罗斯基金管理公司和开放社会研究所主席， 是美国外交事务委员会董事会前成员。 他以在格鲁吉亚的玫瑰革命中扮演的角色而闻名世界， 在美国以募集大量资金试图阻止乔治·布什的再次当选总统而闻名。 2011 年 7 月 27 日乔治·索罗斯正式宣布将结束其长达 40 年的对冲基金经理职业生涯。

▍索罗斯的创业经

1. 我生来一贫如洗， 但决不能死时仍旧贫困潦倒。

2. 如果你经营状况欠佳， 那么， 第一步你要减少投入， 但不要收回资金。 当你重新投入的时候， 一开始投入数量要小。

3. 要想获得成功， 必须要有充足的自由时间。

4. 在股票市场上， 寻求别人还没有意识到的突变。

5. 身在市场， 你就得准备忍受痛苦。

6. 如果你的投资运行良好， 那么， 跟着感觉走， 并且把你所有的资产投入进去。

7. 人们认为我不会出错， 这完全是一种误解。 我坦率地说， 对任何事情， 我和其他人犯同样多的错误。 不过， 我的超人之处在于我能认识自己的错误， 这便是成功的秘密。

案例 32

电子时代大帝

——孙正义的创业故事

▌ 案例摘要

　　有这样一个人， 无论是从名字还是长相， 都让很多人误以为他是中国人， 其实他是韩裔日本人， 身材不足一米六， 却被称为 "电子时代大帝"， 他就是互联网产业的造梦人孙正义。 或许他的名气比不上巴菲特， 比不上比尔·盖茨， 或许都比不上牛根生、 柳传志、 马化腾……但是， 就是这样一个看起来并不起眼的人， 财富直逼比尔·盖茨， 曾经做过两天的世界首富， 成就了无数人的互联网梦想。 他在不到二十年的时间内， 创立了一个无人相媲美的网络产业帝国。 他的这个帝国并非是受其统治的帝国， 而是一个由他支持扶助的高科技产业帝国， 他不是在自己独自享受， 而是为使更多的人掌握高科技信息， 贡献出他的智慧与才能。

　　孙正义， 日本软银集团的创始人， 现任董事长、 总裁， 多家国际著名互联网公司的董事、 顾问， 不折不扣的互联网投资狂人， 是世人公认的能将任何梦想变成现实的奇男子。 他是一个充满传奇色彩的风险投资家。 现在， 如果有人问， 谁是互联网时代最大的受益者， 不是被称为 "信息技术领域的天才" 的比尔·盖茨， 而是 "只负责修路， 不生产汽车" 的孙正义； 谁是网络时代的无冕之王？ 不是杨致远， 而是隐身在雅虎、 新浪、 阿里巴巴等公司后面的孙正义。 1995 年， 他以雅虎投资案崛起于互联网， 截至 2008 年， 孙正义一共投资了 800 多家互联网企业。 他是一个成功的创业者、 一个杰出的企业家。 他充满磨难的创业经历，奇兵突起的创新思维， 独树一帜的管理思想， 对于立志创业或正在创业的人都将具有重要的借鉴意义。

▍案例故事

一个小发明家赚取了人生的第一桶金

孙正义高中时迁居至美国北加州， 智慧聪颖的他越级进入加州伯克利大学就读， 主修经济。 他学习非常刻苦， 他每天都会拿出 5 分钟， 专门用来思考发明创造。 他还经常总结一些发明的方法和诀窍， 慢慢地他积累了很多发明的经验， 并将其系统化， 让他赚到人生中的第一桶金的是多国语言翻译机。 多国语言翻译机做出来后， 孙正义飞回了日本， 在历经多次拒绝后， 终于遇到了他生命中的伯乐——夏普公司的技术顾问佐佐木正。 孙正义对新科技的狂热与自信， 以及对多国语言翻译机市场前景的看好， 深深打动了佐佐木正。 就这样， 孙正义赚到了他人生中的第一个 1 亿日元。 在众多大学生还在为今后能找到一份稳定的工作而努力学习时， 孙正义已经为今后的梦想赚到了第一桶金。 现在回头去看， 孙正义做的每一件事情都有着很强的计划性。 他知道毕业后自己一定会回日本开创事业， 所以非常有必要事先准备一笔充足的起步资金。

电子行业小巨人崭露头角

1981 年， 软银公司成立了。 公司资金 1000 万日元， 由孙正义和日本综合研究所各出 50%。 公司办公室十分简陋， 还是借用了日本综合研究所的一处房子， 只能容下两张办公桌。 尽管起步条件如此艰苦， 环境如此不尽如人意， 孙正义却并不在意。 他全身心地投入到软银的事业中， 迈开了冲刺 "日本第一" 目标的第一步。 当然这其中也不是一帆风顺的， 在 1982 年， 业务蒸蒸日上的软银就遇到了宣传的难题， 当时在日本最受欢迎的三家计算机杂志都拒绝为软银做广告， 最后孙正义决定自己创办计算机杂志。 最终， 一切的辛苦付出终于获得了巨大回报。 软银公司创立后不久， 在很短的时间里占据了日本软件流通业过半的市场； 而在电脑杂志出版业务上， 也已经做到了全国第一。 孙正义的第一个目标 "成为全日本第一" 已经实现。

软银吹响国际化号角

从 1994 年开始， 孙正义吹响了国际化的号角。 软银的国际化思维，主要是通过和国际大企业合作以及并购来加速公司的国际化。 1995 年，软银并购 Comdex，通过拉斯维加斯 Comdex 电脑展与 Ziff – Davis 出版公司搭上线，以 21 亿美元买下 Ziff – Davis 部分股权。 1995 年 11 月，软银向雅虎投入 200 万美元。 第二年的 3 月，软银又追加了 1 亿美元。 此后，经过多次追加，软银对雅虎的总投资额达到 3.55 亿美元，持有雅虎股份的 35%。 事实证明，孙正义提供的不只是资金。 1996 年 4 月，在软银和雅虎的携手之下，雅虎日本站成立，当年即宣告盈利。 之后法国、德国、加拿大、英国等地区性站点相继面世。 雅虎全球性品牌效应开始呈现。 1998 年，软银与美国网络在线交易的先驱 E – Trade 公司合资，成立 E – Trade 股份有限公司，资本额 27 亿日元，软银与 E – Trade 分别持有 58% 与 42% 的股权。 1999 年全国证券商协会 （The National Association of Securities Dealer，Inc.） 也同意和软银合资共组日本纳斯达克股市，可能以互联网下单为主要窗口，制度化、透明化的网上交易系统是其特色。 至 2000 年，软银拥有的美国企业已达三百多家，孙正义的软银终于成为真正的全球作手。

300% 的激情投放互联网行业

孙正义的伟大之处在于，他知道互联网并不是一次时尚而短命的潮流，它是人类未来上百年的新兴事业。 有了梦想，却不能坚持到底，梦想充其量也只是一个美丽而终要破灭的肥皂泡。 孙正义有一个 300 年的企业梦想，而他自己也将 300% 的激情、如铁的决心投入到了对这一梦想的追求中去。 这是孙正义心底非常坚定的信念，也是他的远见。 在创立软银 14 年后，孙正义开始涉足互联网行业。 在此之前，他已经如愿将软银打造成为日本第一大的计算机应用软件流通企业。 现在，他看准了互联网产业，决定在此方面进行巨大的投资。 在此之后短短二十多年间，软银不断拓展着自己的互联网帝国，将触角延伸到了全球 800 多家互联网公司，而且还成了其中一些主流公司的主要股东。

投资重心转至中国

孙正义曾经说过，10 年前软银的投资重心在美国，5 年前的投资重心在日本，而今后的投资重心将在中国。 据说，在 2001 年的 CCTV "对话" 节目中，应主持人的提问，孙正义说：我的血、我的 DNA 中肯定有中国的 DNA 在里面。 其实，不必费力去追溯孙正义是否真的有中国血统，也不必说孙正义与 UT 斯达康、阿里巴巴有着多深远的渊源。单说中国与日本一衣带水，中国拥有十亿人以上的大市场，这个沉睡中的广阔市场一旦被唤醒、激活，那是任何一家国际公司都梦寐以求的"大蛋糕"。对于软银，对于孙正义而言，这份吸引力同样非同小可。孙正义的"打造数字信息化帝国"的大梦想里，中国市场必然是不可或缺的组成部分。尤其是自从 20 世纪 90 年代日本经济陷入了持续十年的滞胀，与日本毗邻的中国市场成为孙正义意欲大展宏图的一个重要的战略市场。

走上重重障碍的绿色能源之路

聚焦数码革命未来能为人类带来的福祉仍是软银的企业愿景，不过，2011 年 3 月 11 日福岛那场 9 级大地震，的确震动了孙正义的内心。在亲自前往废城福岛，目睹一片凄凉后，他义无反顾地转变为零核电斗士。除个人掏腰包捐出 1.2 亿美元并决定将自己未来直至退休前每年薪水收入全部捐给灾民外，软银也成为协助救灾的企业标杆，而且正积极投身可再生能源事业。目前，软银已牵头与 36 个县联合成立可再生能源委员会，在地方政府层面推动可再生能源项目，孙正义个人则投入 10 亿日元成立可再生能源基金会。未来软银将在日本投资 1.25 亿美元建设 10 家总发电量将达 200 百万瓦特的太阳能工厂，其中京都及群马县两个电厂已竣工启动，另外还收购了日本最大的风力发电投资商——绿电投资约 44% 的股权。2012 年 7 月 1 日日本已最新出台国家电厂向独立电厂回购电力的政策，未来软银能否借政策东风觅得商机？有人认为孙正义不赚钱就会退出，对此他反驳称，软银的角色是可再生能源大业的催化剂，而非钱本身。这个超级狂想家说：如果所有的人都只是看，一切都会停滞不前。在不确定性中冒险是我们的角色，我们做榜样，其他人就会追随前进。

▌创业智慧

1. 我不是天才，只是比一般人更勤奋努力

孙正义曾经说过，我不是天才。创业最关键的是要有激情，当你有强大的激情，而且工作重点非常明确的时候，你就可以变成专家了。你不断地工作，因为你有激情，因为你找到了志同道合的朋友，于是你就

有了工作重点，事情就变得很容易。在美国留学的六年中，孙正义为了快点升入大学，在高中部连跳三级，他在四个星期内学完了别人要用三年时间才能学完的课程。为了考上大学，必须十分刻苦。在那段时间里，孙正义常常连走路、吃饭、如厕甚至进澡盆都捧着书，每天的睡眠时间缩短为3—5小时。进入大学后，他学习比在高中部时更加刻苦。孙正义涉猎很广，除了自己的专业经济学外，他还在数学、物理和计算机上投入了大量的精力。他的第一项发明——多国语言翻译机就是在大学期间研制出来的，伯克利大学的师资力量为孙正义完成这一壮举提供了充分的条件。当然，这也离不开孙正义那种超乎常人的努力。1982年，软银公司以"黑马"的姿势在日本企业界崛起。这段时间孙正义更加忙碌，他往往会忙得忘了吃饭，没有周末和假日，每天的睡眠不超过6小时，即使是睡着了，脑子里想的也是工作上的事情。这种拼命精神也激励了公司员工，这种从上而下的拼命三郎的精神，使得软银公司能够以最快的速度在日本软件流通行业中脱颖而出。

2. 彻底追求

真正的成功者，其伟大之处并不在于他拥有多么庞大的财富，或者多么显赫的声名；而是他在很早之前就发现了一个真理，并用一生的时光去坚持。即便在坚持的过程中一次又一次地受到来自现实的严峻考验。就在2000年底，国际股票市场风云突变，无数家曾春风得意的互联网企业感受到网络泡沫轰然破灭后的沁骨寒意。软银作为一家互联网投资公司也不能幸免。那些称孙正义为"投资疯子"的言论再次卷土重来……2008年8月，已经51岁的孙正义在一次重要的行业会议上，重申他坚守数字信息化产业的经营信念，并提出了软银公司在未来十年的阶段性目标，即成为世界上排名第一的移动互联网公司。在过去的几年中，他和软银公司经受住重重考验，仍痴心不改，钟情于互联网，钟情于数字信息化的事业。所以，孙正义和那些终将成就大事的成功者一样，是信奉专注精神的"偏执狂"。他偏执于一个目标，偏执于一个想法和信念，并因为这种"偏执"最终成就了一番事业。

3. 战略家的勇气和远见

商人和战略家相似但却不同，商人是花尽量少的钱买进，然后再以尽可能高的价格卖出，以此获利；战略家则着眼于整个战局，他们拥有极强的宏观意识和长远的战略眼光，能全面、详细、正确地制定战略方针，合理分配使用所持有的力量与资源，从而获得最后的胜利。孙正义很早就为自己制订了 50 年人生计划，相应地，他也为软银公司制订了长远的发展规划。他提出了 "将软银经营成一家存活 300 年以上的企业" 的口号，这点同样非常符合他身为梦想家的 "疯狂" 气质。孙正义曾经说过：所谓企业应该远远超越创业者的寿命，我希望有一天当我已经不在这个世界上，公司还会以生命体的形态生存下来，至少应该持续 300 年左右。100 年太短了，500 年又太过不实际，300 年最适当。我要建立起一个 300 年稳定成长的公司。软银集团公司将成为在世界上拥有 20000 家子公司的集团。其中公开股票上市公司 1000 家，营业额将达到 100 兆日元，职工人数将达到 200 万人。回顾孙正义的人生 50 年计划，他已经实现了大部分，他在 50 岁时抓住了一个伟大的事业，并且将他所钟爱的软银公司带进了一条通往 300 年大计的光明大道。而目前，他认为他的事业远没有达到他想象中的那个顶峰，所以他还要继续追逐。

4. 只修路，不生产汽车

在足球比赛中，有 "第一落点" 和 "第二落点" 的说法。赛场上如此，创业路上也是如此。在追逐热门项目的过程中，会派生出一些容易受忽略的次要机遇。当大家都在蜂拥而上争抢 "第一落点"、跟风热门项目时，如果能调转方向把握次要机遇，是一种现实选择，也是生存的智慧。孙正义在创业初始，选择了计算机软件作为重点业务，不失为明智之举。将数字信息化产业作为事业的大方向后，孙正义接下来考虑选择何种行业进入。他对这个行业的要求是必须能稳健发展上百年，所以他把发展的焦点定为 "成为数字化信息革命基础设施的提供者"。孙正义希望软银发展成为数字化信息产业的地基，他不希望进入对技术要求很高的领域，他也在极力避免与微软公司、英特尔公司这些从事最尖端科技商品开发研制的世界巨头们直接竞争。用他的话说就是 "我们只修路，不生产汽车"。

5. 创新的天才

孙正义是创新的天才，他做生意的点子特别多，从 1995 年开始，他涉足互联网和电信投资，先后帮助雅虎、UT 斯达康、新浪、网易、阿里巴巴、分众传媒、盛大网络等获得了巨大成功，还创办了网络情报大学院和软银金融大学院。孙正义酷爱《孙子兵法》，在病卧中也要坚持捧读，琢磨为什么兵法 13 篇第一篇是计篇，因为万事从计划开始。孙子前面六篇全部讲了战前准备，孙正义认为，战前准备到位，打仗的结果就不言而喻。孙正义对《孙子兵法》的这种创新性应用很明显地表现在企业经营管理中，他独创了一套"孙孙兵法"，名字的由来是他自己也姓孙，将"孙子"的"孙"与自己的"孙"相乘；也有人戏称为"子孙兵法"，一则孙正义是日本网络巨子，二则他是孙子的子孙。其兵法核心就是 25 个字："一流攻守群，道天地将法，智信仁勇严，顶情略七斗，风林山火海"。

案例研讨

1. 角色扮演

（1）孙正义一直以来都不愿意与计算机领域的巨头们为敌，他坚持只做基础设施，避免与微软公司、英特尔公司这些从事最尖端科技商品开发研制的世界巨头们直接竞争。如果你是孙正义，你会只专心做基础设施事业，去支持第二、第三个微软公司或英特尔公司出现吗？

（2）众所周知，在 1998 年到 2000 年这个时期，互联网出现了巨大泡沫，连巴菲特都选择了撤离。当人们对网络经济失去信心时，孙正义和他的公司也受到了深刻的质疑，他的身价缩水了 90% 以上。如果你是孙正义，在这样一个特殊的时期，还会继续信仰互联网行业吗？

（3）20 世纪 90 年代，孙正义以 10 亿日元的高价聘请了摩根士丹利公司的顶级顾问团队，以论证并购齐夫戴维斯出版公司的可行性。付出如此高的价格，而他们只需工作两三周的时间。如果你是孙正义，你会花如此高的价钱，搜集达 100 册的资料，然后研究报告中的每一个细节吗？你认为这样做有多大意义？

（4）在孙正义 2001 年来到中国参加 CCTV 对话节目之前，很少有人知道孙正义，即使从 2001 年到现在也仍然很少有人听过孙正义的名字。而雅虎、阿里巴巴、当当网却无人不知、无人不晓。孙正义是一个低调而神秘的企业家，如果你是孙正义，你会这样低调行事吗？你认为这对于企业发展是有利因素吗？

2. 案例分析

（1）孙正义打造的软银帝国，势力已经渗透到人们生活的方方面面。尤其在互联网领域，从门户网站、搜索引擎到 B2C、C2C、B2B 等商务服务领域，孙正义通过他所持股的互联网公司，牢牢地把握住了通往互联网世界的每一条通道。你认为这个"电子时代大帝"的成功可以复制吗？

（2）根据本案例的介绍，请你预测一下未来孙正义的软银帝国会上演 300 年不倒的商业传奇吗，未来除了互联网他还会朝着哪个方向发展呢？

（3）你觉得以下哪个定位更适合孙正义，风险投资家、企业家和战略家？为什么？

3. 选择思考

（1）风险投资在中国的历史不长，但是对中国私营企业的发展以及在促进改革方面作出了巨大贡献。你认为风险投资家在中国会追逐什么类型的项目？为什么？

（2）孙正义曾经说过，对于其他人来说，投资互联网可能是赌博；可是对于我来说，并不是赌博，它是一种信念；我不光把一条腿站进去了，而是把两条腿都站进去了。孙正义在互联网上的坚持和信念让他最终取得了成功。固执与执著中间只有一道线，如果你经历艰难险阻最终成功了，你会被赞誉为执著；而一旦失败，没有人会在意你，你将会被淹没在滚滚潮水中。如果你将来创业面对低谷时，你会选择坚持还是放弃？

▎背景资料

1957 年 8 月 11 日，孙正义出生于日本佐贺县鸟栖市。1973 年夏天，孙正义赴美国参加英语夏令营，从而决定赴美留学。1974 年 2 月，孙正义赴美国留学。1980 年，孙正义又从美国回到日本。1981 年，孙正义注册成立软银公司。1995 年，孙正义在美国加州注册成立了软银风险投资公司，决定倾力投资互联网。1995 年，孙正义以 21 亿美元买下了美国齐夫戴维斯出版公司剩余股权。1995 年，孙正义向 UT 斯达康投资了 3000 万美元，同年 11 月，向雅虎投资 200 万美元。1996 年又注资 1 亿美元拥有了雅虎 33% 的股份。 1999 年 10 月， 投入阿里巴巴 2000 万美元， 之后为帮助阿里巴巴收购雅虎中国， 主动退股， 套现 3.5 亿美元。 至 2000 年， 软银拥有美国企业 300 多家， 日本企业 300 多家。 2001 年， 孙正义集中精力于宽带业务。 2006 年， 软银以 155 亿美元的价格收购英国沃达丰日本子公司 97.68% 的股份， 并组建软银移动。 2012 年， 孙正义向软银董事会宣布， 这场全球 25 年来最严重的核危机事故扰乱了他的业务思路， 他已经无法集中精力做 "主业" 了， 会暂缓对电信业的投资， 把能源产业提到投资规划的日程上来。

▍孙正义的创业经

1. 最初所拥有的只是梦想和毫无根据的自信而已， 但是所有的一切都从这里开始。

2. 我在创建这个软银公司的时候， 没钱也没有经验， 同时也没有生意上的关系。 唯一有的只是热情、 激情， 还有一个成功的梦想。

3. 创业， 如果不去彻底追求， 彻底研究的话， 就无法尝到成功的果实。

4. 男人仅仅有聪明， 还不能够成就大事业。 如果一个男人不执著愚直， 他就不会成长。 男人的人生从挫折开始。

5. 创业， 最关键的是选择什么样的行业。 一旦选定了， 今后几十年里要为此而战斗。 为了选好这个行业， 花上一年或者两年的时间都是值得的。

6. 所谓企业， 应该远远超越创业者的寿命， 我希望有一天当我已不在这个世界上， 公司还是会以生命体的形态生存下来， 至少应该持续 300 年左右。

7. 一旦下决心成为第一， 便积极朝着这个目标努力迈进， 这是我个人的工作信条。 企业首脑要发挥领导力， 创业必须具备的重要素质有三个， 就是志向、 想象力和战略。

8. 到处是火海一片， 到处是烟火缭绕， 人们往往以为这是打了胜仗， 但事实并非如此。 打了胜仗固然重要， 如何建设战后的和平社会， 如何维持这种和平才更重要。

9. 和对手单挑，必须大量流血才能获胜，我并不认为这是上策。相对地，不战而屈人之兵最划算，刀枪相见则是下下策。

10. 对于其他人来说，创业投资互联网可能是赌博；可是对于我来说，并不是赌博，它是一种信念：我不光把一条腿站进去了，而是把两条腿都站进去了。